KB190869

나의 신앙여정에 영적 스승이 되시고

필자의 논문에 영감을 불어넣어 주신

에스라성경연구원(현 에스라성경대학원대학교)의

초대 원장이셨던 고(故) 윤종하 장로님께 바칩니다.

왜 부활의 복음인가?

사도행전에 나타난 부활 중심의 복음 선포

초판 발행 | 2020. 11. 01.

판권 | ⓒ겨자씨서원

지은이 | 김선웅

발행인 | 위남량

편집 | 박대영

디자인 | 이용주

원장 | 김선웅

펴낸 곳 | 겨자씨서원

출판등록 | 제838-99-00603호(2018. 6. 25.)

주소 | 경기도 구리시 장자대로 37번길 70, 104동 204호

전화 | 010-7657-7176

이메일 | mspkoreal@gmail.com

값 | 18,000원

ISBN | 979-11-964148-4-9

왜 부활의 복음인가?

사도행전에 나타난 부활 중심의 복음 선포

김선웅 지음

겨자씨서원

　이 책은 필자의 풀러신학교 목회학 박사학위 논문(사도행전에 나타난 부활중심 복음선포의 성경적, 신학적, 실천적 함의)을 바탕으로 독자들이 읽기 쉽도록 편집한 책이다. 따라서 이 책에 대한 감사는 논문이 책으로 편집해서 나오기까지 수고한 모든 분들에게 향하는 것이 마땅할 것이다. 30년 전 이 논문의 주제인 부활복음의 중요성과 성경신학에 눈을 뜨게 하신 에스라성경연구원 초대원장이시며 한국성서유니온선교회 초대 총무이셨던 고(故) 윤종하 원장님께 먼저 감사를 드리고 싶다.

　또한 하나님나라의 복음과 신약신학을 정립케 해주시고 이끌어주신 풀러신학교의 김세윤 교수님께 감사를 드린다. 정리가 안된 신학적인 글들을 물샐틈없이 세심하게 지도해주신 황진기 논문지도 교수님께 특별한 감사를 드리고 싶다. 그리고 부심으로 수고해주신 윤병준

교수님과 끝까지 논문을 포기하지 않고 마칠 수 있도록 격려해주신 조의완 교수님의 사랑을 잊을 수 없다.

또한 풀러톤 에덴장로교회를 시무할 때 목회학박사 과정을 시작할 수 있도록 기도와 물질로 후원해 주신 임영규 장로님과 임순희 권사님께 큰 절을 올리고 싶다. 늘 힘들 때마다 격려해주신 겨자씨성경연구원 이사이신 김선빈 장로님께 감사를 드린다. 지구촌 곳곳에 흩어져 복음사역을 감당하고 있는 겨자씨 성경연구원(Mustard Seed Bible Institution)의 모든 동역자 목사님들, 선교사님들, 연구원을 튼실하게 후원해 주시는 문장명 이사장님을 비롯한 모든 이사분들께 큰 감사를 드린다. 특별히 한국에서 필자의 부족한 부분을 채워주고 채근해주는 친우요 연구원 이사인 위남량 장로님께 감사를 드린다. 무엇보다 본서가 나오기까지 딱딱한 논문을 읽기 쉽도록 편집해서 신학적인 조언까지 아끼지 않으신 박대영 목사님께 감사를 드리고 싶다.

나아가 가족들의 사랑과 기도를 빼놓을 수 없다. 항상 아빠를 격려해주고 응원해준 사랑하는 두 딸 소망(Jennie)과 소은(Grace)에게 진심어린 고마움을 표한다. 끝으로 오늘의 필자가 있도록 기도와 사랑으로 헌신해준 아내의 수고가 너무 고맙다. 필자가 암으로 쓰러져 투병할 때 낮에는 힘들게 일하고 밤에는 눈물로 남편을 간호해 주던 아내의 특별한 사랑을 잊을 수 없다.

마지막으로 국내 연구원 사역과 집필, 그리고 강의의 부담 때문에 몇 번이나 학위논문을 포기하려고 할 때마다 필자를 각성하게 하고 더욱 정진하여 마칠 수 있도록 시마다 때마다 격려해 주신 삼위하나님께 모든 존귀와 감사와 영광을 올려드린다.

캘리포니아 풀러톤에서 **김선웅**

하나님의 아들 예수 그리스도의 십자가 죽음과 부활은 저자가
잘 주목하는 대로 사도적 복음의 두 기둥이자 동전의 양면과도 같다.
십자가 죽음 없는 부활은 불가능하며 부활이 없는 십자가 죽음은
무의미하다. 고린도전서는 그리스도의 십자가와 부활에 대한 균형잡힌
복음선포와 가르침의 좋은예가 된다. 바울은 고린도전서에서
복음의 핵심 내용으로 십자가의 구원론적 의미에 집중하여 가르치는
한편(1-2장), 그리스도의 부활의 확실성과 구원론적 의미에 대해서
가르치기도 한다(15장). 바울은 특별히 고린도전서 15장에서 예수
그리스도의 십자가 죽음과 부활 모두를 성경의 약속의 성취의 증
거이자 교회가 선포하고 믿는 사도적 복음선포의 핵심임을 강조한다
(1-4절; 참조 롬 1:2-4). 바울은 더 나아가 그리스도의 부활이 있어야
십자가에서의 대속적 죽음 역시 우리를 죄에서 구원하는 효력을 온전
하게 가지게 됨을 다음과 같이 강조한다. "그리스도께서 다시 살아나

신 일이 없으면 너희 믿음도 헛되고 너희가 여전히 죄 가운데 있을 것이요"(고전15:17).

　　저자는 기독교 복음인 두 기둥으로서 그리스도의 십자가와 부활에 대한 균형잡힌 선포가 바울 서신에서뿐만 아니라 사도행전에 기록된 사도들의 설교들에서도 공통적으로 발견되는 것임을 사도행전에 수록된 베드로와 바울의 복음선포에 대한 분석을 통해 자세히 논증한다. 베드로의 설교에 대해 저자는 모든 설교에서 베드로가 성경의 약속과 성취의 형식을 명시적으로나 암시적으로 사용하고 있으며, 그리스도의 죽음과 부활 모두를 직간적접으로 말하고 있고 특별히 그리스도의 부활에 초점을 맞춘 설교들에서도 그리스도의 죽음을 거의 항상 함께 명시적으로 언급하고 있다고 제시한다(행 1:15-26; 2:14-41; 3:11-26; 4:5-12; 5:27-32; 10:34-43).

한편 바울의 설교들에 대해 저자는 청중과 상황에 따라 바울이 그리스도의 죽음이나 부활에 대해 전혀 다루지 않은 경우들도 있지만(행 14:13-18; 20:17-35; 22:1-21) 대부분의 설교에서 바울이 약속과 성취의 형식을 명시적으로나 암시적으로 사용하고 있으며, 그리스도의 부활에 초점을 맞추는 경우라도 그리스도의 죽음 역시 직간접적으로 다루고 있음을 강조한다(행 13:13-41; 17:1-9, 22-31; 23:1-10; 24:1-23; 26:1-23; 28:16-28).

사도행전에 기록된 베드로와 바울의 설교들에 대한 이와 같은 분석에 대한 결론으로 저자는 바울과 베드로가 그리스도의 죽음과 부활의 복음을 공히 선포했으며, 특히 "약속의 성취" 구조와 "그리스도의 부활"중심의 구조가 사도행전에서의 두 사도의 복음선포의 공통적인 특징을 이루고 있음을 적절하게 잘 지적한다.

설교자들이 그리스도의 십자가 죽음에 대해서는 자주 설교의 주제나 내용으로 삼지만 그리스도의 부활에 대해서는 부활절이나 장례예배와 같은 특별한 경우가 아니면 거의 다루지 않는 오늘날의 강단의 현실을 감안할 때, 본서가 예수 그리스도의 십자가 죽음과 부활의 복음선포의 균형에 대해 진지한 고민을 하게 한다는 점에서, 그리고 사도행전의 사도들의 설교 분석을 통해 균형잡힌 복음선포의 가능성을 그려볼 수 있게 한다는 점에서, 독자들에게 많은 도전과 유익이 있으리라 믿는다. 또한 사도행전의 베드로와 바울의 복음선포에 나타난 구약본문 사용에 대한 저자의 자세한 분석과 저자가 제시하는 그리스도의 부활선포의 성경신학적 통찰은 우리가 믿고 고백하는 사도적 복음의 성경신학적 토대와 함의에 대해 관심이 있는 독자들에게 유익한 배움 자료가 되리라 믿는다.

황진기 교수
Associate Professor of New Testament
Georgia Central University

십자가의 복음의 중심성과 중요성은 아무리 강조해도 지나칠 수 없다. 그 복음의 의미와 가치가 제대로 조명된다면 본회퍼가 '값싼 은혜'라고 부르며 탄식하였던 유사복음은 감히 고개를 들 수 없었을 것이다. 번영의 복음과 기복 신앙도 발을 들여놓지 못했을 것이다. 교회가 기관으로 전락하고 교인이 자원으로 전락하는 작금의 기업 경영식 교회 운영의 행태를 감히 상상할 수도 없었을 것이다. 십자가의 의미를 어떻게 그리고 얼마나 깊이 조명하느냐에 따라 기독교 교리는 폭넓게 조정되고 그리스도의 삶의 방식과 세상을 상대하는 태도, 그리고 구원의 과정과 목표, 교회의 존재 방식을 설명하는 데도 영향을 받을 것이다. 십자가와 십자가에 달리신 예수 그리스도는 신학과 교회의 존재 방식과 목적에 영향을 미치는 진앙지와 같다. 그런데 정확히 십자가만큼이나 중요하고 서로 떼려야 뗄 수 없는 관계에 있는 것이 부활이다.

십자가 없는 부활이나 부활 없는 십자가는 존재할 수 없다. 그들은 각각 의미가 있으며 또한 서로에게 의미가 있다. 그러나 고난 주간을 위해 참고할 자료는 많지만 부활 주일 설교를 위해 참고할 만한 자료는 얼마나 되는가? 부활에 관한 찬양이나 설교는 얼마나 자주 들을 수 있는가? 부활의 현재적 의미나 부활이 우리 삶에 부여하는 실천적 함의를 강조한 글은 또 얼마나 자주 접했는가? 관심이 부족해서이기도 하지만 실제로 손에 닿을 만큼 의미있는 강의나 저술들이 십자가에 비해서는 턱없이 부족한 것이 현실이다. 이것은 단지 연구부족의 문제가 아니라 복음의 왜곡이다. 십자가만을 지나치게 강조한 데는 '죄성의 전가'라고 하는 지나치게 비관적인 인간 이해가 자리 잡고 있을 것이다. 그 인간의 죄의 문제를 해결하는 것을 구원이라고 보았고, 그것을 위해 하나님의 정의와 사랑을 모두 만족할 수 있는 속죄 혹은 속량의 방법으로서 예수님의 십자가를 강조하는 것은 당연한 논리적 귀결이다. 거기서 부활은 단지 십자가의 예수께서 죄없는 의인으로서 죄 있는 인간을 위해 무고하지만 순종과 사랑 때문에 당한 죽음임을 확증해주는 사건 정도로 이해되며, 장차 새 하늘과 새 땅에서 우리가 변화될 몸의 상태를 첫 열매 예수께서 미리 경험하신 사건정도로 이해된다. 과연 부활에 대한 이러한 이해만으로 충분한가? 구원을 하나님 나라의 관점으로 이해한다면, 십자가와 부활은 서로 혹은 각각 어떤 식으로 재정의될 수 있는가? 이와 같은 질문에 대답한 책이나 연구결과가 없지는 않지만, 금번 김선웅 목사의 역작은 부활의 중요성에 대하여 의미심장한 주의를 환기시키는 역할을 하고 있다.

젊은 시절 웨스트민스터신학교의 리차드 개핀 교수의 〈부활과 구속〉을 읽고 가슴 뛰던 기억이 있다. 김선웅 목사도 부활 복음을 듣고 비슷한 경험을 하였는데, 나와 다른 점은 그 떨림의 근원을 끝까지 파헤쳤다는 점이다. 부활 복음에 대한 지나친 소홀에서부터 지나치게 부활의 복음만으로 경도되는 현상까지 빚어지고 있는 한국교회 앞에 사도 행전에 나타난 사도들이 전한 부활의 복음에 대해 다룬 이 책이, 복음의 균형을 되찾고 특별히 부활의 복음이 살아계신 주 예수 그리스도의 통치 앞에 두려움과 떨림으로 복종하여 그 믿음으로 성도와 교회를 세우는 데 적잖게 기여하기를 기대하며 추천한다.

박대영 목사
광주소명교회 책임목사, 〈묵상과 설교〉 편집장

　　"부활의 복음"에 대해 들어보았는가? 그리스도인이라면 "부활"이
라는 단어와 "복음"이라는 단어는 수도 없이 많이 들어보았을 것이다.
그런데 어찌 된 영문인지 "부활의 복음"은 그 표현 자체가 생소하다.
그 이유가 무엇일까? 우리는 "십자가 복음"에 대한 메시지에 훨씬 더
익숙해 있기 때문이다. 물론 예수님의 십자가 죽음과 부활은 동전의
양면과도 같이 불가분의 관계이다. 예수님의 죽음과 부활에 대한 메시
지가 균형 있게 선포될 때 비로소 성도는 복음을 올바르게 이해하고
적용할 수 있다. 하지만 안타깝게도 오늘날 교회에서 예수님의 십자가
죽음에 대한 메시지는 힘있게 선포되지만, 부활에 관한 메시지는
부활절이 아니고서는 거의 들어볼 수 없는 것이 현실이다. 얼마나 부활
에 관한 메시지를 소홀히 했으면 "부활의 복음"이라는 표현 자체가 생
소하게 들리겠는가? 저자 김선웅 목사가 지적하는 부분이 바로 이 균
형의 붕괴다.

예수님의 부활이 부활절에만 생각하고 지나가는 주제로 전락한 우리 시대에 긴급하게 필요한 것은 "부활의 복음"을 회복하는 것이다. 저자는 우리가 부활의 복음을 회복해야 하는 이유를 성경을 통해 체계적으로 짚어준다. 사도행전에 나타난 사도 베드로와 바울의 복음선포 내용을 분석하여 그 메시지의 핵심이 예수님의 부활이었음을 명확하게 보여준다. 예수님의 부활이 어떻게 그리스도의 약속에 대한 성취이고, 죽음에 대한 변호이며, 승귀에 대한 선포이고, 주권에 대한 확증인지를 체계적으로 설명함으로써 부활이 사도들의 복음의 중심이었음을 명쾌하게 보여준다. 우리가 오늘 부활의 복음을 강조해야 하는 이유는 사도들이 선포한 복음의 핵심 메시지가 부활이었기 때문이다.

왜 부활의 복음이 그토록 중요한가? 예수님을 믿는다는 것은 단순히 기독교 교리에 동의하는 데 그치지 않고 부활하셔서 오늘도 살아계신 예수님을 내 인생의 주인으로 모시는 일이기 때문이다. 저자가 끊임없이 강조하는 메시지는 주인이신 예수께 내 삶의 모든 주권을 내어드리는 것이 참된 신앙의 척도라는 것이다. 기독교 신앙의 핵심은 하나님과의 관계이다. 그런데 부활하신 예수님과 인격적인 만남과 동행이 없다면 어찌 성경이 말하는 참된 신앙생활이 가능하겠는가? 십자가의 죽음에서 멈추지 말고 십자가를 통과하여 부활 신앙 가운데 살아가는 것이 참된 신앙생활이기에 부활의 복음은 반드시 회복되어야 한다. 이 책은 나의 삶을 돌아보게 하며 한쪽으로만 치우쳐 있던 신학의 균형을 바로잡아 주었기에 나는 기쁜 마음으로 추천한다. 이 책을 통해 저자가 삶과 가르침으로 외친 부활의 복음이 모두의 삶에서 회복되기를 간절히 기도한다.

김우준 목사
미국 토렌스조은교회 담임목사

　다시 길을 나서기 위해 짐을 쌌다. 늘 그렇듯 짐을 싸다 무얼 가져
가고 무얼 남겨야 하는지 고민했다. 그러다 딱 한 가지만 가져가야 한
다면 무얼 가져가야 할지 이모저모 생각하다 눈이 멈춘 곳이 저자의 글
이다. '왜 부활의 복음인가?' 저자를 처음 만난 건 몇 달 전 인터넷이 연
결해 준 공간에서다. 저자는 미국에 있고 나는 한국에 있는데, 인터넷
은 미국과 한국이라는 시간과 공간의 제한을 별거 아니라는 듯 뛰어넘
어 서로를 만나게 해 주었다. 그렇게 만난 저자는 '복음'을 말할 때에 말
과 눈에 유독 힘이 들어가는 것을 여러 번 보았다. 저자는 복음을 말할
때마다 그리스도의 십자가 죽음에 머물지 않았다. 그리스도의 죽음을
넘어 그리스도의 부활을 강조했다. 얼마나 강조하는지 태평양을 넘어
오는 그의 목소리에 확신과 간절함이 묻어 있었다. 그리스도의 구원은
십자가 죽음을 넘어 부활로 완성된 구원이다. 그래서 저자는 죽음에 머
물지 않고 그리스도의 부활로 완성된 복음을 전하느라 시종 진지했다.

　　본서는 예수 그리스도에 대한 저자의 사랑과 복음에 대한 열정을 담은 글이다. 죽음을 이기고 부활하신 그리스도의 복음이다. 죽음에 머문 복음이 아니라 부활로 죽음을 이긴 복음이다. 저자는 베드로와 바울의 설교를 통해 복음에 담긴 이런 의미와 중심점을 분석하고 확증한다. 저자는 먼저 베드로가 외친 8편의 설교와 바울이 외친 10편의 설교를 통해 두 사도가 전한 복음이 '부활'에 중점을 둔 것임을 확증해 낸다. 그런 다음 그리스도의 부활을 이렇게 말한다. "그리스도의 부활은 구약의 약속을 성취한 사건이요 그리스도 자신의 죽음을 변호한 사건이다. 또한 그리스도의 부활은 그리스도의 승귀와 주 되심을 선포하고 확증한 사건이다." 저자가 밝힌 그리스도의 부활이 가진 의미는 우리가 알고 있는 부활의 의미를 새롭게 하고 확장시켜 준다. 복음이 지상의 죄인들을 위한 기쁜 소식만이 아니라 하늘의 영광보좌에 앉아 통치하고 계시는 그리스도를 보게 하는 것임을 깨닫게 해준다. 이렇게 우리의 복음에 대한 이해를 땅에서 하늘까지 넓혀준다. 저자는 이 모든 것을 '부활의 복음'이라 칭하며 명료화하고 강조한다. 각 장마다 두 사도의 설교를 보는 관점을 달리하여 그 설교에 담긴 부활 복음의 의미를 더 깊이 깨닫도록 독자를 데리고 간다. 더 깊이, 더 넓게 그리스도의 부활이 가져온 구원의 은혜가 얼마나 달콤하고 놀라운 것인지 보여 준다. 무엇보다 그리스도의 부활이 우연한 것이 아니라 하나님께서 깊은 섭리 가운데 미리 준비하신 구원의 사건임을 깨닫고 전율하게 한다. 그리하여 예수 그리스도를 더 알아가게 하고 예수 그리스도께서 하신 일의 온전함을 더욱 확신하게 한다. 부활의 복음이 우리의 구속을 온전히 성취한 사건이요 새 생명을 준 영생의 사건임을 확신하게 한다.

베드로는 유대인을 위한 사도로, 바울은 이방인을 위한 사도로 부름 받았다. 그런데 두 사도가 전한 복음은 그리스도의 십자가 죽음과 부활이다. 아니 그리스도의 부활에 중심을 둔 복음을 전했다. 왜 그랬을까? 복음을 듣는 대상이 다른데 그들이 전한 복음은 왜 부활의 복음이었을까? 두 사도가 부활에 중점을 둔 복음을 전하는 것을 보며 깨닫는 것은 무엇보다 온전한 복음을 전해야 한다는 것이다.

　　그동안 우리는 서방 기독교의 영향을 따라 그리스도의 죽음을 너무 강조하는 복음의 한 부분에만 머물러 있지 않았는지 돌아보아야 한다. 물론 그리스도의 부활을 전하지만 그리스도의 십자가 죽음에 이은 별책부록 정도로만 부활을 전한 것은 아닌지 돌아보아야 한다. 부활이 주는 새 생명의 기쁨과 복잡하고 힘든 현실을 이기게 하는 부활의 역동성을 잘 모르고 산 것은 아닌지 돌아보아야 한다. 부활의 복음에는 현실을 부정하게 하는 게 아니라 이겨내게 하는 능력이 담겨 있다. 그렇게 하여 신앙생활을 기름지게 한다. 그래서 우리는 그리스도의 죽음과 부활을 균등하게 전해야 한다. 사도들의 강조점이 부활에 있음을 잊지 말고 복음의 풍성함을 전해야 한다. 둘째, 어떤 민족이나 이념, 인종을 모두 포용하는 하나님 나라의 수용성을 실천하는 삶을 가능하게 하는 부활의 복음을 전해야 한다. 두 사도는 민족이기주의를 부활의 복음으로 넘어선다.

모든 그리스도인은 어느 나라, 어느 자리에 있든지 선교하는 삶으로 부름 받은 사람들이다. 동시에 본향을 향해 언제든 떠날 준비를 하며 살아야 하는 순례자들이다. 그러면 불안하고 힘들지 않을까? 안정되게 사는 삶이 좋은 것은 아닐까? 빈센트 반 고흐는 23살에 영국에서 이렇게 설교했다. "우리의 삶이 순례라는 것은 오래되고 훌륭한 신념입니다. 우리는 이 지상에서 이방인이지만 혼자가 아닌 까닭은 하나님 아버지가 우리와 함께 하시기 때문입니다." 고흐는 하나님 아버지가 함께 하시기에 순례자로 사는 걸 받아들이는 삶을 신앙의 오랜 전통이요 훌륭한 신념이라고 한다. 나도 순례자이기에 또 짐을 싸는 고달픔을 기쁨으로 받아들이게 하는 그리스도의 부활 복음을 짐 보따리에 꼭꼭 넣었다.

김완수 선교사

20여 년 전부터 한국교회가 위기라는 소리가 들려왔다. 그런데 코로나19로 인한 팬데믹 상황을 겪으면서 한국교회가 위기라는 말을 더욱 실감하고 있다. 사회에서 교회를 바라보는 시각은 냉소적이고 도처에 나타나는 교회 내의 문제에 대한 언론과 사회의 비판의 목소리는 점점 더 부정적으로 흐르고 있다. 예전에는 교회와 크리스천을 정직, 사랑, 섬김 등으로 인식하였는데 요즘은 교회나 교인 관련한 연관어로 거짓, 이기심, 가짜뉴스를 연상하는 사람들이 많다는 것을 부인할 수 없는 슬픈 현실이다. 왜 한국교회가 이렇게 되었을까? 여러 원인이 복합적으로 작용하고 있으나 "하나님 말씀을 떠난 교회"가 주된 원인 중의 하나라고 생각한다. 요즘 교회를 보면 "성경말씀에 근거한 하나님 말씀이 아닌 교양강좌나 정치집회를 방불케 하는 비성경적 잡학이 선포되는 강단, 진리가 아닌 값싼 복음과 가짜복음을 전하는 이단"이 판을 치고 있다. 한국교회는 이제 꺼져가는 불씨를 살리고 희미해져가는 기도를 살리기 위해 하나님의 말씀으로 돌아가야 한다. 교회가 하나님의 말씀으로 돌아갈 때 한국교회는 다시 한 번 힘찬 부흥을 경험하게 될 것이다.

저자인 김선웅 원장은 철저한 성경주의자요 건강한 성경신학을 견지해 온 복음주의자다. 20대에 도미하여 골든게이트 신학교(Golden Gate Baptist Theological Seminary)와 국제개혁대학교 신학대학원(IRUS)에서 신학을 공부하고, 평생 성경을 깊이 묵상하고 연구한 학자이자 목회자다. 깊이 있는 성경연구와 따뜻한 감성으로 교회사역을 훌륭하게 감당하다가 암이 발병되어 교회사역을 내려놓았다. 2년간에 걸친 힘든 암 투병을 이겨낸 후 목회자와 선교사를 재교육할 필요성을 절감하고 사역의 방향을 전환하게 된다. 하나님이 주신 비전과 소명으로 〈거자씨성경연구원〉을 설립하여 재교육에 목말라하는 목회자와 선교사들과 함께 하나님의 말씀을 깊이 연구하고 가르치고 있다.

그 열정으로 풀러신학교(Fuller Theological Seminary)에서 "사도행전에 나타난 부활중심 복음선포의 성경적, 신학적, 실천적 함의 (The Resurrection-Centered Gospel Proclamation in the Book of Acts and its Biblical, Theological, and Practical Implications)"라는 논문을 써서 목회학박사 학위를 받았다. 그는 이제 자신의 논문을 성도들이 읽기 쉽도록 편집하여 "왜 부활의 복음인가"라는 제목으로 책을 출간하였다. 김선웅 원장과 나는 최소한 일 년에 두세 차례 한 달 이상을 함께 하며 교제하고 있다. 그 때마다 그는 십자가의 복음만을 지나치게 강조하고 부활의 복음을 소홀히 다루는 한국교회 강단에 대한 아픔을 토로하곤 했다. 사도들이 선포한 성경적 복음은 십자가와 부활의 균형잡힌 복음이기 때문이다. 그는 구원받은 하나님 자녀들의 삶에 능력이 없고 변화가 없는 까닭은 바로 속죄의 복음만을 강조하는 한국교회 강단 때문이라고 진단하였다. 십자가의 속죄 복음의 중요성은 아무리 강조해도 지나치지 않는다. 그러나 동시에 그리스도의 십자가가 진정한 능력이 되기 위해서는 부활하신 주님과 인격적으로 연합하여 삶의 주도권 (Lordship)을 그분께 이양할 때만 진정한 삶의 변화를 가질 수 있다고 그는 힘주어 강조한다. 삶의 주인이 바뀌지 않는 구원은 사도들이 선포한 구원이 아니기 때문이다. 그는 신자 개개인이 십자가와 부활의 균형잡힌 복음을 듣고 배우고 익혀야 역동적인 삶의 변화가 일어나고 성령의 능력을 체험하게 된다고 강조한다. 이처럼 십자가와 부활의 균형잡힌 복음을 회복하기 위해 "왜 부활의 복음인가?"라는 저서를 겨자씨서원을 통해 내놓게 된 것을 축하한다. 본서에서 평소 십자가와 부활의 복음을 강조한 필자의 소신과 열정, 그리고 성경적 확신을 확인할 수 있어 반가운 마음으로 추천한다.

아무쪼록 저자의 간절한 외침이 한국교회 성도들에게 큰 울림을 주고 강단에서는 성경말씀에 근거한 참 복음이 전해지는 계기가 되기를 간절히 기원한다.

위남량 박사
겨자씨서원 대표 / WE행복경영연구원 원장

목차

제4장 베드로와 바울의 복음선포에 나타난 구약사용 *165*

서 문

죽음을 이긴 부활

예수님은 부활하셨다! 예수님은 죽음을 이기시고 다시 사셨다. 예수님은 부활을 통해 사망을 이기시고 만유의 주와 그리스도가 되셨다. 얼마나 벅찬 고백인가! 얼마나 엄청난 선포인가! 사망을 무기로 온통 세상을 휘젓고 겁박하던 사탄을 우리 주 예수님이 굴복시킨 것이다! 이 천지개벽의 사건은 '이천 년 전 그날 그 아침, 동 터오는 부활의 아침'에 일어난 것이다!

> 사망아 너의 승리가 어디 있느냐 사망아 네가 쏘는 것이 어디 있느냐 사망이 쏘는 것은 죄요 죄의 권능은 율법이라 우리 주 예수 그리스도로 말미암아 우리에게 승리를 주시는 하나님께 감사하노니(고전 15:55-57).

창세 이래로 죽음은 온 인류를 공포의 도가니로 몰아넣었다. 죽음 앞에서 절망하지 않은 사람이 있었던가! 죄와 사망이라는 율법의 고리(매듭)는 인간이 풀 수 없었던 난제가 아니었던가? 그리스 신화에 나오는 '고르디우스 매듭'처럼 질긴 죄와 사망의 매듭을 마침내 우리 주님 예수께서 부활이라는 복음의 칼로 끊어버린 것이다. 그 두렵고 흉측한 죽음의 매듭을 예수님이 단칼에 잘라 버리셨다. 그 결과 차갑고 싸늘한 죽음의 권세는 자취를 감추고 이제 그분 안에서 따스한 부활 생명이 왕노릇하게 되었다. 그 생명의 권능으로 초기의 사도들과 제자들과 복음의 여인들은 다시 일어설 수 있었다. 골고다 언덕 위의 십자가 아래서 오열하고 절망하던 그들을 다시 일으켜 세운 것은 부활의 능력이었다. 그들로 하여금 한 점 후회 없이 거친 그 십자가의 길, 아무도 알아주지 않는 좁고 협착한 길, 보고 들은 그대로 증언하는 증인의 길을 담대하고 거침 없이 걷게 하신 것은 바로 이 부활이다. 십자가 아래서 실패한 제자들이 다시 올곧게 소명의 길을 따라 달릴 수 있었던 것도 부활의 생명과 권능을 체험한 사실을 제외하고는 달리 설명할 방도가 없다! 사도행전의 증인들도 "예수님이 죽음을 이기고 다시 사셨다"는 바로 이 "죽음에서 부활까지의 온전한 복음"이 유일한 해답이라고 선포한다. 그들은 십자가에 달려 죽으시고 묻히셨다가 더 온전한 몸을 입으시고 사흘 만에 그들 앞에 나타나신 예수님을 목격하고, 오순절 성령의 거룩한 빛 가운데서 참 복음의 시작(죽음)과 끝(부활)을 온전히 깨달았을 때, 십자가 앞에서

도망하였던 사도들은 회복할 수 있었다(눅 24:25-27, 44-49). 예수 그리스도의 '십자가와 부활'은 흔들릴 수 없는 견고한 기독교의 두 기둥이다. 그 중에 어느 한 기둥을 소홀히 여기거나 선택적 일 수 없다. 십자가와 부활 중에서도 부활의 기둥은 초대교회가 하나님나라 복음의 핵심적 축으로 "담대하고 거침없이"(행 28:31) 선포한 복음이었다.

초대교회가 전한 부활의 복음

1세기 그들처럼 21세기 우리 그리스도인들에게도 부활의 아침은 새 시대의 도래 사건이다. 새 창조의 아침이다. 하나님이 선지자들을 통해 장구한 세월동안 선포해온 옛 언약의 성취다! 세상이 예수님의 십자가를 보고 조롱하고 비웃을 때 하나님은 부활의 약속을 성취하심으로 세상이 틀렸고 예수님이 옳았다는 것을 인증하셨다. 하나님은 자기 아들을 변호하시기 위해 살리셨을 뿐 아니라, 하늘로 들어올려 높이심(승귀)으로 그분의 비하(성육신)가 영광스런 승귀를 내다보는 약속의 전조였음을 확증하셨다. 그래서 초대교회는 "예수 그리스도께서 우리를 위해 죽으시고 부활하셨다"는 부활의 복음을 거침없이 그들의 케리그마로 선포한 것이다. 우리가 사도의 전통을 이어받은 참 교회라면 우리도 그들과 동일한 메시지, 동질의 케리그마를 전해야 할 것이다. 우리는 반쪽복음 이나 유사복음에 속아 넘어가거나 불완전한 복음을 전해서는 안 된다. 아무리 확고한 기독교적 전통과 교리라 할지라도,

참 교회는 그 전통, 그 교리, 그 문화가 '성경적이고 복음적인지'를 끊임없이 점검하고 확인해야 한다.

헌터(Hunter)는 "사람들은 '신학'이 없는 기독교는 전혀 기독교일 수 없다는 것을 알기 시작하였다. 그래서 그들은 다시 루터나 캘빈 혹은 토마스 아퀴나스와 같은 신학자들을 찾아가는 것 같다. 우리 중에 어떤 이들은 이런 유명한 분들을 존경하지 않는 것은 아니지만, 그래도 어쩐지 우리 시대의 신학은 '신약성경에 굳은 근거를 가진 것이어야 할 것'이라고 느끼고 있다"고 말했다. 이제 그의 말대로 성경으로 돌아가자. 성경의 복음과 메시지를 회복하자. 이것만이 생명과 능력이 약화된 현대교회가 살 길이다. 성경에 기록된 예수 그리스도의 십자가와 부활 메시지의 온전한 회복과 선포만이 교회가 살 길이다. 오직 성령께서 선지자들을 통해 성경(구약)에 기록하고 사도들이 선포한 복음(신약)만이 구원에 이르는 복된 소식이다.

> 내가 받은 것을 먼저 너희에게 전하였노니 이는 성경대로 그리스도께서 우리 죄를 위하여 죽으시고 장사 지낸바 되셨다가 성경대로 사흘만에 다시 살아나사 게바에게 보이시고 후에 열두 제자에게와(고전 15:3-5).

그렇다. 참된 구원에 이르는 복음은 오직 하나다. 사도가 전한 복음은 오직 하나의 복음, "십자가와 부활"의 복음뿐이다. 다른 복음은 없다 (갈 1:7-9). 다른 예수도 없다(고후 11:4). 누구든지 예수 그리스도의 복된 소식을 축소하거나 추가하거나 약화시킴으로써 조금이라도 변형시키는 자는 그들이 누구든지 저주를 피할 수 없다. 개핀은 그의 논문에서 예수님의 '죽음'보다 '부활'에서 구속의 성취를 찾는다. 그는 "그리스도의 부활이 바울 사도의 구원론적 교훈 전체에 있어서 핵심요소"라고 말한다. 그리고 "부활(승천과 승귀의 구성요소)은 그리스도의 구속사의 절정일 뿐 아니라 부활의 특별하며 구별된 성격과 그것의 비할 수 없는 풍요함의 모든 국면을 통하여 각개 신자의 구속체험이 야기된다"고 말한다.[1] 특별히 그는 "칭의, 양자, 성화, 영화 모두는 공통적으로 구속사적이며 부활의 성격을 지닌 기원과 완성을 갖는다"[2]라고 결론짓는다. 십자가와 부활은 역사적으로 구별할 수는 있어도 분리할 수는 없는 하나의 구원 사건이다. 이는 바울이 십자가의 완전한 속죄를 부활의 문맥에서 강조하고 있는 고린도전서 15:17을 통해 확증된다. 따라서 '구속'을 그리스도의 '죽음'으로만 이해하고 가르치는 우리 시대에 경종을 울린다. 우리는 예수 그리스도의 죽음과 부활이라는 복된 소식을 '이것이냐 저것이냐'는 흑백논리로 접근하는 경향이 너무나 짙다. 그러나 바울은 '이것(죽음)도 중요하고 저것(부활)도 중요하다'고 말하

---

1. Richard B. Gaffin Jr., *부활과 구속*(서울: 도서출판엠마오, 1985), 176.

2. Ibid., 177.

고 있음을 잊지 말자.

예수 그리스도의 "죽음과 부활"의 사건은 초대교회 때부터 구약의 성취로 선포한 복음이다. 또한 부활 승천하신 주님께서 다시 오실 때까지 마지막 시대의 교회가 선포해야 할 최종 복음이다. 예수님은 우리를 위해 비천한 육신의 몸으로 오셔서 죽으시는 비하를 겪으시고 다시 살아나셔서 승귀하심으로 만유의 주와 그리스도가 되셨다! 그 분은 올리우신 그대로 다시 오실 것이다! 재림의 주로 다시 오셔서 우리의 낮은 몸을 크고 영광스런 부활의 몸으로 회복시키셔서 영원한 하나님나라(The Kingdom of God)로 인도하실 것이다. 우리는 거기서 세세토록 삼위하나님의 임재와 영광 가운데 살 것이다. 이것이 신약교회가 선포하고 소망하는 온전한 복음이다.

교회, 사도가 전한 부활의 복음의 증인

이제 우리는 "사도가 전한 복음"(십자가와 부활) 그대로를 기록한 성경을 우리 손에 전수받았다. 우리는 "사도가 전해준 복음"을 그대로 믿고 가르치고 전해야 할 것이다. 현대 교회는 거의 부활이 실종된 채 십자가의 속죄만을 주로 강조하는 조직신학에서 가르치는 복음만을 전하는 것처럼 보인다. 역사적으로 이 가르침은 서방교회(동방교회와는 달리)의 전통[3]이었고, 그 전통은 고스란히 한국교회의 교리(조직신학)로 자리잡은 결과로 보인다. 이제 우리는 교리의 잣대로 교리의 주체인 성경을 판단하고 호도하던 치우친 전통을 반성해야 한다. 성경과 전통이 충돌할 때마다 잘못된 전통과 신학은 언제나 성경의 권위에 종속해야 한다. 교리는 제도교회가 낳은 산물이다. 이 복된 부활의 복음은 우리 손에 쥐어진 성경 말씀을 통전적으로 볼 때만 회복하고 누릴 수 있는 복음이다. 매 순간 성령 하나님의 조명 아래 검증된 말씀만이 교회와 세상에 도전을 줄 것이다. 우리는 성경으로 돌아가야 한다. 두렵고 떨림으로 하나님의 말씀을 들어야 한다. 교리와 신학 못지않게 중요하고 더 중요한 것은 하나님의 거룩한 말씀이다! 하나님의 말씀은 살아계시고 순전하시다. 그러므로 그 분 앞에서(Coram Deo) 무릎을 꿇고 주야로 묵상하자. 그래서 성령의 진술한 빛의 음성으로 복음을 듣고 배우자. 말씀을 묵상하면서 현대 교회가 선포하는 설교나 교리가 조금이라도 성경적 진리에서 일탈했을 때는 교정하고 개혁하는 책임있는 교회가 되어야 할 것이다.

　그럼 오늘날 교회가 그리스도의 복음을 전한다는 것은 무엇을 의미하는가? 우리가 진정한 사도적 교회라면, 우리는 처음 사도들이 전했던 메시지에 귀를 기울여야 한다. 초대교회가 복음을 선포할 때, "초대 그리스도인들은 어느 한 사람도 복음이 무엇인지를 의심하지 않았고 또

---

3. Ibid., 23.

인류에게 복음의 절박한 필요성을 의심한 자도 없었다."[4] 그만큼 초대교회의 케리그마는 명료하고 단순하였다. 그러나 오늘날 교회들은 교단마다 자신들만의 고유한 복음을 전하고 있는 듯하다. 물론 각 교단과 교회들의 다양한 특성과 환경을 고려해야 한다. 다만 우리가 신약성경에 나타난 케리그마를 연구하면서 "그들의 방대한 다양성에도 불구하고 최소한 본래적 케리그마의 본질적 요소가 성경에 굳게 간직되어 있다"[5]라는 말을 귀담아 들어야 한다. 도드(Dodd)는 "신약성경의 모든 다양성(diversity)이 다 같이 단 하나의 복음을 선포하고 있는 데서 통일성(unity)을 이루고 있다"고 말한다.[6] "케리그마의 핵심이 예수님의 인격과 업적에 관한 원시적인 선포 하나하나의 기초를 이루었다고 단정할 수 있다."[7] 즉 케리그마의 핵심은 구약의 예언이 그리스도 안에서 성취되었고, 예수님은 새 시대를 여신 메시아이며, 하나님의 섭리대로 십자가에 달려 죽으시고 부활하신 후 높이 들림을 받으셨고, 우리의 주가 되셔서 다시 오실 재림의 주가 되셨다는 선언이다.

이제 세상은 종말을 향해 거침없이 내리막길로 가고 있다. 모두들 이구동성으로 "종말이다. 말세다. 더 이상 소망이 없어 보인다"라고 한

---

4. C. H. Dodd, 설교의 원형과 그 발전(서울: 한국기독교문화원, 1974), 85.

5. Ibid., 83.

6. Ibid., 83.

7. Stephen S. Smalley, 요한신학(서울: 생명의샘, 1996), 237.

다. 성경(마 24-25장, 살전 5장, 살후 2장)이 종말의 증거로 말하고 있는 일들(장기화되어가는 팬데믹 현상들, 대형화되어 가는 자연재해들, 나라들 간의 탐욕과 전쟁, 가속화되는 기독교의 배척, 교회의 타락과 세속화, 복음전도의 확장)이 이전보다 훨씬 광범위하게 드러나고 있기 때문일 것이다. 종말의 증인된 교회는 "예수 그리스도의 죽음과 부활"이라는 두 기둥의 복음을 확고히 붙들어야 한다. 예수 그리스도의 죽음과 부활이라는 두 기둥 중에서 어느 하나라도 소홀히 여길 때 하나님의 집(나라)은 무너지게 될 것이다.

부활하는 부활의 복음!

그리스도는 부활하셨다! 그저 사람들의 마음속에서만 다시 살아나신 것이 아니라 죽은 자 가운데서 다시 살아나셨다. 처음부터 끝까지 신약은 예수님의 부활을 증거한다. 부활은 "기독교 신앙의 일부가 아니라 기독교 신앙의 가장 핵심이다"라고 말한 비슬리 머레이의 말을 기억하자.[8] 이제 우리는 예수님의 부활을 부활 주일에만 기리는 어리석은 우를 범하지 말자. 매 주일 매순간마다 교회 공동체의 모임과 예배 속에서 "예수님은 우리를 위해 죽으셨다가 다시 살아나셨다"는 위대한 부활의 소식을 함께 기념하고 함께 전하자.

---

8. Paul Beasley-Murray, *부활* (서울: IVP, 2004), 360.

부활은 복된 소식이다! 죽어가는 세상에 죽음은 더 이상 마지막이 아니라고 힘차게 외치자. 우리가 외치는 부활은 그저 미래를 위한 복된 소식만이 아니라 오늘을 사는 우리들을 위한 복된 소식이다. 부활 승천하셔서 만유를 다스리는 우리 주님은 다가올 생에 대한 소망만을 제시하지 않으셨다. 지금 이곳에서 하나님은 무한한 능력과 풍성한 은혜를 제공하신다. 아무쪼록 본서를 통해 사도들이 왜 그리고 어떻게 예수님의 부활을 자신들의 케리그마의 중심으로 삼았는지 사도행전을 통해서 살펴봄으로써 십자가의 복음과 함께 부활의 복음이 주는 메시지에 감격하고, 그 생명의 복음으로 시대를 이기는 교회로 거듭나는 데 미력하나마 도움이 되기를 바란다.

제1장

프롤로그

예수님의 "십자가와 부활"은 하나님의 구원에 있어 동전의 양면과 같이 서로 떼려야 뗄 수 없는 하나의 구원 사건이다. 이 둘은 복음의 완전한 내용을 구성하기에 둘은 철저히 균형을 유지하여 모두 선포해야 할 하나의 복음이다. 복음의 어느 한쪽 측면을 강조하기 위해서 다른 한쪽을 소홀히 여기거나 무시해서는 안 된다. 치우친 복음 선포는 결국 복음 전체를 약화시키기 때문이다. 예수님의 십자가와 부활은 어느 하나라도 소홀히 여길 수 없는 완전한 구원의 결정체다. 무(Moo)의 말처럼 어느 하나라도 소홀히 여기면 순전한 복음 전체가 무너지기 때문에 우리는 십자가와 부활사이에 철저한 균형을 유지해야한다.

1. 집필 동기

사도들이 선포한 복음의 중심은 "예수 그리스도의 죽음과 부활"이다.[9] 바울도 역시 "성경대로 그리스도께서 우리 죄를 위하여 죽으시고 성경대로 사흘 만에 다시 살아나셨다"(고전 15:3-4)는 초대교회의 공통 복음을 인용하여 그리스도의 죽음과 부활의 중심을 강조한다. 예수 그리스도의 죽음과 부활은 초대교회가 선포한 복음의 핵심이다.[10] 그런데 오늘날 현대교회 강단에서 행해지는 복음 설교에서는 부활에 대한 강조

---

9. Herman Ridderbos, *바울신학*(서울: 개혁주의 신행협회, 1985), 44-46. 리델보스는 바울의 케리그마의 본질은 종말론적 특성을 지닌 그리스도의 죽음과 부활이 그 중심적 자리를 차지한다고 강조한다(44). 그리고 "바울 설교의 지배적 주제는 그리스도의 오심과 사역, 특별히 그리스도의 죽음과 부활 안에서 이루어진 하나님의 구원역사이다"라고 역설한다(46).

10. James D.G. Dunn, *바울신학*(서울: CH북스, 2019), 446. Dunn은 "바울에게 있어 예수 그리스도의 복음은 특히 그리스도의 죽음과 부활에 초점이 맞춰진 복음이었다"고 강조한다.

는 약하고 대개 십자가를 강조하는 설교가 주를 이루고 있는 듯하다.[11] 물론 예수 그리스도의 대속의 복음, 십자가의 복음은 아무리 강조해도 지나침이 없는 복음의 핵심이다. 하나님은 아들의 십자가로 우리 모든 죄의 형벌과 죄책을 제거해 주셨기 때문이다. 하나님은 십자가를 통한 사죄와 함께 무덤에 묻힌 아들을 일으키심으로써 구원을 완성하셨다. 하나님은 아들의 부활을 통해 아들의 대속의 죽음이 하나님의 신적 구원의 사건임을 확증하셨다. 따라서 예수의 십자가와 부활은 하나님의 구원에 있어 동전의 양면과 같이 서로 떼려야 뗄 수 없는 하나의 구원 사건이다. 이 둘은 복음의 완전한 내용을 구성하기에 둘은 철저히 균형을 유지하여 모두 선포해야 할 하나의 복음이다. 복음의 한쪽 측면을 강조하기 위해서 다른 한쪽을 소홀히 여기거나 무시해서는 안 된다. 치우친 복음 선포는 복음 전체를 약화시킬 수 있기 때문이다.

그런데 현실은 그렇지 않다. 현대 설교는 그리스도의 십자가에 대해서는 자주 말하면서 부활은 부활절에나 겨우 강조할 뿐 거의 침묵하고 있다고 한다면 과장일까? 정말 그렇다면 그 원인은 무엇일까? 부활의 중요성과 그 당위성을 알고도 전하지 않는 것인가, 아니면 모르고 있는 것인가? 본서는 이와 같은 문제의식에서 시작하여 사도행전에 기록된 사도들이 선포한 설교들을 분석함으로써 복음선포(κήρυγμα)에 있

---

11. Paul Beasley-Murray, 부활(서울: IVP, 2012), 179-180.

어서 부활이 갖는 중요성을 밝힘으로써 복음 설교에서 거의 사라져가는 "예수 그리스도의 부활"의 복음을 회복하는 데 목적이 있다. 죽음의 권세를 이기시고 부활하신 예수 그리스도는 "어제나 오늘이나 영원토록 동일하신 분"이시다(히 13:8). 예수는 부활하시고 승천하셔서 하나님의 보좌 우편에서 만유를 통치하고 계시며 다시 오실 것이다. 초대교회가 예수 그리스도의 죽음 못지않게 부활의 의미를 강조하여 전하였다면[12], 현대 교회도 사도들이 선포한 것과 동일한 복음을 선포하는 것이 마땅하며 하나님이 기뻐하시는 뜻일 것이다(행 5:29-31).

왜 초대교회의 사도들은 그토록 강렬하게 그리스도의 부활의 증인으로 드러나는 것을 부끄러워하거나 두려워하지 않았는가? 신약교회를 탄생시킨 오순절 설교는 "너희가 십자가에 못 박은 이 예수를 하나님이 주와 그리스도가 되게 하셨다"(행 2:36)는 "부활복음의 선포"(행 2:24-35)의 당연한 귀결이었다. 특별히 오늘날 하나님의 초월성과 신성에 대한 강조가 약화되어 가는 포스트모던 시대에[13] 하나님 아들의 부활의 초자연적 사건의 중요성은 아무리 강조해도 지나치지 않다. 본서를 통해서 부활의 성경신학적인 바른 의미를 탐구하여 부활이 "구약 언약의 성취이고 그리스도의 속죄 사역의 완성이며 그리스도의 승귀를

---

12. N. T. Wright, *하나님의 아들의 부활*(서울: 크리스천다이제스트, 2005), 707-714.
13. David Wells, *거룩하신 하나님*(서울: 부흥과 개혁사, 2012), 144.

선포함 동시에 그리스도의 주되심을 확증하는 사건"임을 확인하는 소중한 계기를 갖고자 한다.

2. 본서의 개요

본서의 범위는 사도행전에 나타난 초대교회의 복음선포(설교)로 한다. 그 중에서도 사도 베드로와 사도 바울의 복음선포(설교)에만 집중할 것이다. 필요한 경우에는 구약과 다른 신약의 책들에 나타난 그리스도의 부활의 본문들에 대해서도 심도 깊은 터치를 하고자 한다. 이는 사도행전에 나타난 케리그마(κήρυγμα)가 성경의 다른 본문들과 상충되지 않고 오히려 그 언약의 성취와 완성을 보여주는 결과가 되기 때문이다.

사도행전에 나타난 베드로와 바울의 복음선포의 본문을 주해하는 방법은 역사적, 문학적, 신학적 해석을 통한 귀납적 방법론을 사용하고자 한다. 성경의 본문은 결코 독립해서 존재하지 않는다. 개별 구절은 단락(paragraph)의 일부이며 각 단락은 장(chapter)에 속한다. 성경의 각 권은 이러한 장들이 모여서 이루어진 것이다. 그러므로 본문이 선택된 후 가장 먼저 할 일은 그것이 속한 문맥을 주의 깊게 살피는 일이다.[14] 무엇보다 문맥 속에서 본문의 명확한 의미를 찾는 것이 바른

---

14. H. W. Robinson, 강해설교(서울: 기독교문서선교회, 2007), 70.

주해의 목표이기 때문이다.[15]

우리는 성경을 성령의 영감으로 기록된 정확 무오한 하나님 말씀으로 믿는다. 그러므로 성경의 본문이 말하는 바를 따라 주의 깊게 그 말씀을 경청해야 한다. 동시에 그 말씀의 의미를 바르게 깨닫고 적용하기 위해 본문의 역사적 배경 연구, 문학적 분석을 통한 문맥의 이해, 그리고 그 본문의 중심주제인 신학적 결론을 도출하고 해석하여 우리 삶과 교회에 적용하는데 최선을 다하도록 해야겠다.

본서의 주요 집필방향을 보면, 1장 서론에 이어 2장에서는 사도행전에 나타난 베드로의 여덟 편(1:16-22; 2:14-40; 3:12-26; 4:5-12; 5:27-32; 10:34-43; 11:5-17; 15:7-11)의 복음선포를 분석하여 십자가의 복음과 함께 나란히 강조되는 부활의 복음을 살펴보고자 한다.

3장은 사도행전에 나타난 사도 바울의 열 편(13:16-41; 14:13-18; 17:1-9; 17:22-34; 20:17-38; 22:1-21; 23:1-11; 24:1-23; 26:1-23; 28:16-28)의 복음을 분석하여 베드로가 선포한 복음처럼 바울도 부활 복음에 초점을 맞추어 선포하였음을 살필 것이다.

4장은 베드로와 바울의 복음선포(설교)에 사용된 구약의 본문들을 집중적으로 살펴보도록 하겠다. 그리고 그들이 인용한 구약의 사용들

---

15. G. D. Fee and D. Stuart, 성경을 어떻게 읽을 것인가(서울: 성서유니온, 1991), 14.

이 다른 신약성경에서는 어떻게 사용되었는지도 간략히 살펴보겠다.

5장에서는 초대교회와 사도들이 강조해서 선포한 그리스도의 부활 선포의 성경신학적 의미를 "구약의 성취, 십자가의 변호, 승귀의 선포, 그리스도의 주되심의 확증"이라는 네 가지 측면에서 살펴보겠다.

마지막 6장은 본서의 후기이다. 먼저 본서 전체(1-5장)를 요약한 후에 한국교회를 향한 두 가지 제언을 나누고 싶다. '둘이 아닌 하나의 온전한 복음'을 회복하기 위해 신학연구와 성경연구의 필요성을 제안하겠다. 마지막에서는 본서를 집필하면서 필자가 체험한 도전과 개인적인 각오를 간략히 서술함으로 후기를 마무리하고자 한다.

제2장

사도행전에 나타난 베드로의 복음선포

사도행전 전반(1-12장)에 나타난 베드로의 8편의 설교에서, 사도 베드로는 예수님의 십자가와 부활을 중심으로 하나님의 복음을 선포하되 특별히 "예수의 부활"에 초점을 맞추어 선포하였다. 예수의 복음을 믿는 믿음이란 그분의 죽음과 부활의 사건이 믿는 자를 의롭게 하는 하나님의 능력임을 순전하게 받아드리는 것이다.

1. 서론

먼저 베드로가 선포한 복음설교 여덟 편(1:16-22; 2:14-40; 3:12-26; 26; 4:5-12; 5:27-32; 10:34-43; 11:5-17; 15:7-11)을 귀납적인 방법론을 통해 살펴보려고 한다. 편의상 베드로의 다양한 형식의 선포를 단순히 "복음선포"(κήρυγμα)라고 통칭하여 부르려고 한다. 그 이유는 베드로가 다양한 회중들(유대인, 이방인, 백성들, 산헤드린 공회원 등)을 상대로 그 대상에 따라 특정한 복음을 선포하였고, 그것은 "설교, 강론, 연설, 변호, 변증" 등 다양한 형식으로 표현되고 있지만 결국 복음을 선포하고 있기 때문이다. 사도행전 전반부(1-12장)에 등장하는 베드로는 사도 그룹을 대표하는 대변인으로 제시되고 있는데, 이를 통해 우리는 그의 설교가 사도행전의 신학적 기초를 형성하는 중요한 역할을 하고 있다고 추론할 수 있다.[16]

---

16. Howard I. Marshall, 복음의 증거: 사도행전 신학(서울: 크리스챤출판사, 2004), 315.

2. 사도 베드로의 복음선포 분석

1) 사도 보선을 위한 복음선포(행 1:16-22)

배경

죽음을 이기시고 부활하신 예수는 40일 동안 지상에 계시면서 사도들에게 친히 나타내사 "하나님나라의 일"을 말씀하시고 감람산에서 승천하셨다(1-11절). 사도들은 120명의 성도들과 함께 마가의 다락방에 모여 "아버지께서 약속하신 것"(4절)을 받기 위해 끈기있게 그리고 한마음으로 기도하며 약속하신 성령을 대망하고 있었다(12-14절).

사도 베드로가 복음을 선포한 대상은 "다락방에 모인 형제들"이다(15a절). 그들은 "열한 사도"(13절)를 중심으로 모인 "여자들, 예수의 어머니 마리아, 예수의 아우들, 그리고 성도들"로 약 120명이었다. "그때"(15b절)는 예수의 승천과 오순절 사이의 특정 시점으로, 변절한 유다의 죽음으로 궐석이 된 12번째 사도의 빈자리를 채우고 오실 성령을 맞이할 채비를 해야 할 시간이었다. 12사도는 성령의 능력을 덧입고 "예루살렘과 온 유대와 사마리아와 땅 끝까지 이르러 예수의 증인이 되어야 할 증인들"이었다(8b절). 그들은 간절히 한마음으로 기도하며 인내심을 가지고 주께서 약속하신 성령을 기다리고 있었다.

16-19절: 사도 보선의 필요성

　사도 베드로가 다락방에서 행한 첫 번째 설교(16-22절)는 하나님께서 약속하신 성령을 받기 위한 만반의 준비를 갖추는 일이었다. 약속하신 성령의 강림사건은 곧 교회의 탄생을 의미한다. 계시록에서 완성될 미래 천상교회의 모습은 "24보좌들과 그 보좌들 위에 앉은 24장로들"(계 4:4, 10; 6:8, 14; 21:12-14)로 구성되었다. 그들은 구약의 12지파와 신약의 12사도의 열두 이름으로 구성되었다. 그러므로 약속하신 성령이 신약 교회를 시작하기 전에, 성령의 "예언과 성취"(16절)로 궐석이 된 "12"

의 사도석 회복이 절실하였다.[17] 사도 베드로는 유다를 대신할 사람을 뽑는 근거로 두 개의 시편(시 69편과 109편)을 인용한다.

20절: 다윗 예언의 성취

16절에 언급된 "성령이 다윗의 입을 통하여 예수 잡는 자들의 길잡이가 된 유다를 가리켜 미리 말씀하신 성경"은 다윗의 두 시편(시 69:25; 109:8)이다. 먼저, 20절 상반절에 인용된 시편 69편 25절은 유다의 배신과 죽음으로 다윗의 그 예언이 어떻게 유다를 통해 그리스도께 성취되었는지를 보여준다. 원래 시편 69편은 개인적인 애통시로 시인의 깊은 고통을 묘사하며 하나님께 간구함으로 자신을 원수들로부터 구원해 줄 것을 요청한 시다. 이 다윗의 시편은 신약에서 다섯 번(요 15:25; 2:17; 롬 11:9-10; 15:3)에 걸쳐 예수께 적용된다. 이는 무고한 한 사람이 아무런 이유 없이 수많은 원수들에게 숱한 모욕과 고난을 당하면서 이 완악한 백성들을 심판해 주실 것을 하나님께 탄원하는 애통시다. 베드로는 무고한 의인에 대한 다윗의 '원수들'(αὐτῶν)을 여기서는 '그'(αὐτοῦ)라는 단수로 개인화시켜 하나님의 심판이 실제로 유다에게 미친 것으로 적용한다.[18] 또한 20절 하반 절에서는 시편 109편 8절을 인용하여 그들이 무엇을 해야 하는지 당위성을 설명한다. 즉, "그의 직분을

---

17. R.C.H. Lenski, *The Interpretation of The Acts of the Apostles*(Minneapolis: Augsburg Publishing House, 1961), 42-47.

18. John R. Stott, *땅 끝까지 이르러*(서울: IVP, 1992), 59.

타인이 취하게 하소서"(시 109:8)라고 말함으로 유다를 대신할 사람을 뽑을 필요가 있다는 적절한 지침을 보여준다.

21-22절: 사도의 자격

베드로는 유다를 대신할 12번째의 사도를 뽑자고 제안하면서 사도직의 본질에 해당하는 두 가지 자격을 제시한다. 첫째, 요한의 세례로부터 주께서 승천할 때까지 주님과 함께 다니던 제자여야 한다(21-22a절). 둘째, 그는 다른 사도들과 더불어 예수의 부활을 증언할 사람이어야 한다(22b절). 사도직의 필수 불가결한 조건은 부활의 목격자였을 뿐 아니라 부활의 증인이 되어야할 사람이었다.[19] 21세기의 주 예수의 부활의 증인은 신약 교회들이다. 사도들의 전통을 이어받은 우리 신약 교회는 1세기의 사도들처럼 그들과 동일한 복음의 내용을 선포해야 한다. 특별히 예수님의 부활의 증인으로 이 세상 가운데 드러나는 것을 부끄러워해서는 안 된다.

23-26절: 설교의 반응 : 사도 맛디아 보선

이제 그들은 가능성이 있는 후보자 두 사람(바사바와 맛디아)을 추천하여(23절) 간절히 주께 기도하고(24-25절) 구약에서 하나님의 뜻을 분별할 때 사용하던 제비를 뽑는 방식으로(민 26:55; 잠16:33) 맛디아

---

19. Ibid., 60.

를 뽑았다.[20] 그런 다음 그들은 "예루살렘을 떠나지 말고 내게서 들은 바 아버지께서 약속하신 것을 기다리라"(1:4)는 약속을 기다리며 한 마음과 한 뜻으로 기도하였다. 이제 약속하신 성령이 오실 일만 남았다.

결론

사도 보선을 위한 베드로의 설교 형식은 "약속과 성취"의 구조다. 이 구조는 이미 누가가 자신의 책들(누가복음-사도행전)을 집필한 형식이다(눅 1:1). 오늘 유다를 대체할 맛디아 사도의 보선은 하나님의 계획의 일부로서 이미 "예정되었으며"(designed) 그것의 발생에 대한 당위성을 가진다.[21] 베드로의 설교 내용은 "약속의 성취와 사도의 역할"로 다윗의 예언이 어떻게 신약의 가룟 유다를 통해 성취되는지 묘사한다. 예언-성취(prophecy- fulfillment)의 형식은 누가복음과 사도행전의 구약 성경 인용에 대한 전체 배경을 형성한다. 아브라함과 다윗 언약의 성취로 오신 예수 그리스도의 생애와 사역을 둘러싼 모든 구속사는 선지자들을 통해 이미 선포된 하나님의 구원의 예정이었다.[22] 베드로의 설교 중심은 "예수의 부활과 증거"이다. 12번째 사도가 될 그 사람은 반드시 "예수의 부활을 목격하고 증거할 증인"이어야 했다. 새로 보선된 맛디아가 부활의 진정한 증인이 되기 위해서는 성령의 강력한 임재를

---

20. F. F. Bruce, *The Book of the Acts*(Grand Rapids: Eerdmans, 1981), 51-52.

21. Marshall, *복음의 증거: 사도행전 신학*, 54-56.

22. Ibid., 59-60.

경험해야 한다(1:8; 2:33).

2) 오순절에 전한 복음선포(행 2:14-40)

배경

베드로의 두 번째 설교의 배경은 오순절에 강림한 성령의 기름부음 사건이다(1-13절). 마가의 다락방에 모인 120성도의 끈질긴 기도의 응답으로 오순절 성령께서 강림하신다. 그날 예루살렘에는 천하 각국에서 모인 경건한 유대인들과 유대교에 들어온 사람들이 각 사람의 난 곳 방언으로 "하나님의 큰 일"(2:11, τὰ μεγαλεῖα τοῦ θεοῦ)을 듣고 목도한다. 신약교회를 탄생하게 한 베드로의 두 번째 복음선포는 바로 오순절에 성령께서 강림한 예루살렘을 배경으로 한다.

설교의 대상은 "유대인들과 예루살렘에 사는 모든 사람들"(14a절)이다. 그들은 오순절 날 천하각국에서 예루살렘에 모인 "경건한 유대인"들을 포함한 "유대교에 들어온 사람"들이다(5절, 9-11a절). "유대교에 들어온 사람들"이란 "할례를 받고 유대교로 개종한 이방인들"(prosellytes)과 하나님을 믿지만 아직 할례를 받지 아니한 "하나님을 경외하는 이방인들"(God-fearers)이다.[23]

---

23. Bruce, *The Book of the Acts*, 63-64.

14-21절: 요엘서(욜 2:28-32) 인용

오순절에 예루살렘에 모인 군중들이 "하나님의 큰일을 각 사람들의 난 곳 방언으로 듣게 되는 것이 어찌됨이냐"(8절)며 놀라자 베드로는 이것은 "하나님께서 말세에 모든 사람에게 그의 영(성령)을 부어주시리라"는 선지자 요엘의 예언 성취라고 해석한다.[24] 오순절에 유대인들이 목격한 "이것"은 선지자 요엘을 통하여 말씀하신 "그것"이다. 이는 "어찌된 일이냐"(12b절)고 놀라고 당황할 일이 아니라 성령강림은 이미 선지자 요엘을 통해 예언하신 언약의 성취라고 한다(16절). 요엘이 언급한 "그 후에"(욜 2:28, אַחֲרֵי־כֵן, μετὰ ταῦτα)는 베드로를 통해 "말세에"(행

---

24. Lenski, *The Interpretation of The Acts of the Apostles*, 73.

2:17, ἐν ταῖς ἐσχάταις ἡμέραις)로 바뀐다. 요엘이 말한 "그 후에"(욜 2:28)는 "전"(욜 2:25a)에 하나님께서 범죄한 이스라엘을 메뚜기와 황충의 떼들로 심판하였지만, 그들이 금식하며 회개하고 돌아왔을 때(욜 2:12-13; 18) 하나님은 그들의 수치를 기억하지 않으시고 회복시키겠다는 약속의 때다. 베드로는 '그 후에'를 '말세'로 바꾸어 설교하면서 성령강림 사건이야말로 곧 구원의 마지막 종말론적 성취의 사건(20절)임을 강조한다(17절). 마지막 종말에 구원을 베푸실 자를 요엘은 "여호와"(욜 2:26, 32)로 말하지만, 신약의 베드로는 "주 예수 그리스도"(21절)라고 바꾸어 진술한다. 다시 말해서 마지막 날에 시온에 피난처를 제공하여 구원해 주실 분은 여호와 하나님이 아니라, 그의 이름을 부르는 모든 사람을 위하여 죄와 심판에서 구원하시는 예수 그리스도시다(21절). 예수 그리스도가 주님이시라는 메시아 시대를 입증하는 종말 사건은 바로 하나님께서 모든 사람들에게 성령을 부어주시는 성령강림 사건이다. 또한 그리스도의 초림과 재림 사이에 걸쳐 있는 메시아 시대는 활발한 성령의 시대이기도 하다.[25] "누구든지 주의 이름을 부르는 자는 구원을 받으리라"(21절)는 은혜의 시대가 활짝 열렸다. 누구든지 믿음으로 주께 나아가는 자들을 구원하시는 성령의 시대가 도래한 것이다.

---

25. Stott, 땅 끝까지 이르러, 79.

22절: 예수의 사역

베드로는 오순절 성령 강림의 사건을 가장 잘 이해하는 길은 구약 '예언'을 통해서가 아니라 신약의 '성취'로, '요엘'이 아니라 '예수를 통해서'라고 소개한다.[26] 예수는 다윗의 자손으로 나사렛으로 오신 참 사람이셨다. 하나님은 나사렛에 오신 예수를 통해 세 가지 초자연적인 역사(큰 권능, 기사, 표적)로 예수가 마지막 날에 오실 약속의 메시아임을 증언한다.

23절: 예수의 죽음

메시아의 죽음은 유다에 의해 내어준 것이 아니라, 하나님이 정하신 뜻과 미리 계획하신 경륜이었다. 그분의 죽음은 하나님의 결정되어진 뜻과 목적 속에서 영원 전에 계획된 일이었다. 하나님은 영원 속에서 그의 아들의 희생적 죽음을 통한 세상의 구속을 계획하셨는데 이를 "법 없는 자들"의 사악한 손을 빌어 자신의 거룩한 뜻을 이루셨다.

24-32절: 예수의 부활

사람들은 그분을 죽였지만 하나님은 그를 사망의 고통에서 살리셨다. 드디어 사도가 공적으로 선포하는 최초의 예수의 부활 설교를 본

---

26. Ibid., 81.

다.[27] 베드로는 예수가 사망에 매여 있을 수 없는 이유를 다윗의 시편을 통해 설명한다. 그는 예수의 부활의 진실성을 다윗의 시편 16편 8-11절을 인용하여 이미 그리스도의 부활이 예언되어 있음을 논증한다(25-28절). 이제 베드로는 다윗의 말이 그때에는 성취되지 않았지만, 그것은 메시아의 부활에 관한 예언(미리 봄)으로 예수 그리스도를 통해 나중에 성취되었다고 선포한다. 베드로는 "이 예수를 하나님이 살리신지라 우리가 다 이 일에 증인이라"(32절)고 부언함으로 구약의 예언자들의 증언과 신약의 사도들의 증언이 공히 예수 그리스도의 부활을 증거하는 데 서로 일치함을 확인한다.[28]

33-36절: 예수의 승천

베드로는 시편 16편을 예수의 부활에 적용했던 것처럼, 시편 110편을 메시아의 승천에 적용한다. 예수는 죽은 자 가운데서 부활하여 하나님 우편으로 승천하신 것으로 발전한다. 하나님이 오른손으로 예수를 "높이시매"(행 2:33, ὑψωθείς)는 몸의 부활과 하늘로 승천하심의 영광을 내포한다. 여기서 하나님의 우편이나 오른손은 그의 능력과 권능을 상징하는 의인화된 표현이다.[29] 결론적으로 온 이스라엘은 그들이 거부하고 십자가에 못 박은 이 예수를 하나님께서 주와 그리스도가 되게 하셨다는

---

27. Lenski, *The Interpretation of The Acts of the Apostles*, 84.

28. Ibid., 93-96.

29. Ibid., 98-103.

것을 피할 수 없게 된다. 예수의 부활과 승천사건은 그분이 실제 권능 가운데 주와 그리스도(메시아)가 되셨다는 것을 온 천하에 선포한 역사적인 사건이다. 예수께서 "주와 그리스도가 되셨다"는 말은 이스라엘의 진정한 왕은 곧 이 세상의 진정한 주라는 것을 깨닫게 한다. 이스라엘은 이 세상을 대표하여 하나님이 선택한 백성이다. 그러므로 이 세상 끝날에 이스라엘의 진정한 왕이 오시면 그분이 이 세상의 합당한 주권자가 되실 것이다.[30]

37-40절: 회개와 믿음으로의 초대

베드로는 설교를 끝내면서 마음에 찔림을 받고 "우리가 어찌할꼬" 탄식하는 죄인들을 향하여 소리친다. 십자가와 부활의 복음을 듣고 진정한 구원을 받기 원하면 "너희가 회개하여 각각 예수 그리스도의 이름으로 세례를 받고 죄사함을 받으라 그리하면 성령의 선물을 받으리라"고 초청한다. 40절은 "이 패역한 세대에서 구원을 받으라"(40절)는 강력한 구원에로의 초대다. 죄에 대한 개인적인 회개와 믿음의 고백은 세례를 통해 그리스도의 공동체인 교회 안에서 드러나야 한다.

41절: 설교에 대한 결과

오순절 설교에 대한 회중들의 반응은 즉각적인 회개와 함께 세례

---

30. N.T. Wright, *모든 사람을 위한 사도행전 I*(서울: IVP, 2019), 65.

를 받고 신약의 성도들이 되는 것이다. 성도들의 회심은 자신의 죄나 하나님의 심판에 대하여 결코 추상적이지 않고 구체적이어야 한다. 성도들은 믿음으로 성령세례를 받고 예수의 죽음과 부활에 연합하여 자신의 죄에 대한 깊은 각성과 회개를 통해 패역한 이 세대로부터 건 짐을 받아야 하나님나라의 백성이 될 수 있다.[31]

결론

베드로의 오순절 복음선포의 구조는 "약속과 성취"의 형식이다. 오순절에 난 곳 방언이라는 표적으로 나타난 "하나님의 큰 일"(11절)은 종말에 성령을 부어주시겠다는 요엘 선지자를 통한 약속을 성취한 사 건이다(욜 2:28-32). 또한 그리스도의 부활과 승천은 선지자 다윗을 통 한 약속의 성취이다(시 16:8-11; 110:1).

오순절 복음선포의 내용은 "예수의 죽음과 부활과 승천을 통한 약 속하신 성령의 강림, 메시아 시대의 도래, 주와 그리스도로서의 등극, 재림, 그리고 회개하는 자들에 대한 구원의 약속"이다.[32] 베드로의 복음 선포(κήρυγμα)의 중심은 "예수의 부활과 승천"이다. 15절(22-36절)에 걸친 오순절 설교의 핵심 가운데 무려 열세 절(부활: 24-32, 승천: 33-36 절)을 할애한 복음선포는 예수의 부활과 승천 사건에 초점을 맞추고

---

31. Ibid., 71-72.
32. C. H. Dodd, 설교의 원형과 그 발전, 20-24.

있다. 미래의 약속으로 기록된 구약의 메시아의 부활 사건은 이제 나사렛 예수 안에서 이미 일어난 과거의 사건이 되었으며 그가 "선지자와 주와 메시아"라는 사실을 확증하는 역할을 하고 있다.[33]

3) 솔로몬 행각에서 한 복음선포(행 3:12-26)

배경

3장은 오순절 성령 강림으로 충만해진 베드로와 요한이 성전 미문에서 "나사렛 예수 그리스도의 이름"으로 지체장애인(앉은뱅이)을 고친 첫 번째 이적을 기록한다(1-10절). 지체장애인 치유의 이적을 보고 크게 놀란 무리가 베드로와 요한을 솔로몬 행각에서 붙들고 이런 기적이 어떻게 가능한지를 묻기 위해 모인다. 솔로몬 행각은 삼나무로 지붕을 덮은 회랑으로 예루살렘 성전 바깥 뜰 동쪽 벽을 따라 쭉 이어져 있었다.[34] 이곳은 예수께서 때때로 거닐며 가르치시던 곳이었고(요 10:23), 초대교회가 자주 모여 집회하던 장소였다(행 5:12).

설교의 대상(11-12a절)은 성전에 정기적으로 기도(1절)하기 위해 모인 "이스라엘 사람들"인 유대인이다(12a절). 솔로몬 행각에서 전한 베드로의 설교를 듣고 믿은 사람이 "남자의 수가 약 오천이나 되었더라."(행

---

33. Wright, *하나님의 아들의 부활*, 714.
34. Stott, *땅 끝까지 이르러*, 101.

4:4)는 기록으로 보아 훨씬 더 많은 유대인들이 베드로의 설교를 들었었을 것이다.

※ 개요

베드로의 설교(3:12-26)

12절: 베드로의 두 가지 질문
13a절: 주목해야할 대상(출 3:6)
13b-15a절: 예수의 고난과 죽음
15b-16절: 예수의 부활과 증인들
17-18절: 이스라엘의 범죄
19-21절: 예수의 통치와 최후 심판
22-26절: 구약의 메시아의 예표들
(신 8:15, 18-19; 삼하 7:12; 창 12:3, 22:18)

12절: 베드로의 두 가지 질문

베드로는 성전 미문에 앉아 구걸하던 지체장애인이 나은 것을 보고 몰려든 군중에게 두 가지를 묻는다. 첫째는 "왜 이 일을 놀랍게 여기느냐"고, 둘째는 "마치 우리 개인의 권능과 경건으로 이 사람을 치료한 것처럼 왜 우리를 주목하느냐"는 것이다. 그리스도인의 모든 사역과 복음선포의 초점은 '전하는 자가 누구냐'가 아니라 '전하는 대상이 누구인지'를 주목해야 한다.

13a절: 주목해야 할 대상

우리가 주목해야 할 대상은 예수 그리스도시다! 이는 "아브라함과 이삭과 야곱의 하나님"(출 3:6)[35]이 '그 종'(사 53장)[36] 예수를 영화롭게 하였기 때문이다. 부활과 승천을 통해 신약의 예수를 영화롭게 하신 분은 바로 구약을 계시하신 우리 조상의 하나님이시다! 결국 신구약의 역사는 하나님이 아들을 통해 성취하신 구속의 역사다. 하나님이 영화롭게 하신 '그 종 예수'는 강포나 거짓이 없는 '죄 없는 종'이다. 우리는 오직 그 한 분을 주목하고 그분을 선포하는 일에 집중해야 한다.

13b-15a절: 예수의 고난과 죽음

그런데 유대인들은 이 메시야를 어떻게 하였는가? 첫째, 그들은 빌라도가 놓아주기로 결의한 것을 거부하였다(13b절). 둘째, 그들은 "거룩하고 의로운 이(τὸν ἅγιον καὶ δίκαιον)" 곧 '그리스도'를 거부하였다(14a절). 거룩하고 의로운 자는 메시아에 대한 칭호가 아니던가! 거룩한 자는 메시아의 신분을, 의로운 자는 메시아의 성격을 드러낸다.[37] 어리석은 그들은 의로운 사람 대신에 살인자를 풀어줌으로 메시아를 거절하고 결국 생명의 주를 죽였다.

---

35. Lenski, *The Interpretation of The Acts of the Apostles*, 132-134.

36. Wright, *모든 사람을 위한 사도행전 I*, 87-88.

37. 이상근, *사도행전*(서울: 성등사, 1990), 69.

15b-16절: 예수의 부활과 증인들

그러나 하나님이 하신 일은 무엇인가? 죽은 자 가운데서 그를 살리셨다. 인간은 메시아를 반역하고 죽임으로 거절했지만 하나님은 그를 살림으로 메시아의 정당함을 입증하였다.[38] 그렇다면 우리가 할 일은 무엇인가? 우리가 이일에 증인이다. 사도들과 그들의 후예인 신약교회는 예수 그리스도의 증인(내 증인)으로 부름을 받았다(행 1:8). 누가 '나면서 앉은뱅이'된 자를 고쳤는가? "그 이름"이다. "그 이름이 너희가 보고 아는 이 사람(나면서 앉은뱅이)을 고치셨다"(16a절). 또한 "예수로 말미암아 난 믿음"이다. 그 믿음이 "너희 모든 사람 앞에서 이같이 완전히 낫게 하였다"(16b절)고 증거한다. 병자를 치유하고 완전하게 회복하게 한 것은 예수의 이름이다! 그분의 존귀한 이름은 그분의 모든 존재와 그분이 행하신 모든 사역을 통칭한다. 결국 예수 그리스도를 믿는다는 것은 그분의 능력 있는 이름을 믿는 것과 같다. 오직 예수의 거룩한 이름이 인생의 모든 문제에 대한 해답인 것이다.

17-18절: 이스라엘의 범죄

비록 그들이 무지(알지 못해서)해서 예수를 죽였든지 고의(메시아 거부/빌라도의 제안)로 죽였든지 그들은 하나님의 아들 메시아를 죽인 죄의 삯을 피할 수 없게 되었다. 그러나 하나님은 이 모든 일을 아시고

---

38. Lenski, *The Interpretation of The Acts of the Apostles*, 135-137.

자신의 아들 메시아를 통해서 선지자들을 통한 약속을 성취하셨다 (18절).

19-21절: 예수의 통치와 최후 심판

이런 하나님의 섭리와 그리스도의 부활에 담긴 의미를 깨달은 베드로는 용서받을 수 없는 죄인일지라도 회개하고 돌이키면 받게 될 축복을 설명한다(19a절). 첫째, 죄사함을 받는다(19b절). 생명의 근원이신 메시아를 욕하고 죽였을지라도 진정으로 회개하고 하나님께로 돌아오면 하나님은 은혜로 받아주신다. 둘째, 새롭게 하신다(19c절). 중생의 씻음과 성령의 새롭게 하심으로 원기를 회복하게 하신다. '새롭게 되는'(ἀναψύξεως)에 해당하는 헬라어는 휴식, 위안, 원기회복을 가리킨다.[39] 그리스도를 통한 죄사함이 회개의 소극적 결과라면, 성령을 통한 원기회복은 회개의 적극적인 결과다. 셋째, 예정하신 그리스도를 보내신다(20-21절). '만물을 회복하실 때'까지 하늘로 승천하신 예수 그리스도를 마지막 재림의 날에 보내주시겠다는 약속이다. 19절의 죄사함과 원기회복이 재림을 기다리는 성도가 누릴 분복이라면, 20절의 다시 오실 그리스도는 재림 때 만물을 회복하실 "하나님께로부터 하늘에서 내려오는 새 하늘과 새 땅"(계 21:1)인 하나님 나라일 것이다. 다시 오실 그때까지 부활/승천하신 그리스도는 하나

---

39. 옥스퍼드 원어 성경대전, 사도행전 1권(서울: 제자원, 2006), 296.

님 우편에 앉아서 만유를 통치하실 것이다. 따라서 회개와 믿음을 통한 죄사함의 은총, 영적으로 새롭게 됨, 우주적인 회복은 메시아를 통한 구약의 모든 구원의 약속들을 종합한 성취다.[40]

22-26절: 구약의 메시아의 예표들

사람들이 이것을 지어낸 말이나 공허한 약속으로 생각할까 봐 베드로는 이것은 예언자들(모세, 사무엘, 아브라함)이 한 말의 성취라고 다시 한 번 주장한다.[41] 첫째, 모세(신18:15, 18-19절)는 두 가지 목적으로 인용된다. 하나는 모세에 의해 예언된 "선지자-메시아"는 곧 예수를 가리킨다(22절). 다른 하나는 그 예언자의 말을 듣지 않는 자는 누구든지 자기 백성에게서 끊어질 것이라는 회개를 촉구하기 위함이었다(23절; 사 43:25). 둘째, 사무엘은 모세 이후의 모든 예언자들의 대표라고 표현한다(24a절). 그들은 모두 "이때"인 메시아를 통한 "회복의 때"를 보고 즐거워하고 기다리며 증언한 자들이었다(24b절). 그들은 예언자들의 자손이요 언약의 자손들로 언약의 성취를 통한 모든 유산과 구원의 혜택이 약속된 후손들이었다. 셋째, 아브라함(25b-26절)의 씨를 통한 복의 약속(창 12:3; 22:18)은 마침내 예수 그리스도를 통해 성취되었다(갈 3:16). 하나님께서 예수 그리스도를 복음으로 이 땅에 보내신 까닭은

---

40. Stott, *땅 끝까지 이르러*, 104.
41. Wright, *모든 사람을 위한 사도행전 I*, 94.

죄인들이 자신의 죄를 회개하고 복의 근원이 되신 하나님께로 돌이키기 위한 목적이었다(26절).

결론

베드로의 복음선포의 형식은 "언약-성취"의 구조다. 구약의 모든 예언들(모세, 사무엘, 아브라함)은 메시아 예수에 대한 언약의 말씀으로 그분의 생애를 통하여 성취되었다.[42] 솔로몬 행각에서 베드로가 선포한 내용은 "예수의 고난, 죽음, 부활, 재림"이다. "기록된 모든 것은 이루어져야 한다"는 주 예수 그리스도에 대한 약속은 그분의 죽음과 부활을 통해 성취되었고 재림을 통해 온전히 성취될 것이다(눅 24:44). 이러한 베드로의 복음선포(κήρυγμα) 중심은 예수의 "부활과 통치"이다. 부활하시고 승천하신 예수는 하늘 보좌에서 만유를 통치하는 주가 되셨다. 마지막 재림의 날에 오셔서 모든 악을 심판하시고 만유를 회복하심으로 하나님나라를 완성하실 것이다.

4) 산헤드린 공회에서 행한 첫 번째 변호(행 4:5-12)

배경

베드로와 요한은 성전 미문의 지체장애인(앉은뱅이)을 고친 후 솔로몬

---

42. Wright, *모든 사람을 위한 사도행전 I*, 95.

행각에서 붙들렸다. 제사장들과 성전 맡은 자와 사두개인들이 사도들을 핍박하는 동기는 두 가지였다. 하나는 성전 구역에서 "백성들을 가르치는 것"(2a절)과 다른 하나는 "예수 안에 죽은 자의 부활이 있다"고 전파하는 것(2b절)이었다. 이런 유대주의자들의 시기와 핍박과 투옥 속에서도 초대교회는 믿는 자가 "약 오천"을 헤아리게 되었다(4절). 정치 세력과 결탁한 유대주의자들의 박해에도 예루살렘 교회는 힘차게 성장했다.

설교의 대상(8절)은 "백성의 관리들과 장로들"(8절)로 구성된 산헤드린 공회원들 그리고 "모든 이스라엘 백성들"(10a절)이다. 산헤드린 공회는 70인으로 구성된 유대 최고의 법정이다(막 14:53; 눅 22:2; 행 23:14). 특별히 대제사장 안나스와 가야바는 예수를 심판하고 정죄한 장본인들이다(요 18:12-24). 그들은 사도들을 가운데 세우고 "너희가 무슨 권세와 누구의 이름으로 이 일(지체장애인을 고친 일)을 행하였느냐"(7절)고 심문한다. 본문의 설교는 유대 산헤드린 공회원들의 질문에 대한 변호의 성격을 띤다.

> ※ 개요
>
> 8절: 산헤드린 공회와 모든 이스라엘 백성들
>
> 9절: 무슨 권세와 이름으로 병자를 고쳤느냐?
>
> 10절: 예수의 십자가와 부활의 권능
>
> 11절: 약속의 성취(시 118:22)
>
> 12절: 유일한 구원의 근거

8절: 산헤드린 공회와 모든 이스라엘 백성들

베드로는 성령이 충만하여 백성의 관리들과 장로들에게 대답한다. 성령으로 충만한 베드로는 가야바의 뜰에서 두려움에 떨던 예전의 베드로가 아니다. 그 때는 작은 여종의 질문에도 세 번씩이나 자기 힘으로 대답하다가 치명적인 실수(저주와 거짓맹세)를 저질렀다(마 26:69-75). 그러나 이제 베드로는 성령의 능력으로 새사람이 되어 공회 앞에 서서도 조금도 두려움 없이 당당하게 변론하고 있다.

9절: 무슨 권세와 이름으로 병자를 고쳤느냐?

나면서 지체장애인(앉은뱅이)된 병자를 성전 구역에서 고치고 구원한 일을 누구의 권세와 이름으로 하였는지 묻는 공회의 질문에 베드로는 명료하게 대답한다. 그는 성령에 충만하여 조금도 당황하거나 두려워하지 않는다. 당당하게 "너희와 모든 이스라엘 백성들은 알라"(10a절)고 소리쳤다. 병자에게 행한 착한 일과 구원의 소식의 범위를 단순한 공회에서 모든 이스라엘 백성들로 확대하여 해석하고 있다.

10절: 예수의 십자가와 부활의 권능

사도 베드로의 대답은 명료하고 조금도 망설임이 없었다. 문제가 되는 그 "이름"은 곧 "나사렛 출신 메시아 예수"셨다![43] "너희가 십자가에 못 박고 하나님이 죽은 자 가운데서 살리신 나사렛 예수 그리스도의 이름"으로 완전히 고침받아 너희 앞에 서 있다고 증언한다. 변화된 베드로는 이제 한 치의 주저함도 망설임도 없었다. 그는 "너희가 그를 죽였으나 하나님이 그를 살리셨다"는 "십자가와 부활"의 형식(formular)을 세 번째 사용한다(2:23-24; 3:15; 4:10). 여기서 십자가는 그리스도의 속죄 사역에 대한 강조형식이 아니라, 하나님이 죽은 자 가운데서 살리신 부활의 사건을 강조하기 위한 형식적 언급이다.[44] 강조점은 죽은 자의 부활인데 이는 사도들이 공회에 붙잡힌 이유며(4:2) 예수의 승천의 근거다(4:11).

11절: 약속(시 118:22)의 성취

베드로의 설교 형식의 대표적인 특징은 "약속과 성취"의 형식이다. 여기서 그는 '성전의 시편' 118편을 인용한다.[45] 시편 118편 22절은 예수께서 먼저 성전에 들어가 가르치실 때에 대제사장들과 백성의 장로들과 권위 문제로 논쟁이 붙었을 때 사용하셨던 유명한 시편 구절이다. "네가 무슨 권위로 이런 일을 하고 또 누가 이 권위를 주었냐"(마 21:23)고 유대인들이 예수를 겁박할 때, 예수는 요한의 세례 문제(마 21:

---

43. Wright, *모든 사람을 위한 사도행전 I*, 100.
44. Marshall, *복음의 증거: 사도행전 신학*, 329.
45. Wright, *모든 사람을 위한 사도행전 I*, 101.

24-27)를 역으로 질문함으로 논쟁을 회피하신다. 그리고 "포도원 농부의 두 아들"의 비유(마 21:28-32)와 "포도원의 악한 농부들"의 비유(마 21:33-41)로 대답하셨다. 더 나아가 자신을 "건축자들이 버린 돌과 모퉁이의 머릿돌"에 빗대어 설명한 구절은 유명하다. 악한 유대인들은 건축자들이 버린 돌처럼 예수가 하나님의 저주를 받아 무가치하게 여겨 십자가의 형틀에 버려졌다고 생각했다(신 21:22-23; 고전 1: 23). 그러나 하나님이 내리신 평결은 그를 다시 살리셔서 하나님의 집의 머릿돌(벧전 2:7)이 되게 하심으로 그를 "주와 메시아"로 삼으셨다.[46]

12절: 구원의 유일한 근거

이제 베드로의 초점은 '육체의 치유'에서 '영혼의 구원'으로 옮겨간다. 그는 두 개의 부정적인 용어를 사용해서 예수의 유일성과 절대성을 선포한다. 첫째, "다른 이"로서는 구원을 받을 수 없다고 선포한다. 둘째, 천하에 구원을 받을 만한 "다른 이름"을 주신 일이 없다고 선포함으로써 구원의 유일한 근거를 제시한다. 예수 그리스도의 죽음과 부활, 그리고 그분의 승귀와 권위로 인해 그분은 유일한 구세주가 되셨다. 세상의 어떤 사람도 그분과 같은 자격을 갖추지 못했다.[47]

---

46. M. J. Harris, 신약에 나타난 부활(서울: 기독교문서선교회, 1995), 182-183.
47. Stott, 땅 끝까지 이르러, 108.

결론

베드로가 공회 앞에서 선포한 복음 형식은 "약속-성취"의 구조다. 복음선포의 내용은 예수의 "죽음과 부활과 승귀"에 대한 변호이다. 베드로의 복음선포((κήρυγμα) 중심은 "예수의 부활"을 통한 하나님의 새 성전의 회복이다.[48] 예수는 부활을 통해 '건축자들의 버린 돌'에서 '집 모퉁이의 머릿돌'이 되셨다. 예수는 자신의 죽음과 부활을 통해 하나님이 지으실 새성전인 교회의 기초와 머리가 되셨다(요 2:19-22).

5) 산헤드린 공회에서 행한 두 번째 변호(행 5:27-32)

배경

아나니아와 삽비라의 불미스러운 사건도 초대교회가 증거한 복음의 확산을 막을 수 없었다(1-11절). 사도들을 통하여 일어난 표적과 기사는 수많은 사람들을 주께로 돌아오게 하였다(12-16절). 초대교회가 성장할수록 유대 당국의 시기와 박해는 더욱 거세졌고, 베드로와 요한뿐 아니라 드러내놓고 "다른 사도들을 투옥"(18절)시켰다. 이를 지켜보신 하나님은 주의 사자들을 보내 옥문을 열고 사도들을 풀어주심으로 그들이 성전에 가서 생명의 말씀을 계속 전하게 하셨다. 유대 당국(공회와 이스라엘의 원로들)은 담대히 성전에 서서 백성들을

---

48. Wright, *모든 사람을 위한 사도행전 I*, 101.

가르치던 사도들을 다시 잡아 공회의 법정에 세운다.

※ 개요

27-28절: 대상과 질문

29절: 순종의 대상

30절: 예수의 죽음과 부활

31절: 예수의 승귀(빌 2:9-11)

32절: 복음의 두 증인(사도와 성령)

27-28절: 대상과 질문

설교의 대상(27-28절)은 "공회원들과 대제사장을 포함한 이스라엘의 원로들"로 구성된 유대인이다(21b, 27절). 대제사장은 사도들을 공회 앞에 세우고 자신들의 거짓된 시기심을 감춘 채(17절) 두 가지 죄목에 대하여 문책한다. 하나는 "예수의 이름으로 가르치지 말라"(4:18)는 법정의 1차 금지령을 위반한 것이고, 다른 하나는 "예수의 피를 그들에게로 돌리고자 한다"는 예수의 죽음에 대한 책임 회피의 죄목이었다. 우리는 빌라도의 법정에서 "그 피를 우리와 우리 자손에게 돌리라"(마 27:25)는 유대 당국자들과 백성들의 사악한 절규를 기억하고 있지 않는가?

29절: 순종의 대상

베드로와 사도들은 그들의 두 가지 거짓된 죄목에 대해 변호한다.

베드로와 사도들은 "사람보다 하나님께 순종하는 것이 마땅하다"고 대답한다. 헌신은 우리의 소속을 결정한다. 모든 그리스도인들의 제일 되는 목적은 하나님께 순종하는 것이다(4:19-20). 이스라엘 공회는 무자비하게 예수를 정죄하여 죽였고 사도들에게는 그 이름으로 사람들을 가르치지 말라고 협박하고 옥에 가두었다. 사도들은 이 땅의 선한 시민으로 국가와 법정의 권위에 순종해야 함에도 불구하고(롬 13:1b; 딛 3:1), 국가가 하나님의 권위를 대적하거나 오용할 때는 잘못된 권위에 대항하고 불순종해야 한다.[49]

30절: 예수의 죽음과 부활

이제 베드로는 하나님께 순종해야하는 이유를 두 가지로 답변한다. 첫째, 유대 지도자들이 나무에 달아 죽인 예수를 우리 조상의 하나님이 살리셨기 때문이다. 베드로가 두려움을 모르는 예수의 증인으로 거듭난 것은 오직 부활의 사건으로만 입증할 수 있다. 유대 지도자들은 예수 그리스도를 나무에 달아 죽임으로 하나님의 저주를 받은 자로 매도하였다(신 21:22-23).[50] 하나님이 자기 아들을 다시 살리신 사건은 메시아를 나무에 달아 죽인 그들의 행위가 잘못이라는 사실을 입증해 주었다. 죽음의 권세를 이기게 하신 예수의 부활 사건은 그가 십자가를

---

49. Stott, *땅 끝까지 이르러*, 129.

50. Lenski, *The Interpretation of The Acts of the Apostle*, 225-226.

통해 성취한 대속 사건이 하나님이 행하신 구원사건임을 확증하는 결정적 복음의 사건이 되었다. 사도들은 예수의 부활을 통해서 십자가 사건이 실패가 아니라 하나님이 행하신 약속의 성취임을 믿고 담대하게 십자가와 부활의 증인으로 공회 앞에 설 수 있었던 것이다.

31절: 예수의 승귀

하나님께 순종해야 하는 둘째 이유는 하나님께서 예수를 오른손으로 높이사 "임금과 구주"로 삼으셨기 때문이다. 창조주 하나님의 권능은 죄와 사망의 결박으로부터 예수를 살리셨을 뿐만 아니라, 그를 보좌 우편에 앉히심으로 만유의 통치자(왕)와 구세주로 삼으셨다. 유대인들은 나무에 달려 죽은 예수를 저주받은 자로 여겼지만, 우리 조상의 하나님은 그를 살리시고 높이셔서 만유의 왕과 구주가 되게 하셨다(빌 2:9-11). 예수의 부활과 승천은 같은 사건이 아니다. 예수의 부활이 "죽음에서 일으켜 올리는 것"이라면, 승천은 "높은 신분으로 일으켜 올리는 것"이다. 이 두 가지는 분리할 수 없다. 예수의 부활은 높임 받으심을 함축하고 높임 받으심은 부활을 함축한다.[51]

32절: 복음의 두 증인(사도와 성령)

예수의 죽음과 부활과 승천을 통한 메시아의 왕적 통치와 구속의

---

51. Harris, *신약에 나타난 부활*, 193-195.

완성에 대한 기쁜 소식은 이스라엘을 넘어 온 열방까지 선포되어야할 복된 소식이었다. 하나님은 이 증인의 일을 위해 "사도"와 "성령"을 세우셨다. 먼저 베드로와 사도들은 "우리가 이일에 증인이라"고 선포한다. 사도들의 제일 되는 직무는 "예수의 부활을 증언하는 것"으로(행 1:22: 2:32; 3:15b; 5:32: 10:41-42, 43절)[52] 그들은 '인간' 증인이다. 또 다른 증인은 하나님 자신의 증인으로 오신 '성령'이다(욜 2:28, 32). 예수 그리스도에 대한 최고의 증인은 하나님이 자기를 순종하는 사람에게 주신 성령이다.[53] 성령 하나님은 성자 그리스도의 증인으로서 성자의 영광을 드러내고 그의 가르침을 적용하기 위해서 오셨다(요 16:13-14).

결론

베드로의 복음선포의 형식은 "약속-성취"의 구조다. 공회 앞에서 행한 두 번째 복음선포의 내용도 "예수의 죽음과 부활과 승천"에 대한 변호를 통한 죄사함의 구원이다. 베드로가 변호한 복음선포(κήρυγμα)의 중심은 "예수의 부활과 승천"이다. "예수의 승귀"를 통한 만유의 임금과 구세주가 되어 높임 받으신 예수는 세상에서 구원을 얻을 수 있는 유일한 이름이다. 극심한 박해 속에서도 사도들은 "죽음 이후의 삶"[54] 을 확신함으로 승리할 수 있다!

---

52. Wright, *모든 사람을 위한 사도행전 I*, 42.
53. Stott, *땅 끝까지 이르러*, 129.
54. N. T. Wright, *마침내 드러난 하나님나라*(서울: IVP, 2009), 295.

6) 이방인 고넬료를 향한 복음선포(행 10:34-43)

배경

가이사랴 고넬료의 회심 사건은 한사람 이방인의 구원사건으로만 간주하기에는 너무 중요한 사건이다. 유대당국의 박해로 스데반이 순교하고(7장) 그 결과 예수의 복음은 유대주의자들의 박해를 피해 흩어진 성도들을 통해 예루살렘의 담장을 넘어 "유대와 사마리아 땅" 까지 확장되었다(행 8:1). 이제 십자가와 부활의 복음은 더는 유대의 옛 지경에만 갇힐 수 없는 강력한 새 술이 되었다. 거침없이 새 지경 열방을 향해 흘러넘치게 되었다. 하나님은 유대적인 복음을 이방 지경으로 확장시키기 위해 한편으로 이방 선교를 위한 확실한 일꾼을 예비하시고, 다른 한편으로 유대에 있는 사도들의 편협한 신학을 깨뜨리신다. 하나님은 친히 9장에서 사울을 이방인의 사도로 부르시고 10장에서는 사도들의 대표인 베드로를 변화시킨다. 마침내 베드로는 이방인 고넬료와 그의 모든 일가친척 친구들에게 임하는 성령을 목도하고, 온 열방을 향해 증인의 사역을 준비한다. 설교의 대상은 "고넬료와 그의 친척과 가까운 친구들"인 이방인이다(24절). 2장의 베드로의 오순절 설교가 유대인에게 전한 대표적인 복음선포라면, 10장은 베드로가 이방인에게 선포한 대표적인 복음설교다.

34-35절: 설교의 서론

36절: 주 예수 그리스도의 복음

37절: 복음(예수)의 전령, 세례요한

38절: 예수의 공생애

39절: 예수의 죽음

40-41절: 예수의 부활(고전 15:3-8)

42-43절: 복음의 두 증인(사도와 선지자)

34-35절: 서론

베드로는 서론에서 먼저 하나님이 누구신지를 말한다. 하나님은 참으로 사람을 외모로 취하지 않으신다(34절). 하나님은 각 나라 중 하나님을 경외하며 의를 행하는 자는 누구든 받으신다(35절). 그들이 유대인이라고 해서 기뻐하시거나 이방인이라고 해서 미워하시지 않는다. 철저하게 은혜로 선택하시고 부르신다.[55] 조금이라도 인간의 외모, 국적, 계층, 인종을 따라 편애하지 않고 차별하지 않으신다. 인간이 구원을 위해 필요한 것이 있다면 예수 그리스도를 믿는 믿음뿐이다(43절; 롬 3:22).

---

55. Bruce, *The Book of the Acts*, 225.

36절: 주 예수 그리스도의 복음

베드로는 서론에서 기독교의 복음은 유대인이나 이방인이나 인종
적 차별이 없다는 것을 확증했다. 이제 본론에서 이 복음이 구체적으로
어떤 복음인지를 설명한다. 첫째, 예수 그리스도로 말미암아 주어진 화
평의 복음이다. 예수 그리스도로 말미암아 주어진 복음이 화평(샬롬)
롬)인 이유는 하나님이 그리스도의 속죄를 통하여 죄인을 받으시고 그
의 모든 죄를 용서하시므로 하나님과 인간의 관계가 샬롬의 관계로 회
복되었기 때문이다.[56] 둘째, 이 복음은 하나님이 "이스라엘 자손들에게
보내신 말씀"이다(36b절). 이는 예수 그리스도의 복음의 말씀이 이스라
엘을 편애하시는 말씀이라는 뜻이 아니며, 단지 하나님의 구속사의 순
서를 말하는 것이다. 셋째, 복음의 근원이신 예수 그리스도는 단순히
'이스라엘의 주'가 아니라 유대인과 이방인을 포함한 '만유의 주'가 되
신다. 예수 그리스도의 복음은 모두에게 차별이 없는 평등한 복음이다.
더는 인종적, 지리적, 문화적, 도덕적 장벽없이 하나님은 모두에게 용
서와 새 생명을 주신다는 기쁜 소식이다.[57]

37절: 복음의 전령, 세례요한

이 화평의 말씀은 이스라엘 백성들이 모두 아는 공개적인 복음사건

---

56. Lenski, *The Interpretation of The Acts of the Apostles*, 420.

57. Wright, *모든 사람을 위한 사도행전 I*, 244.

이었다. 이 기쁜 소식은 예수께서 친히 세례를 받으시고 갈릴리에서 복음 전파를 시작하신 역사적 사건이요 공개적인 구원사건이었다(막 1:9-15). 이제 베드로는 차례대로 예수의 공생애를 통한 사역이 어떻게 우리에게 죄사함의 복된 구원의 소식이 되었는지를 순서대로 증언한다.

38절: 예수의 공생애

베드로는 여기서 율법의 마지막 선지자요 복음의 전령인 세례요한을 통해 인류의 무대 위로 등장하신 예수의 공생애 사역에 주목한다. 하나님은 나사렛 예수에게 메시아로서의 사역을 위해 "성령과 능력 곧 주의 성령의 능력"으로 기름을 부어 사역하게 하셨다(눅 4:8; 사 61: 1). 누가는 나사렛 예수가 메시아로 기름부음 받은 것은 이사야 61장 1절의 예언의 성취라고 해석한다.[58] 이 예수는 주의 성령의 능력으로 선한 일을 행하셨고 마귀에게 눌린 모든 사람을 고치셨다. 이는 하나님께서 성자 예수와 함께 하신 임재와 능력의 결과였다.

39절: 예수의 죽음

39절 상반절의 강조점은 "우리"다. 여기서 우리는 다른 사도들을 포함하여 그들 모두를 대표한 사도 베드로다. 사도는 "유대인의 땅과 예루살렘에서 예수가 행하셨던 모든 일"의 증인이요 목격자였다(39a절).

---

58. Bruce, *The Book of the Acts*, 226-227.

베드로는 "우리"를 강조하면서 예수에 관해서 알고 있는 모든 복음 진리로 고넬료와 그의 청중들을 확신시킨다. 이제 39절 하반절에서 베드로는 "그들이 예수를 나무에 달아 죽였다"(39b절)고 반복해서 증언한다(2:23; 5:30). 하나님은 예수를 만유의 주되신 화평의 복음으로 보내셨을지라도 인간의 사악한 반역을 결코 간과하시지 않았다. 베드로가 그리스도의 '십자가'를 '나무'라고 부른 까닭은 예수께서 우리의 죄로 인해 우리를 대신해서 하나님의 저주가 되시고 대신 심판을 지셨다는 것을 강조하기 위함이었다(신 21:22-23; 참조. 갈 3:10).[59]

40-41절: 예수의 부활

유대인들이 예수를 나무에 달아 죽였으나 하나님은 사흘 만에 다시 살리셔서 나타내셨다. 사흘 만에 다시 살리셨다고 함으로써 그의 죽음의 확실성을 증언하셨다. 미리 택하신 자들에게 친히 나타내 보이신 사건은 그의 부활의 확실성을 증언한 것이다(고전 15:3-9). 예수는 자신의 죽음을 통해 자기 백성의 죄 값을 단번에 치루셨으며, 부활을 통해 자기 백성들이 새 생명을 가지고 하나님께 대하여 산 자로 설 수 있는 능력을 주셨다(롬 6:10-11). 스토트(Stott)가 말하듯이, 예수의 삶과 죽음과 부활은 중요한 사건들 그 이상의 것이다. 그것들은 구속사의 결정적인 구원의 사건들로 엮여서 사도들이 전해야 할 화평의 복음의

---

59. Stott, *땅 끝까지 이르러*, 221.

말씀이 되었다. 더 나아가 이 복음은 사도들을 통해 유대인뿐 아니라 고넬료를 포함한 모든 열방의 이방민족에게까지 선포되어야 할 복음이다.[60]

42-43절: 복음의 두 증인(사도들과 선지자들)

복음의 첫 번째 증인으로 등장하는 이들은 "사도"들이다(42절). 그들은 예수 그리스도를 "만민의 주"(36절), "만민의 심판 주"(42절), "만민의 왕과 구세주"(5:31)로 증언할 택함 받은 증인이었다. 두 번째 증인은 "모든 선지자"들이다(43절). 사도들이 예수 그리스도를 왕과 구세주로 증거하기 위해 오래 전부터 모든 선지자들은 구약에서 부터 그분을 주와 그리스도로 증거하였다(눅 24:44). 사도 베드로는 구약의 예언자들이 부지런히 연구하고 살핀 후에 그리스도의 고난과 영광의 복음을 성령의 계시와 도우심으로 증거하였다고 기록한다(벧전 1:10-12). 예수의 화평의 복음은 선지자와 사도들을 넘어 신약교회와 21세기 우리를 통해 증거되는 능력의 복음이다. "너희는 온 천하에 다니며 만민에게 복음을 전파하라"(막 16:15)는 주님의 지상명령에 순종하자.

결론

베드로의 복음선포의 중심은 "약속-성취"의 구조다. 예수의 생애와 죽

---

60. Ibid., 222.

음과 부활의 사건들은 모두 모세의 율법과 이사야 선지자의 예언에 대한 성취의 언약이었다. 이방인 고넬료에게 베드로가 행한 복음선포의 내용은 예수의 "죽음과 부활"을 통한 만국에 선포된 화평의 복음이다. 이는 이방인을 향한 최초의 공식적인 복음선포였다. 언제나 동일하게 사도의 복음선포(κήρυγμα)의 중심은 예수의 "부활과 증거"다. 성경의 1차와 2차 증인들은 구약의 선지자들과 신약의 사도들이다. 이제 재림을 기다리는 3차 증인은 신약의 교회인 우리들이다.

7) 예루살렘 유대공동체를 향한 복음선포(행 11:4-18)

배경

가이사랴에 사는 이방인들이 하나님의 말씀을 듣고 성령을 받았다는 소식에 "유대에 있는 사도들과 형제들"(1절)은 매우 놀란다. 유대인의 의식적인 절차나 순종 없이 할례 받지 않은 이방인이 단순히 믿음으로 구원을 받는다는 것은 율법과 상식으로는 용납할 수 없는 사건이었다.[61] 특별히 이 논란의 중심에 베드로가 개입되었다. 그가 "무할례자의 집에 들어간 것"(3a절)도 이해하기 어려운데 "그들과 함께 먹었다"(3b절)는 소문을 듣고 "유대의 할례 받은 신자들"(10:45; 11:3)은 사건의 실체 확인할 필요를 느꼈다(행 8:14). 이제 사도 베드로는 성난 할례자들의

---

61. Lenski, *The Interpretation of The Acts of the Apostles*, 437.

61. Lenski, *The Interpretation of The Acts of the Apostles*, 437.

비난과 책망에 대해 해명해야 하는 상황에 직면 한다. 최초 이방인들의 회심과 세례의 사건이 하나님이 친히 개입하신 '십자가와 부활' 복음의 은혜로운 결과와 열매라는 것을 '차례대로 친절히 해명하고 설명하는 것'(4절)이 본 설교의 목적이다.

설교의 대상(1-2절)은 "유대에 있는 사도들과 형제들"(1절) 그리고 "할례자들"(2절)이다. 이전 10장 설교의 대상이 "고넬료를 포함한 할례받지 않은 이방인"(11:3)이었다면, 11장의 설교의 대상은 "할례받은 유대인 신자"들이다(11:2절). 광의의 의미에서는 인종적/종교적 편견을 극복하지 못한 모든 유대인 그리스도인들을 염두에 두고 있다.[62] 그러므로 본 설교의 목적은 불신자를 회심시키는 데 있지 않고 예루살렘의 믿음 공동체를 설득하기 위한 데 있다.

※ 개요
4-10절: 신적 계시
11-12절: 성령의 명령
13-14절: 하나님의 준비
15-17절: 성령, 믿음, 구원
18절: 침묵 그리고 영광!

---

62. Stott, *땅 끝까지 이르러*, 225.

4-10절: 신적 계시

베드로는 먼저 동일한 환상을 세 번씩이나 경험한 것을 할례자들에게 차례로 설명한다. 10장에서 누가는 고넬료의 환상과 베드로의 환상을 4일간의 시간적인 순서로 기록하였다면, 11장에서 베드로는 자신이 보고 경험한 '부정한 보자기 환상'을 토대로 자세히 설명한다. 베드로가 자세히 들여다 본 보자기 안에는 "율법에서 정죄한 부정한 동물"들(레 11장; 신 14:3-20)로 가득하였다(6절). "일어나 잡아먹으라."(7절)는 하나님의 명령에 베드로가 "결코 먹지 않겠다."(8절)고 항변하자 "하나님이 깨끗하게 하신 것을 네가 속되다고 하지 말라"(9절)고 세 번에 걸쳐 하시는 책망을 듣는다. 베드로는 깨끗한 짐승과 부정한 짐승들(막 7:19)은 깨끗한 사람과 부정한 사람 즉 할례 받은 사람과 할례 받지 않은 사람을 상징하는 계시였다는 것을 훗날 깨닫게 된다.[63] 그 보자기는 랙캄(Rackham)이 말한 대로 "어떤 차별도 전혀 없이 모든 인종과 계층들을 담고 있는 교회"였다.[64]

11-12절: 성령의 명령

성령은 보자기 안의 부정한 동물 환상에 대한 비전을 잘 깨닫지 못하는 베드로에게 다시 나타나셔서 의심하지 말고 그들과 함께 가라고

---

63. Stott, *땅 끝까지 이르러*, 225.

64. R. B. Rackham, *The Acts of the Apostles: An Exposition, In the Westminster Commentaries Series* (Methuen: 4th edition, 1909), 153.

격려하신다. 이제 베드로는 가이사랴에서 온 세 사람과 자기 사람 여섯을 합해서 모두 아홉 명과 함께 약 50㎞를 걸어 가이사랴의 고넬료의 집으로 향한다(11-12절). 혼란 가운데 있는 베드로에게 재차 나타나셔서 친히 안내하시는 성령의 인도하심은 때로 갈 바를 알지 못하고 배회하는 우리에게 하나님의 주권적 인도하심을 전적으로 신뢰하라는 교훈을 준다.

13-14절: 하나님의 준비

하나님은 언제나 베드로보다 앞서 구원을 준비하는 분이다! 미리 고넬료를 준비시켜 욥바에 거주하고 있는 베드로를 초청하라고 고넬료에게 말씀하셨고(10:1-8), 고넬료는 곧 바로 사람을 보내 베드로를 초청함으로 하나님께 순종한다(10:17-23a).

15-17절: 성령, 믿음, 구원

이제 베드로는 "처음 우리에게 하신 것"과 같이(2:1-4) 내가 그들에게 말을 시작할 때에 "성령이 그들에게 임하셨다"라고 오순절에 임하셨던 동일한 성령의 임재를 증언한다(10:44-46). 이는 그때 그 자리에 있었던 "여섯 형제들"(12절) 곧 "베드로와 함께 온 할례 받은 신자들"(10:45)이 본 확실한 증인이다(15절). 베드로는 "주의 약속하신 말씀 성취"(행 1:4-5)로 이방인 고넬료에게 부어주신 성령을 설명한다(16절).

하나님은 오순절에 유대인들에게 주신 것과 똑같은 동일한 성령의 선물을 이방인들에게도 주셨다. 이는 오직 "주 예수 그리스도를 믿는 자"에게 주시는 하나님의 구원의 선물이다(17절). 예수 그리스도를 믿는다는 것은 그리스도의 죽음과 부활을 통해 죄인들을 구원하시는 하나님의 기쁜 소식을 믿는 것이다. 예수의 십자가와 부활의 복음에는 오직 '믿음'의 차이만 있을 뿐 '인종'이나 '계층'간의 차이는 있을 수 없다. 차별과 소외로 불통이 된 이 세상에 이 놀라운 자유와 평등의 기쁜 소식이야말로 어찌 복음이 아니겠는가!

18절: 침묵 그리고 영광!

18절은 베드로를 비난하고 힐난했던 유대에 있는 사도들과 형제들의 반응을 기록한다. 누가는 "그들이 이 말을 듣고 잠잠하였다"(18a절)라고 기록한다. 처음에 그들은 침묵을 지켰지만 마침내 "하나님께 영광"(18b절)을 돌린다. 그리고 "하나님께서 이방인에게도 생명 얻는 회개를 주셨다"(18c절)라고 찬양한다. 브루스가 적절히 표현하였듯이 "그들의 비난은 끝났다. 그들의 예배가 시작되었다."[65] 누가는 모든 영광을 하나님께 돌려야하는 이유로 "하나님께서 이방인에게도 생명얻는 회개를 주셨기 때문이다"(18절)라고 선포한다.

---

65. Bruce, *The Book of the Acts*, 236.

결론

"고넬료에게 임한 성령과 구원"에 대한 복음선포의 형식도 "약속과 성취"의 구조이다. 율법이 말하는 부정한 동물들에 대한 규례(레 11장; 신 14:3-20)가 문자적인 의미가 아니라 그리스도의 복음에 대한 믿음의 규례와 예표라는 것을 베드로는 세 번에 걸친 환상을 통해서 비로소 깨닫는다.[66] 베드로의 복음선포의 내용은 "성부 하나님의 계시, 성자 그리스도의 믿음, 그리고 성령의 임재의 선물"이다. 복음선포의 중심은 "삼위 하나님의 합동적인 구원 사역(계시, 경륜, 섭리)"이다. 오늘 21세기에도 삼위 하나님의 복음진리 안에서 모든 교회의 지체들은 평등하다. 외형적인 구별(인종, 성별, 계층)을 뛰어넘어 삼위하나님의 조화로운 협동 사역 안에서 서로 다른 지체들을 용납하는 복된 교회가 되어야겠다. 본 설교에 부활에 대한 선포가 없는 이유는 이미 믿은 예루살렘에 거주하는 신자들을 설득하기 위한 목적이었기 때문일 것이다. 11장의 설교는 10장의 설교와 거의 동일하지만 설교 대상이 다르기 때문에 설교의 목적도 달라진 것이다. 10장의 베드로의 설교가 복음전도의 성격이라면, 11장의 베드로의 설교는 예루살렘 신자(교회)들을 설득하기 위한 설교였다.

---

66. Stott, 땅 끝까지 이르러, 230.

8) 예루살렘 총회에서 행한 복음선포(행 15:6-11)

배경

사도행전 11장의 베드로의 설교(AD 46년)와 15장 예루살렘 총회의 설교(AD 49년)사이에는 약 삼 년 이상의 세월이 흘렀다. 이 삼 년은 하나님의 구속사에서 엄청난 격변기였다. 11장의 가이사랴 고넬료의 회심 사건 이후에 바나바와 바울을 통해 안디옥 교회가 시작되었고(11:19-26), 교회는 부흥하고 성장하였다. 일 년 후 바나바와 바울은 성령의 파송을 받아 1차 선교여행을 떠난다(13:1-4). 바울은 바나바와 함께한 1차 선교여행에서 갈라디아지역에 교회를 개척한다(13-14장). 생명의 위협을 무릅쓰고 갈라디아 교회들을 개척한 후 잠시 수리아의 안디옥 교회에서 쉬고 있을 때(14:26-28), 유대주의자들은 먼저 갈라디아 교회를 공격하고 그 여세를 몰아 안디옥 교회까지 공격한다. 결국 이방인들의 구원에 대한 문제는 마침내 15장의 예루살렘 총회를 촉발시키는 계기가 된다. 유대로부터 내려온 유대주의자들은 "할례가 없이는 구원도 없다"고 주장하였다(15:1). 결국 이방인 회심자들도 할례도 받고 율법도 지켜야 한다는 이런 주장에 대해 바울과 바나바 사이에 격론이 벌어졌고, 결국 교회는 이 문제를 예루살렘 공회에 제소하게 된다(1-5절). 초대교회는 예수의 죽음과 부활을 믿는 것만으로 구원 받기에 충분한지, 아니면 믿음 이외에도 할례를 받고 율법을 준수해야 하는지를 결정해야 했다. 이제 신약교회는 믿음과 행위, 은혜와 율법, 예수와 모세의 관계를 명료하게 할 필요가 있었다. 더는 이방인들이 유대교인이 되지 않고도 은혜와 믿음으로 하나님 나라 공동체의 일원이 될 수 있는 복음을 명료하게 선포할 때가 되었다.[67]

※ 개요
6절: 설교의 대상
7절: 성부 하나님의 선택
8절: 성령 하나님의 증거
9절: 성자 하나님의 믿음
10절: 율법의 멍에
11절: 주 예수의 은혜의 복음

6절: 설교의 대상

대상(6-7a절)은 "사도와 장로들로 구성된 예루살렘 총회"(6절)와 "형제들"(7a절)이다. 교회 밖 방청석에는 예루살렘 교회와 온 지역의 이방인 교회들이 앉아 있었다. 예루살렘 총회가 열린 시기는 AD 49년 가을쯤으로 추정되며, 당시 교회들에는 예루살렘 교회, 유대와 사마리아 교회, 안디옥 교회, 터키 남부에 개척된 갈라디아 교회들이 있었다.

---

67. Wright, *모든 사람을 위한 사도행전 I*, 236.

7절: 성부 하나님의 선택

예루살렘 총회는 충분한 시간을 가지고 격의 없이 토론하였다. 공의회는 이방인들의 구원(고넬료와 그 친족의 구원)이 베드로 자신의 노력이 아니라 하나님이 오래 전부터 주도하신 구원의 사건임을 전제한다. 이방인들이 복음의 말씀을 듣고 믿게 하기 위하여 하나님은 베드로를 선택하셨다. 베드로는 총회 앞에서 이방인 고넬료와 그의 가정을 구원하기 위하여 자신에게 보여주셨던 과거의 환상을 상기시키면서 이 일을 하나님이 주도하셨고 특별히 이일을 위해 자신을 은혜로 선택하셨음을 회고한다(10:9-23).

8절: 성령 하나님의 증거

하나님은 마음을 아시는 분이다. 사람의 심장을 감찰하시고(렘 11:20) 외모가 아닌 중심을 보신다(삼상 16:7). 베드로는 고넬료 가정에서 설교할 때도 "하나님은 참으로 사람의 외모를 보지 아니하신 분"(10:34)으로 증거하였다. 하나님은 차별이 없으시다. "우리"(유대인)나 "그들"(이방인)이나 똑같이 외모로 취하시지 않으신다. 이를 보여주는 객관적이고 가시적인 증거는 "성령"을 주신 사건이다. 하나님이 이방인도 동일하게 성령을 부어 주심으로(10:44-46) 하나님의 가족과 자녀가 되게 하셨다.

9절: 성자 하나님의 믿음

성령을 통한 중생의 사건은 믿음을 통한 회심의 사건과 동일한 사건이다. 오직 의인은 믿음으로 말미암아 사는 것처럼, 오직 믿음이 우리에게 생명을 주고 우리 복음공동체의 성격을 결정한다. 과거 율법 아래 있을 때는 외적인 의식과 음식의 정결규례로 사람을 판단하고 차별하였다. 그러나 이제 주 예수 그리스도의 복음(십자가와 부활의 복음)을 믿는 은혜의 공동체는 외적인 행위로 차별하지 않고 오직 내적인 믿음으로 정결케 되고 하나님의 가족에 참예하는 복된 공동체가 되었다.

10절: 율법의 멍에

베드로는 "너희가 어찌 하나님을 시험하여 우리 조상과 우리도 능히 메지 못하던 멍에를 제자들의 목에 두려느냐"고 질책한다. 삼중적인 하나님의 구원의 역사(베드로 선택, 성령 주심, 믿음으로 정결케 하심)는 "율법의 행위"가 아니라 오직 "은혜의 믿음"으로만 가능한 신적구원이었다.[68]

11절: 주 예수의 은혜의 복음

유대인이나 이방인이나 하나님의 구원에 대한 결론은 "오직 하나의 복음, 은혜의 복음"만이 존재한다. 베드로는 우리도 "그들과 동일한 방식으로"(καθ' ὃν τρόπον κἀκεῖνοι) 〈"우리"나 "그들"이나 동일하게〉

---

68. Stott, 땅 끝까지 이르러, 289.

"주 예수의 은혜로 구원받는 줄을 믿노라."(διὰ τῆς χάριτος τοῦ κυρίου Ἰησοῦ πιστεύομεν σωθῆναι)고 담대히 선포한다. 오직 하나의 복음만이 온 인류에게 기쁜 소식이다. 그리스도가 죽으심으로 우리의 모든 죄 값은 지불되었다! 그리고 그분이 다시 사심으로 우리는 새 생명의 소망 가운데 능력을 받았다! 오직 그리스도의 죽음과 부활만이 하나님의 기쁜 소식인 까닭은, 그 엄청난 구원이 우리의 외적인 조건이나 행위가 아니라 오직 믿음으로만 받는 은혜의 사건이기 때문이다. 하나님의 구원은 "주 예수의 은혜를 통해" 그리고 "주 예수 그리스도를 믿음으로만 되는 것"임을 분명히 한다.[69] 은혜와 믿음은 분리될 수 없는 하나다. 유대인의 구원도 예수 그리스도의 은혜요, 이방인의 구원도 예수 그리스도의 은혜로만 가능하다. 오직 주 예수의 은혜의 믿음 아래서만 온 인류는 평등하다. 바울이 "유대인이나 헬라인이나 종이나 자유인이나 남자나 여자나 다 그리스도 예수 안에서 하나"(갈 3:28)라고 선포한 것처럼, 이제 베드로도 동일한 자유를 이방인에게 허락해야 한다고 유대 공동체를 설득하고 있다.

결론

예루살렘 총회 석상에서 외친 베드로의 복음선포 형식은 "약속과 성취"의 구조이다. 구약의 모든 율법의 규례와 언약들은 예수의 십자

---

69. Ibid., 290.

가의 희생과 부활의 새 생명을 향한 예표였다. 베드로의 복음선포의 내용은 "성부 하나님의 선택, 성자 그리스도의 믿음, 성령의 임재와 증거"이다. 복음선포(κήρυγμα)의 중심은 오직 "하나의 복음"에 대한 선포다. 이방인이나 유대인이나 하나님의 백성이 되는 유일한 방법은 "오직 예수 그리스도를 믿음으로 의롭게 되는 이신칭의의 복음"이었다. 15장에 나타난 베드로의 설교에 부활의 복음선포가 없는 이유는 이전 11장 예루살렘 공동체에 대한 설교의 경우와 비슷하다. 15장에서도 11장과 마찬가지로 베드로가 행한 설교의 대상은 불신자들이 아니라 이미 메시아의 죽음과 부활을 믿는 신자들이었다. 유대인이나 이방인이나 하나님의 구원은 "오직 주 예수 그리스도를 믿는 믿음과 은혜로 되는 것"임을 분명히 해서 모세의 율법이나 할례가 아니라 오직 은혜로만 구원 받는다는 것을 강조하는 것이 본 설교의 목적이었다.

3. 사도 베드로 복음선포의 결론

지금까지 우리는 베드로의 복음선포(설교, 연설, 변호, 변론) 여덟 편 본문을 중심으로 귀납적인 분석을 하였다. 여기서 우리는 베드로의 복음선포 속에 나타난 "공통적인 구조(형식)"와 함께 일관성 있게 강조되는 "중심 주제"를 발견할 수 있었다. 베드로가 한 복음선포(κήρυγμα)의 구조와 그 중심 주제를 요약하면 아래와 같다.

※ 공통적인 구조

첫째, "약속-성취" 구조: 예수의 죽음과 부활은 구약의 약속을 성취하는 사건이다.

둘째, "성령-복음" 구조: 복음선포의 주체와 능력은 철저하게 성령의 사역이다.

셋째, "십자가-부활" 구조: 초대교회가 선포한 사도들의 복음은 예수의 죽음과 부활을 통한 기쁜 소식이다.

넷째, "부활-승천" 구조: 메시아의 죽음은 부활/승천을 통해 인증되고 확증되었다.

다섯째, "회개-믿음" 구조: 복음선포는 회개와 믿음을 촉구하며 구원으로 초대한다.

※ 복음선포의 중심주제

베드로는 예수의 십자가와 부활을 중심으로 하나님의 복음을 선포하되, 특별히 "예수 그리스도의 부활"에 초점을 맞추어 선포하였다. 특별히 베드로의 여덟 편의 설교 중에서 두 편(11장과 15장)에서만 그리스도의 부활에 대한 강조가 나타나지 않는다. 왜냐하면 11장은 10장에 대한 부연설교로서 예루살렘의 유대인 신자들을 설득하기 위한 설교였기 때문에 그분의 죽음과 부활을 강조할 필요가 없었다. 또한 15장의 예루살렘 총회에서도 부활에 대한 강조가 없지만 그동안 베드로가 수없이 선포해온 주 예수 그리스도를 믿는 믿음 안에 내포되어 있다. 주 예수를 믿는 믿음은 곧 예수 그리스도의 죽음과 부활이라는 복된 하나님의 구원을 믿는 믿음이기 때문이다.

※ 한 눈으로 보는 베드로의 복음선포의 구조

장	본문	약속과 성취	성령	죽음	부활	승천	회개촉구	중심
1	15-26	시 69, 109편	○	△	○	○	X	부활
2	14-41	욜 2장; 시 16, 110편	○	○	○	○	○	부활
3	11-26	신 18; 삼하 7; 창 12장	○	○	○	○	○	부활
4	5-12	시 118(2편)	○	○	○	○	X	죽음/부활
5	27-32	욜 2:28, 32절	○	○	○	○	○	부활
10	34-43	참조. 벧전 1:10-11	○	○	○	○	○	승귀/통치
11	4-18	레 11; 신 14; 행 1장	○	△	△	X	○	성령/구원
15	6-11	참조. 갈 3:28-29	○	△	△	X	○	성령/구원

○: 명시, △: 암시(내포), X: 생략

〈표 1〉 베드로의 복음선포 구조표

제3장

———

사도행전에 나타난 바울의 복음선포

사도행전 후반(13-28장)에 나타난 10편의 설교에서, 사도 바울은 베드로와 같이 예수님의 십자가와 부활을 중심으로 하나님의 복음을 선포하되 특별히 "예수의 부활"에 초점을 맞추어 선포한다. 특별히 바울 사도 그가 전하는 복음의 형식과 내용에 있어 베드로 사도와 일치한다. 설교의 형식은 "구약에 드러난 약속을 성취한 것"이고, 설교의 내용은 "예수의 죽음과 부활"이지만, 그 강조점은 "예수님의 부활"이다.

1. 서론

3장에서는 바울이 설교한 복음선포(κήρυγμα) 열 편(13:13-41; 14:13-18; 17:1-9; 17:22-34; 20:17-38; 22:1-21; 23:1-11; 24:1-23; 26:1-23; 28:16-28)을 귀납적인 방법을 통해 살펴보고자 한다. 2장에서 베드로의 복음선포를 통해 살펴본 것처럼, 3장에서도 편의상 바울이 선포한 다양한 형식(설교, 연설, 강론, 변호, 변증)의 증거를 "복음선포"라고 통칭하여 부르려고 한다. 사도행전에 나타난 바울의 열 편의 복음선포를 분석하여 여기에 나타난 공통의 형식(구조)을 찾아보고, 복음선포의 내용과 그 중심을 결론적으로 살펴보고자 한다.

2. 사도 바울의 복음선포 분석

1) 비시디아 안디옥에서 한 복음선포(행 13:13-41)

배경

이제 주 예수의 복음은 "예루살렘과 온 유대와 사마리아"(행1-12장)를 넘어 이방인이 거주하는 "땅 끝까지" 달려갈 채비를 마쳤다. 성령은 이방인 선교를 위해 먼저 "사울"(9장)을 준비시켰다. 그리고 베드로를 통해 "이방인 고넬료"(10-11장)를 회심시킴으로 유대의 다른 사도들과 형제들을 준비시켰다(11:1, 18). 이때 스데반의 순교 여파로 흩어진 자들이 수리아 안디옥에 가서 "주 예수의 복음"(11:20)을 전파하여 이방 선교의 전초기지인 안디옥 교회를 세운다. 거기서 바나바와 바울이 함께 일 년을 섬겨 안디옥 교회를 부흥시킨다(11:25-26). 하나님의 때가 차서 성령은 안디옥 교회의 사역자인 바울과 바나바를 1차 선교사로 파송한다(13:1-4). 이제 바울 일행은 지중해 동부에 위치한 구브로 섬의 바보에 들려 총독 서기오 바울을 회심시키고(13:4-12), 버가를 거쳐 갈라디아의 남부지방 비시디아 안디옥에 도착한다. 바울이 비시디아 안디옥에서 한 설교는 "이방인의 사도"(행 9:15; 갈 2:8)로 부름 받은 그의 최초의 복음선포다.

※ 개요

16절: 설교의 대상

17-25절: 서론-구약의 준비(시 89:20; 삼상 13:14b)

26-29절: 예수의 죽음(시 107:20)

30-37절: 예수의 부활(시 2:7; 16:10; 사 55:3)

38-41절: 결론-죄사함, 이신칭의, 경고(합 1:5; 사 49:6)

16절: 설교의 대상

바울은 안식일에 비시디아 안디옥 회당 예배에 참석한 "이스라엘 사람들과 하나님을 경외하는 사람들"을 대상으로 설교한다. 여기서 '이스라엘 사람들'("Ανδρες 'Ισραηλῖται)은 유대인들이요 '하나님을 경외하는 사람들'(οἱ φοβούμενοι τὸν θεόν)은 경건한 이방인들을 가리킨다.

17-25절: 서론-구약의 준비

바울은 설교의 서론으로 구약을 개괄한다. 하나님은 거의 모든 문장의 주어로 등장한다. 하나님이 아브라함을 위시한 족장들을 선택하시고 애굽에서 그들을 높이시고 400년 후 출애굽을 주도하셨다. 바울은 광야 40년 동안 자기 백성의 불순종을 참으시고 10년간 가나안 족속들을 정복하여 그 땅을 기업으로 주시기까지 약 450년간의 역사를 약술한다. 나아가 사무엘 때까지 사사시대를 거쳐 첫 번째 왕으로 사울을 주셨다가 폐하시고 하나님의 마음에 합한 다윗을 왕으로 세우셨다(시 89:20; 삼상 13:14b). 마침내 다윗의 씨로 오실 구주 예수를 초점으로 맞추시고 (삼하 7:12) 그보다 앞서 세례요한을 보내실 것을 알려주신다(말 3:1-2). 스데반의 설교가 "이스라엘의 역사"(행 7:1-53)를 통하여 그리스도를 배척한 '이스라엘의 불순종'을 강조하였다면, 바울의 설교는 그들의 불순종에도 불구하고 이스라엘을 축복하신 '은혜'를 강조한다.[70]

---

70. Lenski, *The Interpretation of The Acts of the Apostles*, 517.

바울 설교의 서론은 단순한 이스라엘 역사에 대한 개요가 아니다. 단순한 개괄로만 이해한다면 이스라엘 역사에 나타난 하나님의 전능한 구속행위를 놓치게 된다. 바울이 자신의 설교 서론에서 말하고자 하는 핵심은 "이스라엘을 위하여 구주를 세우셨으니 곧 예수"(13:23b)라는 목적적 진술에 나타난다. 이스라엘의 구주로서 예수가 온 사건도 하나님의 역사의 궁극적인 절정은 아니다. 이것은 서론의 결론에 불과하다. 하나님의 전능하신 구속의 행위의 역사적 분기점은 30절에 나오는 "하나님의 초자연적인 구속의 행위"를 향하여 달려간다.[71]

26-29절: 예수의 죽음

26절에서 바울은 잠시 "형제들아"하고 부른다. 또한 "아브라함의 후손과 너희 중 하나님을 경외하는 사람들"이라고 더욱 친근하게 부른다. 나단의 신탁을 통한 "다윗의 씨"(삼하 7:12)에 대한 하나님의 약속은 23절에서 "이스라엘을 위한 구주 예수"를 통해 성취되고, 이제 26절 하반절에서 "구원의 말씀"(26b절)으로 성취되어 우리에게 주어진다(시 107:20). 바울은 구원의 말씀으로 오신 구주 예수는 선지자들의 말을 이해하지 못하는 유대인들에 의해 십자가에 달려 죽으시지만, 그렇게 된 것은 구약의 성취라고 말한다(27절).[72] 여기서 예수의 죽음에 대한 바울의 중요

---

71. Marshall, 복음의 증거: 사도행전 신학, 371.

72. Ibid., 372.

한 결론은 예루살렘에 사는 자들과 그들의 관리들이 범한 죄악으로 제시될 뿐 속죄를 위한 죽음의 측면은 강조되지 않고 있다. 그들은 빌라도에게 예수를 죽여달라고 요청함으로 성경을 응하게 한다. 여기서 바울이 선포한 구원의 말씀에 드러난 절정이 어디를 향해 달려가고 있는지 놓치면 안 된다. 그들이 예수를 나무에 달아 죽인 비극적인 사건은 아직 구원의 사건으로 선포되지 않는다. 바울 복음의 절정은 "하나님이 죽은 자 가운데서 그를 살리 신 부활"(30절)을 통해서 비극이 희극으로, 죽음이 생명으로, 절망이 소망으로 역전되는 기쁜 소식이 된다.

30-37절: 예수의 부활

이제 우리는 바울 복음의 초점과 정점이 십자가를 넘어 부활에 이르게 되었는지를 살피게 된다. 바울은 예수의 부활이 왜 '구원의 말씀'의 중심과 성취인지를 구약성경 세 곳을 들어 증명한다.

첫째 인용은 시편 2편 7절이다. 바울은 "하나님이 예수를 일으키신 부활에 대한 약속"은 시편 2편 7절의 성취라고 말한다. 원래 시편 2편은 철장으로 온 세상을 다스릴 하나님의 아들, 메시아의 통치에 대한 시편이다. 하나님은 나단의 신탁을 통해 다윗에게 "그의 씨를 통한 영원하고 견고한 왕권(통치)"을 약속하셨다(삼하 7:12-16). 바울은 여기서 절묘하게 시편 2편의 메시아의 통치와 사무엘하 7장 12절의 다윗의 씨를 통한 통치를 "하나님이 예수를 일으키신 부활"(33a절)을 통해 "우리 자녀들에게 이 약속을 이루게 하셨다"(33b절)라고 선포한다(23절). 바울은 로마서 1장 4절에서 "예수께서 죽은 자 가운데서 부활하심으로 능력 있는 하나님의 아들로 선포되셨다"라고 기독론적으로 선포한다. 즉 예수는 부활을 통해서 그가 시편 2편에 묘사된 하나님의 아들이심을 온 천하에 보여주신 것이다.

둘째 인용은 이사야 55장 3절이다. 예수의 부활은 "내가 다윗의 거룩하고 미쁜 은사를 너희에게 주리라"(사 55:3b)는 이사야 선지자를 인용하며 하나님이 다윗에게 하신 약속이었지만 장차 예수를 통해 성취될 것을 증거한 것이다.[73] 원래 이사야 55장은 이방인을 향한 구원으로의 초대 글이지만 그 복된 약속은 먼저 유대인에게 약속된 하나님의 구원이었다. 하나님의 구원의 초대에 순응한 사람들은 누구든지 값없이 하나님의 구원을 받을 것이다. 그러나 이 영원한 언약은 은혜로 주어지는 것이기에 그들이 비록 이방인일지라도(사 55:4-5) 은혜의 부름에 순종하면 "그들의 영혼이 살리라"(사 55:3b)고 약속한다. 바울은 예수 안에서 성취된 미쁜 은사(구원)를 "너희에게 주리라"(34c절)는 말을 덧붙인다. 여기 비시디안 안디옥 회당에서의 너희는 소수의 유대인과 다수의 경건한 이방인들이 아닌가?(43, 48절) 바울의 요지는 이제 그 복(죽은 자들의 부활)은 다윗의 씨로 오신 예수의 일으키심을 통해서 이미 시작되었다는 것이다(34b절). 다시 말해서 예수의 부활을 원형(prototype)으로 삼아

---

73. 박형용, *바울신학*, 240.

"죽은 자들의 부활"이 이미 일어났다고 선포한 것이다.[74]

셋째 인용은 시편 16편 10절이다. 시편 16:10b는 예수의 부활로 확증된다. "주의 거룩한 자는 썩지 않는다."(לֹא־תִתֵּן חֲסִידְךָ לִרְאוֹת שָׁחַת, οὐδὲ δώσεις τὸν ὅσιόν σου ἰδεῖν διαφθοράν)는 시편 16편 10b절의 개념은 이사야 55장 3절과 연결된다. 34절에서 바울은 "일으키심을 당한 예수(예수의 부활)는 결코 썩을 수 없다"라고 해석한다. 결국 다윗의 시편 16편 10절은 다윗의 생애에서 성취되지 않고(행 13:36) 예수 그리스도 안에서 성취되었다(행 13:36-37). 즉 이 시편은 '다윗'이 아니라 다윗의 '씨'로 오신 하나님의 아들 '예수'를 가리키는 말씀이다. 따라서 부활은 '거룩한 것'들과 '거룩한 자'가 썩지 않는 것을 보장한다.[75] 썩지 않을 '거룩한 자'(메시아 예수)는 자신의 부활로 말미암아 썩지않을 '거룩한 것'(성도들: 고전 15:20)의 중보자가 되신다.

본 설교의 결론은 죽은 자의 부활이다.[76] 예수의 부활을 통한 구원의 성취는 하나님이 약속한 구약의 언약들에 대한 성취다. 바울의 또 다른 서신인 고린도전서의 부활 복음의 선포 즉, "그리스도께서 만일 다시 살아나지 못하셨으면 우리가 전파하는 것도 헛것이요 또 너희 믿음도 헛것이며 또 우리가 하나님의 거짓 증인으로 발견되리니 우리가 하나님이 그리스도를 다시 살리셨다고 증언하였음이라"(고전 15:14-

---

74. Wright, *하나님의 아들의 부활*, 707.

75. Marshall, *복음의 증거: 사도행전 신학*, 375.

76. Ibid., 373

15)라고 한 것처럼, 예수의 부활 복음은 우리의 선교와 믿음, 참된 증인됨의 결정적 근거가 된다.

38-41절: 결론 - 죄사함, 이신칭의, 경고.

바울은 서론(16-25절)에서 '이스라엘의 역사'를 구주 예수 그리스도를 중심으로 개괄한다. 본론(26-37절)에서는 예수의 죽음과 부활을 통해 어떻게 하나님께서 성경에 미리 말씀하신 것들을 성취하였는지를 진술한다. 이제 결론(38-41절)에서 바울은 유대인과 이방인들이 "반드시 알아야 할 것"(38a절)을 요청함으로 복음에로 초대한다.

첫째, 이 복음은 십자가에서 못 박히셨다가 부활하신 예수를 힘입은 죄사함의 복음이다(38절). 둘째, 이 예수를 힘입어 믿는 자를 의롭다고 여겨주시는 칭의의 복음이다(39절). 모세의 율법으로는 의롭다함을 받을 수 없는 모든 사람들이 이제는 예수를 믿음으로 은혜로 하나님과의 관계를 회복하게 되었다. 셋째, 믿음으로 의롭게 되는 죄사함의 복음을 멸시하는 자는 하나님의 심판을 피할 수 없다는 심판의 복음이다(40-41절). 하박국의 말씀처럼 불순종한 유대 백성들을 북쪽의 바벨론을 일으켜 이스라엘에 대한 심판의 도구로 사용하셨듯이(합 1:5), 바울이 선포한 복음의 초대에 반응하지 않는 사람들은 과거 이스라엘처럼 동일한 하나님의 심판을 피하지 못할 것이다.

결론

비시디아 안디옥에서 행한 바울의 복음선포는 베드로의 선포처럼 "약속과 성취"의 구조다. 구약에 약속한 "예수의 부활"에 대한 예언(시 2:7; 16:10; 사 55:3)이 어떻게 예수의 생애 속에서 성취되고 완성되었는지 논증한다. 바울이 선포한 내용은 그가 고린도 교회에서 선포했던 초대교회 케리그마의 네 가지 요소(고전 15:3-5)를 다 내포한다. 그것은 예수의 죽음(28절), 장사(29절), 부활(30절), 나타내심(31절)[77]이다. 바울이 선포한 비시디안 안디옥에서 행한 설교의 중심은 "예수의 부활"이다. 그는 예수의 죽음보다 부활을 더 강조하며, 그것을 철저하게 구약의 예언에 근거한 약속의 성취로 해석하였다. 따라서 바울의 비시디아 안디옥 설교의 신학적 결론은 예수의 부활이 구속사의 목적이고, 약속의 성취이며, 죄사함과 칭의의 근거라는 것이다.[78]

2) 루스드라에서 한 복음선포(행 14:13-18)

배경

바울과 바나바 일행은 비시디아 안디옥을 거쳐 이고니온의 회당에서도 하나님의 말씀을 담대히 증거한다. 두 사도의 복음선포가 표적과

---

77. Stott, 땅 끝까지 이르러, 266.
78. Marshall, 복음의 증거: 사도행전 신학, 377.

기사와 함께 입증되자 "유대와 헬라의 허다한 무리"(14:1)가 믿기 시작하였다. 드디어 갈라디아 지역에 교회들이 세워지기 시작한 것이다. 동시에 믿는 자들이 많아질수록 유대주의자들의 박해도 거세졌다. 그들의 심각한 모욕과 돌로 치려고 달려드는 살인적인 박해 때문에 바울과 그 일행은 루스드라 성으로 피신하여 거기서 복음을 전하였다. 본 설교는 루스드라에서 태어나면서부터 지체장애인(앉은뱅이)이 된 자를 바울과 바나바가 고치자 제우스 신당의 제사장들이 두 사도를 신격화하려는 시도에 반발하여 바울이 전한 것이다.

※ 개요

　15a절: 설교의 대상

　15b절: 복음전파(자연계시)

　16-17절: 섭리와 은총

　18절 결론: 제사를 말림

15a절: 설교의 대상

　루스드라에서 행한 설교의 대상인 "여러분"은 제우스 신당의 '제사장들'과 제사를 지내기 위해 모인 루스드라 성의 '이방인들'이다. 그들은 나면서부터 앉은뱅이인 사람이 일어나 걷기 시작하자 "신들이 사람의 형상으로 우리 가운데 내려오셨다"(11절)라고 놀라며 바나바를 헬라의 주신 제우스(로마의 신 쥬피터)로, 바울을 그의 아들 헤르메스(쥬피터의 아들 머큐리)로 숭배하려고 소와 화환들을 들고 모였다. 두 사도는 사태의 심각성을 깨닫고 옷을 찢고 그들 가운데 뛰어들어 제사를 말리면서 그들에게 복음을 선포한다.

15b절: 복음 전파(자연계시)

바울은 자신들의 정체를 먼저 밝히고 복음을 선포한다. 자신들은 그들과 똑같은 성정을 가진 사람이라고 밝힌다. 헬라의 주신 제우스(Zeus)와 그의 아들 헤르메스(Hermes)가 인간의 모습으로 분장하여 바나바와 바울의 모습으로 내려온 것이 아니라 루스드라의 무리들과 동일한 인간임을 강조한다.[79] 이후 바울은 복음을 선포하기 시작하는데 어디를 가든지 그의 메시지는 "예수 그리스도의 기쁜 소식"이었다(14:7, 15, 21). 비시디아 안디옥에서는 구약의 율법과 예언과 시편을 잘 아는 유대인들이었기 때문에 구약성경을 배경으로 복음을 선포하였다면, 여기 루스드라 이방인들에게는 그들이 잘 알고 볼 수 있는 일반계시인 "자연"에 초점을 맞추어 복음을 선포한다.[80] 바울은 '헛된 일'인 우상숭배를 버리고 참되신 '하나님께로 돌아오라'고 권한다(13:15). 하나님은 "천지와 바다와 그 가운데 만물을 지으신 분"이시기 때문이다(13:15). 더 나아가 그분은 창조주 하나님이시면서 동시에 현재 살아계신 예배의

---

79. Bruce, *The Book of the Acts*, 292-294.
80. Stott, *땅 끝까지 이르러*, 272-273.

대상이시다. 하나님은 하늘과 땅과 바다와 만물을 지으신 천지의 주재가 되시므로(행 17:24) 피조물은 마땅히 그분만을 경배해야 한다. 바울이 아덴에서 설교한 것처럼 그들이 알지 못하는 미지의 신(행 17:23)으로부터 돌아서서, 참되고 살아계시며 온 천지 만물을 창조하신 하나님께로 돌아오는 것이 바울과 바나바가 전파하는 복음의 목적이었다.

16-17절: 섭리와 은총

여기서 바울은 만물을 '창조'하신 하나님으로부터 그것들을 '섭리'하는 하나님께로 시선을 돌린다. 비록 지나간 세대에는 모든 민족으로 자기들의 길을 가게 방임한 것처럼 보일지라도(16절), 하늘의 비를 내리시고 철을 따라 추수하게 하시며 맛있는 음식과 풍성한 기쁨으로 그들의 마음을 만족하게 하심으로 자기가 지으신 피조세계를 붙드시고 유지하시며 보존하시는 섭리의 하나님이셨다. 아덴에서 바울이 선포한 것처럼 비록 알지 못하던 시대에는 하나님이 간과하셨을지라도 "이제는 어디든지 사람에게 다 명하사 회개하라"(행 17:30)는 엄숙한 경고를 담고 있다. 비록 이방인들이 하나님이 아닌 거짓된 우상을 섬기는 "자기의 길들"을 갔을지라도 그들을 버리지 않고 늦은 비와 이른 비로 그들을 먹이시고 돌보신 하나님의 일반 은총을 기억하라는 것이 바울 메시지의 핵심이다.

18절 결론: 제사를 말림

바울은 이 메시지로 겨우 무리를 말려 자기들에게 제사를 지내지 못하게 하는 것으로 설교를 끝맺는다. 우리는 바울이 복음을 선포하는 유연한 방식을 주목할 필요가 있다. 율법을 아는 유대인들에게는 하나님의 율법으로, 율법을 모르는 이방인들에게는 그들의 필요와 상황에 맞는 복음의 접촉점을 찾아 그들의 눈높이에서 하나님의 복음을 선포한다.[81]

결론

루스드라의 이방인에 대한 바울의 복음선포(κήρυγμα)는 그들이 이방인이었으므로 이스라엘의 역사나 구약을 구체적으로 인용하지 않는다. 바울은 청중의 형편에 맞추어 그들(이방인)이 보고 알 수 있는 주변의 자연세계에 초점을 맞춘다. 복음선포의 구조는 자연계시에 입각한 "창조 계시와 섭리"형식이다. 복음선포의 내용은 "자연계시를 통한 창조주 하나님의 선포와 그 세계를 통치, 유지, 보존하시는 하나님의 일반 은총의 섭리"에 대한 메시지이다. 루스드라 성의 이방인들을 향한 바울 설교의 중심은 "자연계시를 통한 창조주 하나님의 계시와 함께 회개에 대한 촉구"였다. 바울이 로마서에 말한 것처럼 "그가 만드신 만물에 분명히 보여 알려진 하나님의 영원하신 능력과 신성"(롬 1:20)에 대하여 핑계할 수 없는 그들의 부패한 상태를 지적한다. 그렇지만 바울

---

81. Ibid., 273.

은 그들의 우상숭배의 조잡한 행위에 대해 조롱하는 말 대신 청중들의 감정을 상하지 않으면서 단순히 우상숭배의 무익함을 지적하는 친절한 자세로 접근한다. 구체적으로 허탄한 우상을 버리고 "만물의 주재"(행 17:24)와 "심판장 되시는 주 예수"(행 10:42) 앞으로 나아와 회개하고 그분을 주로 고백하는 길만이 살 길임을 촉구한다.

그러나 루스드라 설교에서는 부활의 복음이 선포되지 않는다. 갈라디아 지경에서 행한 바울의 대표적인 두 설교(13장과 14장)는 뚜렷한 차이가 있다. 13장의 비시디아 안디옥의 설교는 그 대상이 구약성경의 약속을 알고 믿는 유대인들이었기 때문에 메시아의 죽음과 부활에 대한 약속의 성취가 예수라고 명료하게 선포한다. 그러나 14장의 루스드라에서 행한 설교의 청중은 구약 성경의 약속을 모르는 이방인들이었기 때문에, 바울은 그들의 신발을 신고 자연스럽게 자연계시 속에 나타난 창조주 하나님을 중심으로 복음을 선포한다. 이처럼 청중에 대한 바울의 탁월한 이해와 접근은 나중에 17장 아덴의 이방인 설교에서 다시 빛을 발한다.

3) 데살로니가 회당에서 한 복음선포(행 17:1-9)

배경

예루살렘 총회(15장)를 마치고 바울과 바나바는 2차 선교여행(15:
36-18:22)을 준비하는 과정에서 마가 요한 때문에 다투고 헤어진다.
헤어진 후 바나바는 마가를 데리고 구브로 선교를 떠나고, 바울은 실
라를 데리고 갈라디아 지방으로 선교를 떠난다. 바울과 실라는 루
스드라에서 디모데를 선교팀의 일원으로 합류시키고 마게도냐 지경
의 첫 성인 빌립보에 도착한다. 거기서 바울은 혹독한 고난과 투옥을
당하지만 하나님의 극적인 도우심으로 풀려나 빌립보에 교회를 개척
한다. 이후 바울 일행은 마게도냐의 주도인 데살로니가에 도착한다.
데살로니가는 바울 선교에서 매우 중요한 전략적 요충지다. 데살로
니가는 빌립보에서 에그나티아로(Via Egnatia)를 따라 남서쪽으로
160㎞ 지점에 위치한 아름다운 항구도시로, 앞쪽에는 에게해가 넘실
거리고 위쪽 육로로는 동서 에그나티아로를 따라 동서 무역을 장악
한 상업과 무역의 중심지였다.[82]

※ 개요
1-2a절: 배경
2b-3절: 예수의 죽음과 부활
4-9절: 결과

---

82. Stott, *땅 끝까지 이르러*, 319-320.

1-2a절: 배경

데살로니가에도 유대인의 회당이 있었다. 바울은 관례대로 회당의 유대인들에게 가서 세 안식일에 걸쳐 복음을 전하였다. 대상은 "유대인, 경건한 헬라인의 큰 무리, 적지 않은 귀부인"(4-5절)들로 대부분의 회심자들은 이방인이었다(살전 1:9-10). 바울은 이방인의 사도로 부름을 받았지만, 할 수만 있다면 먼저 유대인들에게 구원의 복음을 전하였다(13:46).

2b-3절: 예수의 죽음과 부활

바울이 전한 복음선포(강론)의 도구는 언제나 "성경"이다. 그는 성경을 가지고 세 안식일에 걸쳐 강론한다. 그는 자신의 생각, 사상, 신학을 주장하지 않고 성경을 풀어서 "그리스도가 해를 받고 죽은 자 가운데서 다시 살아나야 할 것"을 증명한다. 그의 복음선포(κήρυγμα)의 내용은 언제나 "예수의 죽음과 부활"(3a절)이다. 바울은 성경의 뜻을 풀어 예수의 죽음과 부활이 어떻게 하나님이 약속하신 구원의 기쁜 소식인지 차근차근 논증하였다. 바울은 사도행전의 전편인 누가복음서의 말씀대로, 예수는 자신의 공생애 동안에 "인자가 고난을 받고 죽었다가 제 삼일에 살아나야 한다"(눅 9:22)는 예언을 그들에게 상기시켰다. 또한 예수가 부활하신 후에 "그리스도가 자기의 영광에 들어가기 전에 고난을 받아야한다"(눅 24:26)는 예언적 증거를 구약성경 전체를 통해 설명하였다(눅 24:27). 승천하시기 전에 재차 "자신의 죽음 그리고 부활을 통한 죄사함의 복음"(눅 24:46-47)이 모든 민족에게 전파되어야 할 것을 당부하고 사도들이 "이 모든 일의 증인"(눅 24:48)으로 부름을 받고, 바울은 그 증인된 소명을 신실히 수행하고 있는 것이라고 증언하였다.

이제 바울은 데살로니가인들에게 이 모든 강론과 논증을 마치면서 "내가 너희에게 전하는 이 예수가 곧 그리스도"라고 선포한다(행 17:3b). 다윗의 자손으로 오셔서 나사렛에서 사셨던 예수가 바로 성경에서 고대하던 메시아, 곧 하나님이 종말의 구원자로 특별하게 기름을 부으신 그리스도라고 선포한다. 얼마나 놀라운 증언인가! 역사 속에 사셨던 나사렛 예수가 성경을 통해 약속하셨던 그리스도(메시아)인 것이 바울 변증의 핵심이다. 일부 자유주의 학자들이 주장하는 것처럼 예수 그리스도의 역사성을 부인하는 것에 반하여, 우리는 바울처럼 그분의 역사적 실존을 신실하게 변증해야 할 것이다.[83]

4-9절: 결과

바울은 "말"로만 복음을 전하지 않았다. 그는 "능력과 성령과 큰 확신"으로 전했다(살전 1:5b). 그래서 많은 사람들이 주께로 돌아왔다. 이 방인들 중에는 "경건한 헬라인의 큰 무리와 적지 않은 귀부인"도 권함을 받고 바울과 실라를 따랐다(4절). 그들은 "우상을 버리고 하나님께 돌아와서 살아계시고 참되신 하나님을 섬기며 인내심을 가지고 그리스

---

83. Stott, 땅 끝까지 이르러, 321.

도의 재림과 함께 장래에 완성될 온전한 칭의"를 기다리는 성도가 되었다(살전 1:9-10). 그러나 복음에 반응하고 순종한 이방인들과 대조적으로 유대인들은 더욱 강퍅하여져서 바울의 선포를 시기하고 훼방하고 난동을 피운다. 그들은 바울일행을 "천하를 어지럽히는 자들"(6절)로 규정하고 불량배들을 선동하여 그들을 황제 가이사에 대해 반역하고 "다른 임금 곧 예수라 하는 이"를 꿈꾸는 죄인으로 몰았다.[84] 이에 바울 일행은 그들의 살해 음모를 피해 밤중에 몰래 베뢰아로 도망쳐야 했다.

결론

데살로니가 회당에서 행한 바울의 복음선포 형식은 여전히 성경을 통한 "약속에 대한 성취"구조다. 그는 구약의 본문들을 피상적인 증거본문으로 사용하지 않고, 조목조목 주의 깊게 강론하고 풀어 해석하며 증명하였다. 바울이 선포한 복음의 내용은 "예수 그리스도의 고난, 죽음, 부활"이다. 이는 베드로가 오순절 설교에서 선포한 케리그마(2:23-32)요, 바울이 1차 선교여행의 비시디안 안디옥에서 요약한 케리그마(13:28-37)다. 모든 사도들이 선포한 복음의 내용은 "예수 그리스도의 죽음과 부활"이다.[85] 바울이 데살로니가에서 강론한 가르침의 중심은 "역사적 예수가 성경의 그리스도"라는 선포다.[86] 나사렛 예수의 탄생, 성장, 고난,

---

84. Bruce, *The Book of the Acts*, 344-345.

85. 김세윤 외 2인, *하나님나라 복음*, 221.

86. Stott, *땅 끝까지 이르러*, 321.

죽음, 부활, 승천을 통해 예수는 만유의 주와 그리스도로 영광을 입으셨다. 이제 예수는 하늘 보좌 우편에서 만유를 통치하시며 장차 심판의 주로 다시 오실 때는 이 땅의 모든 악을 제거하시고 자신의 나라를 완성하실 것이다.

4) 아덴에서 행한 복음선포(행 17:22-31)

배경

바울은 2차 선교여행을 아시아로 가고 싶어 했지만 성령은 마게도냐로 향하게 하였다(16:6-10). 그는 유대인들의 숱한 박해에도 빌립보, 데살로니가, 베뢰아에 복음을 전하여 교회들을 개척하였다. 그러나 바울은 지속적인 유대인들의 시기와 횡포, 살인적인 박해 때문에 실라와 디모데를 베뢰아에 남겨둔 채 몰래 배를 타고 아덴에 도착한다(17:13-15). 그는 아덴에서 실라와 디모데가 속히 돌아오기를 기다리다가 온 성에 우상이 가득한 것을 보고 분한 마음으로 회당과 장터에서 "그 예수와 그 부활"(18b절, τὸν Ἰησοῦν καὶ τὴν ἀνάστασιν)을 전하기 시작한다. 그러다가 에피쿠로스와 스토아 철학자들과 논쟁하는 과정에서 체포되어 아테네의 최고의 법정인 아레오바고로 끌려간다. 그는 거기서 당대의 유명한 철학자들 앞에서 복음을 선포하는데 그것이 그 유명한 아덴에서 행한 바울의 설교다.

22-23절: 서론(무명의 제단)

바울이 지금 서 있는 곳은 그리스 아덴의 최고 법정인 '아레오바고'(Areopagus)다(22a절). 이곳은 '화성(mars)의 언덕'이라는 의미로 아크로폴리스의 서북쪽에 있는 고대 헬라에서 가장 유서 깊은 법정이다.[87] 바울은 "아덴 사람들아 너희를 보니 범사에 종교심이 많도다. 내가 두루 다니며 너희가 위하는 것들을 보다가 알지 못하는 신들에게라고 새긴 단도 보았으니 그런즉 너희가 알지 못하고 위하는 그것을 내가 너희에게 알게 하리라."고 말하면서 그들과의 접촉점을 우연히 발견하게 된 "알지 못하는 신에게라고 새긴 한(or 어떤) 단"(βωμὸν ἐν ᾧ ἐπεγέγραπτο, Ἀγνώστῳ θεῷ)으로 삼았다. 바울은 여기서 "알지 못하면서 예배하는 그것"을 그들에게 알게 하겠다는 확신에 찬 어조로 설교를 시작한다. 비록 그들이 자신의 무지(알지 못하는 신)를 솔직하게 인정했을지라도 우상 숭배적 예배 행위만은 용납될 수 없음을 바울은 단호하게 회개를 촉구한다.

---

87. Stott, 땅 끝까지 이르러, 336.

24-31절: 본론(하나님은 누구신가)

하나님의 다섯 가지 속성을 통해 바울은 교만한 아덴사람들의 무지와 우상숭배를 폭로한다.[88]

첫째, 하나님은 "우주와 그 가운데 있는 만물을 지으신 천지의 주재"시다(24절). 하나님은 우주의 창조주로서 인간이 만든 자그마한 건물이나 구조들 혹은 철학적 개념으로 제한하실 수 없는 크고 위대하신 분이다. 천지의 주재란 하늘과 땅을 만드신 분이기에 그것을 소유한 주인이란 뜻이며, 이는 천지에 대한 소유권과 통치권을 동시에 가졌다는 것을 의미한다.

둘째, 하나님은 "만민에게 생명과 호흡과 만물을 친히 주시는 분"이시다(25절). 하나님은 무엇인가 부족하여 섬김을 받아야 하는 다른 우상과 같지 않다. 스스로 자족하시고 충족하신 분이다. 여기서 바울은 하나님이 아덴 사람들이 섬기는 우상들과 구별되는 분이심을 논증한다. 우상들은 사람들의 존재에 의존하는 허구적인 존재인 것에 반하여 하나님은 만물의 창조주와 주권자로써 만민에게 생명과 호흡과 만물을 친히 주시는 유일한 절대자다!

셋째, 하나님은 모든 인류를 다스리는 분이다(26-28a절). 하나님은 인류의 모든 족속을 아담의 한 혈통을 통해 지으시고 그들의 연대를

---

88. Ibid., 338.

정하시고 거주의 경계를 주관하시는 창조주요 통치자다. 이는 헬라인들이 생각하는 범신론적 만물의 근원인 흙, 물, 불, 공기에 의한 기원을 부정하고 반박한 것이다. 또한 에피쿠로스 철학자들이 주장하는 피조물들에게 무관심한 그들의 신론을 공박한 것으로 하나님은 인격적이시며 자신의 피조물과 교통하시며 가까이 계신 친밀하신 분임을 드러낸다.

넷째, 하나님은 온 인류의 아버지시다(28b-29절). 여기서 "우리가 그의 소생이라"(28b절)는 시를 쓴 시인은 주전 3세기의 길리기아 출신의 스토아학파 "아라투스"(Aratus)를 지칭한다.[89] 그러므로 우리가 하나님의 소생이 되었은즉 하나님을 금이나 은이나 돌에다 사람의 기술과 고안으로 새긴 것(우상)들과 같이 여겨서는 안된다고 바울은 변론한다. 첫 창조라는 넓은 의미에서 보면 하나님은 모든 인류의 아버지시다(29절). 모든 인류는 그분으로부터 생명을 받은 후손이며 피조물이다. 그러나 재창조(구속)라는 좁은 의미에서 보면 하나님은 오직 예수 그리스도 안에서 믿음을 고백하는 자녀들만 구원받은 친자가 될 것이다. 그러므로 생명의 참된 근원이신 하나님을 떠나 인간의 상상력과 기술로 가공된 모든 금은동철의 우상들은 생명이 없는 무지한 우상단지들에 불과하다(사 44:9-20).

다섯째, 하나님은 천하를 공의로 재판하는 심판주시다(30-31절).

---

89. Stott, *땅 끝까지 이르러*, 340.

그러므로 알지 못하던 시대에는 하나님이 간과하셨을지라도 이제는 어디든지 사람에게 다 명하사 회개를 촉구하신다. 과거에는 무지해서 알지 못하던 신을 경배했을지라도 이제는 죽은 자 가운데서 살리신 그분의 복음이 선포되었으므로 더는 핑계할 수 없게 되었다(롬 2:5). 이는 "정하신 한 사람으로"(ἐν ἀνδρὶ ᾧ ὥρισεν) 하여금 천하를 공의로 심판하실 날을 작정하셨기 때문이다(31a절). 정하신 사람, 곧 부활을 통해서 메시아로 인정된 바로 그분이 재판장이 되실 것이다.[90] 재판장이 되실 예수 그리스도의 심판의 대상과 방법은 명료하다. 그 대상은 천하 만민이다. 인류 역사 속에 존재한 모든 사람들이다. 심판하시는 방법은 공의다. 공의는 의로우신 하나님의 완전한 판단에 기초한다. "의와 공의를 그 보좌의 기초"(시 89:14)로 삼으시는 하나님은 사람을 외모로 판단하시지 않고(행 10:34) 자신의 공정한 기준에 따라 심판하시기 때문에 누구도 대항할 수 없다.

32-34절: 복음선포의 결과

예수의 죽음과 부활복음의 선포에 대한 아덴 사람들의 반응은 두 부류로 나타난다. 한 부류는 죽은 자의 부활을 듣고 웃음을 터뜨리며 조롱한 에피쿠로스 학파였을 것이다. 다른 한 부류는 진지한 그룹으로 "이 일에 대하여 네 말을 다시 듣겠다"(32b절)는 스토아 학파였을

---

90. Wright, *하나님의 아들의 부활*, 714.

것이다. 아레오바고 모임이 폐회되었으므로 바울이 그들 가운데서 떠났지만(33절), 놀랍게도 아레오바고 법정 관리인 중의 한사람인 디오누시오가 믿게 된다. 후에 유세비우스에 의하면 "그는 아덴의 최초의 그리스도인 감독이며 순교자였다"(비록 불충분한 증거에 의거한 것이긴 하지만).[91] 또한 '다마리'라는 여성과 또 다른 사람들이 믿었다고 기록한다(34절).

결론

아덴의 아레오바고 법정에서 바울이 당대의 철학자들과 나눈 복음 형식은 "변론"의 구조다. 루스드라에서는 단순한 이방인들이었지만, 아덴의 청중들은 당대의 뛰어난 지식인들이어서 설교가 길고 철학적인 변론형식이었다. 바울이 변론한 아덴의 지적 이방인들을 향한 선포 내용은 루스드라의 이방인들을 향한 설교처럼, 하나님의 일반적인 속성을 통해 아덴 사람들의 무지와 우상숭배를 폭로하는 것이었다. 하나님의 속성은 "창조, 섭리, 통치, 아버지 되심, 심판"의 주시였다. 아덴에서의 복음선포(κήρυγμα)의 중심은 "예수와 부활"(18, 32절)이었다. 예수 그리스도와 그의 부활은 아레오바고 설교의 지표이며, 서론(18절)과 결론(31-32절)적 초점이다.[92] 바울은 "정하신 사람"(31절, 예

---

91. Stott, *땅 끝까지 이르러*, 342.
92. Marshall, *복음의 증거: 사도행전 신학*, 389-391.

수 그리스도)의 부활을 통해 그들의 회개를 촉구한다. 아덴의 설교는 비록 이방인들을 향한 바울의 설교였지만 대상이 '새로운 가르침'(행 17:19)에 흥미가 있는 철학자들(에피쿠로스와 스토아학파)이었다. 그래서 바울은 그들의 흥미에 걸맞게 "예수와 그 몸의 부활"(19:18)이라는 탁월한 복음의 새로운 주제로 그들을 도전하고 굴복시켰다(19:34).

5) 밀레도에서 한 복음선포(행 20:17-35)

배경

바울은 에베소에서의 3차 선교여행을 마치고 마게도냐를 거쳐 헬라(아가야/고린도)에서 3개월을 머물렀다. 거기 머무는 동안 고린도 교회의 문제를 해결하고 예루살렘교회를 위한 구제헌금을 모으며 로마에 보내는 편지를 썼을 것이다(20:1-3a). 헬라에서 곧바로 배를 타고 수리아로 가고자 했지만 유대인들의 공모로 마게도냐를 거쳐 빌립보에서 배를 타고 드로아로 향했다(20:3-6). 바울은 오순절 안에 예루살렘에 도착하기 위하여 급히 서둘러 밀레도에 들려 그곳에서 에베소 교회의 장로들을 요청하여 만나게 된다. 밀레도에서 행한 바울의 설교는 그의 진정한 목회자 상을 엿볼 수 있는 마지막 고별설교다. 이는 사도행전에서 그리스도인 청중에게 행해진 유일한 설교이며 그 대상은 에베소 교회의 장로들이다.

18-21절: 과거의 사역을 회상

바울의 밀레도 설교는 과거 에베소에서 행했던 3년간의 눈물겨운 사역을 회상하며 시작한다. 에베소교회의 장로들은 바울이 그들에게 들어온 첫날부터 지금까지 어떻게 행했는지를 잘 알고 있었다(18절). 바울은 자신이 모든 '겸손'과 '눈물'과 '시험'을 참고 주를 섬긴 것(19절)을 상기시켰다. 한 전치사에 연결되어 있는 이 세 가지 낱말은 그가 얼마나 주에게 예속된 신실한 종인지를 입증한다.[93] 그에게는 조금도 교만한 흔적을 찾아볼 수 없었다. 그는 자신의 동족 유대인으로부터 오는 모든 시련(시험)을 견디고 그들의 회심을 위해 눈물을 흘렸다. 또한 무엇이든 유익한 것은 거침없이 공중과 개인 앞에서 숨김없이 가르쳤다(20절). 바울은 조금도 사심이 없었기 때문에 주의 말씀만을 바르게 선포하였다. 더 나아가 유대인과 헬라인을 차별하지 않고 회개와 믿음의 복음을 선포하였다. 그가 선포한 의의 복음은 "하나님 께 대한 회개와 우리 주 예수 그리스도에 대한 믿음"이었다(21절). 하나님과의 관계를 회

---

93. Lenski, *The Interpretation of The Acts of the Apostles*, 291.

복하고 그의 의로운 백성이 되기 위한 길은 오직 자신의 죄를 청산하고 주 예수 그리스도를 새로운 주인으로 모셔 드리는 믿음뿐이었다. 오순절에 베드로가 선포한 복음처럼(행 2:38) 오늘 바울이 선포한 복음도 회개와 믿음은 분리될 수 없는 하나의 개념으로 선포되었다.[94]

22-27절: 미래의 환난을 예견

과거의 사역을 약술한 후 바울은 현재와 미래로 전환한다. "보라 이제 나는 성령에 매여 예루살렘으로 가는데 거기서 무슨 일을 당할는지 알지 못하노라 오직 성령이 각 성에서 내게 증언하여 결박과 환난이 나를 기다린다 하나"(22-23절). 이 모든 "결박(투옥)과 환난"에 대한 예견은 성령께서 보여주신 증언들이었다. 비록 극한 고난이 그를 기다리고 있을지라도 바울은 예루살렘으로 이끄는 성령의 인도에 적극 순종한다(22절). 그는 자신의 복지와 안위보다 주 예수께 받은 사명 곧 "하나님의 은혜의 복음을 증언하는 일"을 완수하는 것이 생의 유일한 목표였다. 그는 주께로부터 받은 사명에 불타는 자로써 그 일을 위해서라면 자신의 생명을 조금도 귀한 것으로 여기지 않았다. 그는 예언자적 눈으로 예루살렘과 그곳에서 받을 고난을 넘어 로마를 거쳐 서바나에 가서 복음을 선포하는 위대한 이방선교를 바라보고 있었다.[95]

94. Ibid., 840.
95. Stott, *땅 끝까지 이르러*, 388.

바로 이러한 이유 때문에 그들은 다시는 바울 사도를 보지 못하게 될 것이다. 그는 에스겔과 같은 파수꾼으로(겔 33:6) 하나님의 뜻을 전하는 사명을 완수하였기에 장차 심판을 받을 자들에게 대하여 조금도 책임이 없노라고 선포한다(26-27절).

28-35절: 현재의 상황을 권면

바울은 그의 과거의 사역을 회고하고 장차 그가 당할 고난과 함께 석별을 고한 후에 장로들에게 마지막 당부를 한다. 그 당부는 현재 그들이 감당해야할 교회를 위한 세 가지 사역은 "삼가고 일깨우고 기억하는 것"으로 요약된다. 먼저 그들은 "자신과 양떼"를 위하여 삼가야 했다(28절). 에베소의 목자들은 먼저 자신을 위해 조심하고 또 성령께서 그들에게 책임을 맡기신 양떼(교회)를 위해 조심해야 했다. 둘째, 그들은 양떼를 약탈하는 사나운 이리떼들(거짓교사들) 때문에 깨어 있어야 했다(29-31절). 그들은 바울 사도가 준 권면을 보다 신중하게 들어야 했다(딤전 1:3-4; 계 2:2-4절). 셋째, 범사에 사도가 모범을 보인 것처럼, 그들도 주 예수의 말씀을 기억하고 순종하는 삶을 살아야 했다(35절). 바울은 가르침이나 삶에 있어 철저하게 모범적이었다. 그러므로 모든 교회 사역자(목자, 장로, 감독)들은 사도의 가르침과 모범을 따라 신실하게 자기의 양떼를 쳐야 할 것이다.

결론

바울이 밀레도에서 행한 설교의 형식은 "목회적인 권면"이다. 그가 설교한 권면의 내용은 은혜의 복음과 하나님나라였고(행 20:24-25) 하나님께 대한 회개와 그리스도께 대한 믿음이었다(행 20:21). 밀레도에서 한 권면의 중심은 "교회 사역(목회)의 본질과 목적"에 대한 것이다.[96] 목회의 본질은 "목자가 그리스도의 양떼를 돌보고 먹이고 보호하는 것"이다. 그 목적은 "주 예수께로부터 받은 사명인 하나님의 은혜의 복음을 증거하여 하나님 나라(교회)를 세우는 것"이다. 바울이 주 예수께 배운 겸손과 인내를 따라 자신도 에베소의 장로들에게 본을 보이고 신실하게 사역할 것을 권면하는 것이었다.

6) 예루살렘 성전 밖에서 한 복음선포(행 22:1-21)

배경

3차 선교여행을 마치고 서둘러 예루살렘에 도착(21:15)한 바울은 성전에서 결례를 행한 후에 체포되어 투옥된다. 이제 그는 로마의 가이사에게 가기까지 5번에 걸친 재판 과정(21:15-26:32)에서, 바울은 "유대인과 로마의 권력자"들 앞에서 유대인들의 고소에 대해 자신과 예수의 복음을 변호한다. 그의 "변론적 설교"는 자신에 대한 두 가지 오해를

---

96. Stott, *땅 끝까지 이르러*, 385.

풀기 위한 것이다.[97] "디아스포라 유대인들에게 배교를 가르치고 성전을 모독했다"는 것(21:28)과 그가 "로마 정부에 대항하는 혁명가"라는 반란죄에 대한 변론이다(21:37-38). 그의 첫 번째 변론은 예루살렘 성전 북서쪽 모퉁이에서 안토니아 요새로 올라가는 층계 위에서 글라우디오 루시아라는 천부장(23:26)과 유대인 회중 앞에서 한 것이다.

※ 개요
1-5a절: 회심 이전
5b-16절: 다메섹 도상의 회심
17-21절: 바울의 소명

1-5a절: 회심 이전

바울이 히브리말로 변명하는 '대상'은 '부형'들이다(1-2절). 그가 유대인의 군중들을 부형들(형제들과 아버지들)이라고 부름으로 자신과 청중들이 한 조상을 가진 혈육임을 강조한다.[98] 이는 자신이 이스라엘의 전통을 존중하는 자임을 부각시키려는 것이다. 그리고 자신의 '태생'과 '성장 배경'을 설명한다. 자신은 유대인으로 길리기아 다소에서 출생하였지만 예루살렘 성에서 자라 힐렐 학교의 지도자 가말리엘(5:34)을 스승으로 삼아 율법의 엄격한 교훈을 받아 하나님께 대하여 열

---

97. Marshall, 복음의 증거: 사도행전 신학, 392-393.
98. Lenski, *The Interpretation of The Acts of the Apostles*, 901-902.

136   왜 부활의 복음인가?

심이 있는 자라고 소개한다(3절). 비록 출생지는 다소지만, 성장하고 배운 곳은 율법의 도시 예루살렘이었으며 엄격한 율법의 전통을 배우고 존중하는 자임을 강조한다. 나아가 자신이 기독교를 핍박한 훼방자였다는 점에 대해서는 대제사장과 모든 장로들이 "증인"이라고 변호한다(4-5절). 자신이 율법에 충실하여 율법의 전통에 어긋난 기독교에 대한 박해자였다는 과거 사실을 의심할 수 없는 것은, 현직에 있는 산헤드린 의원들이 산 증인이기 때문이라고 변호한다. 바울은 회심 전에는 하나님의 은혜에 무지했고 철저히 "기독교의 비방자요 박해자요 폭행자"(딤전 1:13)였던 사실을 이제는 "내가 죄인 중의 괴수"(딤전 1:15)라는 진심어린 고백으로 뉘우친다.

5b-16절: 다메섹 도상의 회심

이런 폭행자인 바울에게 무슨 일이 일어났는가? 바울은 다메섹에 거주하는 그리스도인들을 붙잡아 투옥시키기 위하여 영장을 가지고 다메섹으로 가던 길에서 부활하신 그리스도를 만나게 된다. 그는 다메섹 도상에서 "하늘로부터 비친 큰 빛" 때문에 시력을 잃고 사람들의 손에 이끌려 다메섹으로 들어갔다고 회상한다(5b-11절). 거기서 바울은 경건한 아나니아의 기도를 통해 다시 보게 되는 기적을 체험하고, 하나님의 선택과 뜻을 알게 되며, "그 의인"(the Righteous One)을 보고 음성을 듣는 특별한 은혜를 체험한다(12-14절). '그 의인'

은 바로 정오의 빛보다 찬란한 '그리스도'를 가리킨다.[99] 바울은 "그를
위하여" 보고 들은 것에 대한 증인으로 부름을 받는다(15절). 주저하지
말고 아나니아를 통해 세례를 받고 죄사함을 받으라는 명령을 받는다
(16절). 이제 바울은 하나님의 영원하신 작정과 계획 속에서 특별한 이
유와 목적으로 부름 받았으니 더는 망설여서는 안 되었다.

17-21절: 바울의 소명

바울은 다메섹에서 나사렛 예수를 만나 회심한 후 3년 만에 첫 번째
예루살렘을 방문한다(행 9:26; 갈 1:17-19). 바울은 그때 성전에서 기도
하다가 환상 가운데 주님을 만나 계시를 받은 것을 술회한다(17절).
그는 결코 하나님이 계신 성전을 무시하거나 모독하지 않았고, 그의
삶의 모든 근거와 계시의 근원은 성전이었다. 바울이 받은 특별한 성
전 계시는 불순종하는 유대인을 떠나 이방인의 사도로 보냄을 받는
하나님의 초자연적 계시였다(18-21절).

결론

예루살렘에서 바울의 복음선포(κήρυγμα) 형식은 "변론(apologia)"
이다.[100] 변론의 내용은 바울의 청중이 유대인들이었기 때문에 "유대

---

99. Marshall, 복음의 증거: 사도행전 신학, 397.
100. Ibid., 391.

교의 전통(율법과 성전)에 충실한 자신의 배경과 신적 소명"에 대한 것이었다. 바울은 하나님의 율법에 신실한 유대인이었다. 그는 출생과 성장과 교육에 있어 어느 누구와 비교해도 손색이 없는 충실한 유대인으로 율법을 사랑하고 성전을 중요시하였다.[101] 비록 다메섹 체험 이전에 핍박하던 것(기독교)에 대한 증인이 된 것은 사실이지만, 여전히 그에게 '조상의 하나님'은 자신의 하나님이고 그 하나님을 믿는 연속선상에서 '나사렛 예수'는 그분 안에서 구약의 예언을 성취하신 '의로우신 분'(메시아)이라고 고백한다.[102] 또한 바울의 모든 신앙의 변화와 소명은 모두 "하나님의 초자연적 계시"에 근거하였다. 그가 핍박하던 기독교로 전향한 것은 다메섹 도상에서 나타나신 나사렛 예수 그리스도의 계시 때문이었고, 이방인을 향한 사도적 소명도 성전에서 기도하던 중에 받은 특별 계시 때문이었다. 그러므로 자신은 하나님의 율법을 어기거나 성전을 모독하거나 로마의 시민으로써 조금도 법에 저촉된 일을 한 적이 없는 신실한 시민임을 천명한다.[103] 바울 변론의 중심은 나사렛 예수가 죽으시고 부활하셨다가 자신에게 나타나셔서 이방인 사도로 불러주신 사도적 소명이었다(행 22:14, 21).

---

101. Marshall, 복음의 증거: 사도행전 신학, 393.

102. Stott, 땅 끝까지 이르러, 416.

103. Marshall, 복음의 증거: 사도행전 신학, 393.

7) 산헤드린 공회에서 행한 복음선포(행 23:1-11)

배경

천부장 루시아(Lysias)는 전날 폭도들이 왜 바울을 죽이려고 했는지 진상을 알고자 하여 산헤드린 공회를 소집한다(22:30). 공회 장소는 비공식적인 모임으로 안토니아 성채 안에서 열린다.[104] 공회원들 앞에서 열리는 바울의 두 번째 "변론"은 자신이 결코 이스라엘에게 배교를 가르치는 사람이 아니라 "죽은 자의 소망 곧 부활"(6b절)로 말미암아 심문을 당하는 것임을 보여준다.[105] 바울은 산헤드린에서 나타난 두 분파의 신학적 차이를 이용하여 지혜롭게 부활 복음의 진리를 선포한다.

> ※ 개요
> 1-5절: 바울과 대제사장 아나니아의 충돌
> 6-10절: 바리새인과 사두개인간의 충돌
> 11절: 주의 크신 위로

1-5절: 바울과 대제사장 아나니아의 충돌

먼저, 바울은 공회를 주목하며 오늘까지 자신은 범사에 양심을 따라 하나님을 섬겼다고 고백한다(1절). 전날의 폭도들이 자신을 죽이려고

---

104. Lenski, *The Interpretation of The Acts of the Apostles*, 926.

105. Marshall, *복음의 증거: 사도행전 신학*, 397.

했던 것에 대한 무죄를 선언하며 하나님께 대한 자신의 결백을 주장한다. 그러자 대제사장 아나니아는 격분하여 바울의 입을 치라고 명령한다(2절). 그는 바울이 조금도 움츠려들지 않고 오히려 대제사장의 권위를 무시하고 자신의 선한 양심과 옳은 행실을 주장한 것에 분노한 것이다.[106] 하지만 바울은 조금도 굽히지 않고 "회칠한 담이여 하나님이 너를 치시리로다 네가 나를 율법대로 심판한다고 앉아서 율법을 어기고 치라하느냐?"(3절)며 응수한다. 바울이 대제사장을 보고 위선자라고 공박한 것은, 유대의 율법대로라면 죄가 판명될 때까지 피고인의 권리를 보호하고 무죄를 인정해 주어야 하는데(레 19:15), 바울에 대해서는 심리도 거치지 않고 정식으로 고소되지 않은 상태에서 인격을 모독하였기 때문일 것이다(신 19:15). 곁에 선 사람들이 그가 하나님의 대제사장이라고 언질을 주자(4절), 바울은 "그가 대제사장인줄 알지 못하였노라"(5a절)고 하여 잘못을 인정한다. "너의 백성의 관리를 비방하지 말라"(출 22:28)는 율법의 말씀을 바울이 그대로 받아들임으로 자신이 율법을 존중하는 자임을 보여준 것이다. 비록 권세있는 자(재판장, 지도자)들이 잘못을 범하더라도 함부로 그를 모독해서는 안 되는 이유는 하나님의 율법에 명시된 그의 권위와 직무 때문이었을 것이다.

---

106. Lenski, *The Interpretation of The Acts of the Apostles*, 926.

6-10절: 바리새인과 사두개인간의 충돌

바울은 대제사장에 대한 공격적인 발언 때문에 사태가 심상치 않게 돌아가는 것을 직감하고(6a절) 문제 해결의 돌파구를 찾는다. 그래서 "나는 바리새인이요 또 바리새인의 아들이라 죽은 자의 소망 곧 부활로 말미암아 내가 심문을 받는다."고 선언함으로 두 분파의 가장 예민한 교리인 "부활의 교리"로 위기를 돌파한다. "사두개인은 부활도 천사도 영도 없다 하고 바리새인은 다 있다"(8절)고 각각 달리 주장하고 있다는 점에 착안한 것이다. 그러자 바리새인과 사두개인이 바울의 문제보다 자신들이 믿는 교리를 변호하며 서로 싸우다가 큰 분쟁으로 번지자 천부장은 바울이 다칠 것을 염려하여 서둘러 영내로 들어가라고 명한다(10절). 여기서 우리는 바울이 간사한 동기를 가지고 있었다거나 거짓된 진술을 하였다고 생각할 필요는 없다.[107] 그는 진정으로 부활이 기독교의 기본교리라고 믿고 확신하였다(4:2; 17:18, 31; 24:21; 26:6-7; 28:20). 사두개인들의 반 초자연적인 태도는 복음과 양립할 수 없다. 예수도 그들의 성경적 무지(마 22:29)를 책망하신 바 있다. 그런데 바울은 자신이 바리새인의 자손이고 그들의 교육을 받아서 부활을 믿는 것이 아니었다. 그는 부활하신 주님을 만나 사명을 받았고 직접 부활의 증인으로 파송을 받았다. 그 결과 장래 부활의 소망이라는 위대한 진리를 믿고 전하는 것 때문에 고난과 재판을 받았다(24:

---

107. Stott, *땅 끝까지 이르러*, 420-421.

15; 26:7). 부활은 사도적 복음의 중심 진리다! 예수는 자신이 부활을 선포하셨고(요 2:18-22; 마 8:31; 9:31; 10:34), 모든 죽은 자의 부활을 약속하셨으며(요 5:25; 고전 15:20), 특별히 내게 오는 자들을 "마지막 날에 다시 살리리라"고 약속하셨다(요 6: 39, 40, 44, 54). 부활은 영생의 가장 본질적인 요소이며 예수께서 그리스도(메시아)가 되시는 근거다.[108]

11절: 주의 크신 위로

11절은 바울에게 큰 위로가 되는 사건을 언급한다. 바로 "그날 밤"(11a절) 주님은 바울에게 나타나셔서 "담대하라 네가 예루살렘에서 나의 일을 증언한 것같이 로마에서도 증언하여야 하리라"고 격려하셨다. 바로 그날 밤은 바울이 산헤드린 공회원들에게 큰 고초를 당한 날이 아니었던가? 지난 이틀간에 걸친 유대인들의 폭력과 적의로 바울은 앞날을 걱정하며 심히 두려워하였을지도 모른다. 로마로 가는 것은 고사하고 살아서 예루살렘을 떠날 수 있을지도 장담할 수 없을 만큼 생명의 위협을 느끼는 시간들을 보냈을 것이다. 그런데 바로 그날 밤 주님이 바울에게 찾아오셔서 두려워하지 말고 담대하라고 격려해 주시고, 로마에 가서도 예루살렘에서처럼 증언하게 될 것이라고 확신을 심어 주셨다. 가이사랴에서의 가혹한 재판이 세 번이나 기다리고 있었고 로마로 가는 항로 또한 험난했지만, 그가 지치지 않고

---

108. Lenski, *The Interpretation of The Acts of the Apostles*, 935.

담대하게 로마를 향해 달려갈 수 있었던 원동력은 "그날 밤 주의 위로하심" 때문이었을 것이다!

결론

바울이 공회 앞에서 행한 복음선포의 형식은 "변론(apologia)"이다. 변론의 내용은 "예수의 부활"을 강조하는 설교이다. 변론의 중심은 "부활과 함께 그 증인들의 고난"이다. 장래 부활의 소망은 너무나 확실하다. 예수의 부활을 증언하는 자는 필연적인 승리가 약속되었지만 고난도 피할 수 없음을 보게 한다. 바울은 "죽은 자의 소망 곧 부활로 말미암아 내가 심문을 받노라"(행 23:6c)고 담대하게 증언한다. 그의 앞에 기다리고 있는 하나님을 향한 소망, 즉 의인의 부활이 기다리고 있음을 확신했기 때문에 그는 고난을 두려워하지 않았던 것이다(행 24:15).

8) 벨릭스 총독 앞에서 한 복음선포(행 24:1-23)

배경

바울은 23장의 "산헤드린 공의회 앞에서의 변론"을 통해 전날(21: 30-32) 성전에서 유대인 폭도들이 자신을 죽이려고 했던 일에 대해 자신은 무죄하다는 사실을 선언하며 결백을 주장했다. 그러나 유대인들의 반항과 바울을 죽이려는 결의가 더욱 거세지고 구체화되어 급기야 바울을 살해하려는 암살단이 결성되기에 이른다. 하지만 살해 음모가 사전에 발각되고 바울은 천부장의 도움으로 밤에 가이사랴로 호송된다. 로마 총독 벨릭스는 천부장 루시아의 편지를 받고 바울을 고소한 사람들을 기다리는 동안 그를 헤롯 궁에 감금한다. 닷새 후 대제사장 아나니아가 총독의 소환에 응하여 변호사 더둘로를 대동하고 내려와 총독 앞에 바울을 정식으로 고소한다(24:1). 이제 살필 바울의 변론은 가이사랴 주재 로마 총독 벨릭스 앞에서 유대인 변호사 더둘로의 고소에 대한 미결수 바울의 정식 재판과정에서 나온 것이다.

※ 개요
 1-9절: 더둘로의 고소
 10-21절: 바울의 변호
 22-23절: 휴정

1-9절: 더둘로의 고소

유대 산헤드린을 대표하는 변호사 더둘로는 바클레이(Barclay)의 말처럼 '거의 메스꺼울 정도의 아첨'으로 벨릭스 총독에게 인사한다(3-4절). 벨릭스 총독은 서너 번에 걸친 유대인들의 반란을 잔인하게 진압하여 유대인들로부터 심한 멸시를 받고 있었기 때문에 벨릭스로 인하여 태평성대를 누리고 있다는 더둘로의 인사는 거짓이었다.

이어서 더둘로는 세 가지 죄목으로 바울을 기소한다. 첫째, 천하에 흩어진 유대인을 소요케 하는 정치적인 소요죄다(5a절). 둘째, 나사렛 이단의 우두머리로 율법의 전통을 거스른 죄다(5b절). 셋째, 성전을 더럽힌 성전 모독죄다(6절). 그러자 기다렸다는 듯이 유대인들도 더둘로의 편을 들며 "이 말이 옳다"고 주장하며 가세하였다(9절).

10-21절: 바울의 변론

더둘로의 기소가 끝나자 바울이 변호할 차례가 되었다. 바울 역시 재판장 총독에게 경의를 표하지만 더둘로처럼 거짓을 말하지 않고 진실한 언어로 인사한다(10절). 더둘로의 세 가지 고소에 대하여 하나씩 논박한다.

첫째, "자신은 무리를 소요케 한 적이 없다"는 것에 대한 증거로 두 가지를 제시한다(11-13절). 하나는 "예루살렘에 예배하러 올라간 지 열이틀 밖에 안 되었다"(11절)는 것이다. 서원한 네 사람과 함께 성전에 들어가 일주일간 결례를 드리고, 성전에서 나오자마자 유대인들에게 붙들려 천부장 루시아에게 소환되어 가이사랴에 왔으므로 자신은 반란을 선동할 시간이 전혀 없었다고 변호한다. 다른 하나는 "나를 고발하는 모든 일에 대하여 그들이 능히 당신 앞에 내 세울 것이 있느냐?"(13절)며 자신의 소요죄에 대한 증인을 요청했지만 그들은 묵묵부답이었다는 점을 제시한다. 바울은 성전이든 회당이든 그곳이 어디든 그들의 치안을 조금도 어지럽히지 않았다고 변호한다.

둘째, "나사렛 이단의 우두머리"로서 율법을 거스른 죄를 지었다는 고소에 대하여 논박한다(14-16절). 바울은 총독에게 '그들'과 '자신'이 다르지 않다는 것을 네 가지 사실로 변호한다. 첫째, 그들이 섬기는 조상의 하나님을 자신도 섬긴다(14b절). 둘째, 그들처럼 자신도 율법과 선지자들의 기록한 것을 다 믿는다(14c절). 셋째, "하나님께 대한 소망, 곧 의인과 악인의 부활이 있으리라"는 부활의 소망을 그들과 동일하게 믿는다. 넷째, "이것으로 말미암아 나도 하나님과 사람에 대하여 항상 양심에 거리낌이 없기를 힘쓰노라"(16절)고 하여 그들과 동일한 수고를 했다는 사실을 피력한다. 바울은 같은 하나님(조상의 하나님)을 섬겼고, 같은 진리(율법과 선지서)를 믿었고, 같은 소망(의인과 악인의 부활)을 가졌고, 같은 비전(거리낌이 없는 양심)을 품고 있었다는 것이다.[109] 바울은 "그들이 이단이라 하는 도를 따르는 자"(14a절)였지만, 그것은 그들이 말하는 어떤 "이단"은 아니었다. 오히려 "그분 안에서" 하나님의 약속이 성취된 것을 보고 증거하는 참된 증인이었다.

셋째, "자신이 성전을 더럽혔다"는 성전모독죄를 강력히 부인한다(17-21절). 먼저, 자신이 예루살렘을 방문한 목적은 정치적이 아니고 종교적인 목적이었다.[110] 그것은 내 동족을 위한 구제금과 하나님께

---

109. Stott, *땅 끝까지 이르러*, 431.

110. Bruce, *The Book of the Acts*, 470.

바칠 제물을 가지고 결례를 행하러 온 것이었다(17-18절). 또한 자신이 성전에서 결례를 행하고 있었을 때, 자신의 제사를 방해하고 폭동을 일으킨 자는 바울 자신이 아니라 도리어 "아시아로부터 온 유대인들"(18b절)이었다. 만일 그들이 바울에 대한 고소거리가 있었으면 마땅히 총독 앞에 나아왔을텐데, 나오지 않는 것을 미루어 이것은 거짓이라고 강변하였다. 바울이 이미 총독 앞에 오기 전에 공회 앞에 서서 재판을 받았는데(22:30), 그때도 그들이 잠잠한 것으로 보아 바울은 로마법이나 성전을 모독한 죄를 저지르지 않았다고 말할 수 있다고 했다. 끝으로 오히려 23장의 공회 앞에서 재판할 때, 바리새파 공회원들은 바울이 아무런 죄를 짓지 않았다 생각하였고(23:9), 사두개파 공회원들만 "죽은 자의 부활"(23:6; 24:21)에 대한 신학적 믿음의 차이만 있었다고 생각하였다(21절). 그러므로 바울은 자신이 유대인들을 선동하지도, 율법을 거스르지도, 또한 성전을 더럽히지도 않았다고 변호한다. 오히려 자신은 폭동을 일으키는 '선동자'가 아니라, 결례를 따라 조상의 하나님을 예배하기 위하여 올라온 신실한 '순례자'라고 변호하면서 변론을 마친다.

22-23절: 휴정

총독 벨릭스는 진퇴양난에 빠진다. 바울에게 유죄를 선고하자니 자신이 나사렛 예수교를 잘 알고 있었음에도 그 사실을 부정하는 것이 되고(22a절), 무죄를 선고하자니 유대인들의 환심을 잃어버릴 수 있었기 때문이다(27절). 그래서 총독 벨릭스는 "천부장 루시아가 내려 오거든 너희 일을 처결하리라"(22b절)고 선고하고 휴정을 선포 한다.

결론

벨릭스 총독 앞에서 바울의 복음선포(κήρυγμα)의 형식은 더둘로의 고소를 논리적으로 변증한 "변론(apologia)"이다. 바울의 변론의 내용은 "구약성경에 대한 믿음과 소망과 부활"이었다. 벨릭스 총독 앞에서 바울 변론의 중심은 "죽은 자의 소망 곧 부활"이다. 그리스도의 부활에 대한 신앙이 이스라엘의 소망이자 율법과 선지자의 성취(14-15절)라고 변호한다. 다시 말하면 고소자들이 이단이라고 하는 기독교가 이스라엘 조상들이 고대하던 유대인의 신앙의 최종적 성취(26:6-8)이며 바울은 그 도를 믿는다고 선포한다.[111]

9) 아그립바 왕 앞에서 한 복음선포(행 26:1-23)

배경

아그립바(헤롯 아그립바 2세)왕과 버니게는 새로운 총독 베스도에게 인사하려고 가이사랴를 방문하였다(25:13). 그들이 잠시 머무는 동안 베스도 총독은 황제에게 상소한 바울의 소송 사건을 설명하고 왕의

---

111. Marshall, 복음의 증거: 사도행전 신학, 109.

자문을 구한다. 그러자 아그립바 왕은 바울을 한번 만나 보기를 요청한다(25:14-22). 그래서 가이사랴에서의 마지막 바울의 재판이 열린다. 바울의 변호를 듣는 대상은 "아그립바 왕, 버니게, 천부장들, 귀족들 그리고 베스도 총독"이다(25:23). 아그립바 왕 앞에서 열린 바울의 변호는 베스도 총독이 유대인들의 소송 사건을 설명함으로 재판은 시작되었다(25:24-27). 비록 "살려 둘 수 없는 죄를 범한 자"라고 유대인들이 고소했지만, 총독은 죽일 죄를 발견하지 못하였고 총독이 황제에게 확실하게 상소하기 위하여 "상소할 자료"를 더 얻으려고 이 재판을 열었다(25:23-27)며 재판의 취지를 설명한다.

> ※ 개요
> 1-3절: 바울의 인사
> 4-11절: 회심 이전의 바울
> 12-18절: 다메섹의 회심
> 19-23절: 바울의 소명과 순종

1-3절: 바울의 인사

아그립바 왕의 요청에 따라 바울은 자신을 변호하기 시작한다. 공식적인 공판이나 재판이 아니었으므로 바울은 얼마든지 요청에 대한 답변을 거부할 수 있었다. 로마법에서는 한번 받아들여진 호소는 철회할 수 없었으며, 오직 황제의 법정에서만 다시 다룰 수 있었기 때문이다.[112] 그러나 바울은 황금 같은 이 기회를 통해 아그립바 왕을 비롯한 모든 청중에게 복음을 전하는 기회로 삼았다(9:15). 바울은 겸손하게 그리고 당당하게 "유대인이 고발한 모든 일"(2절)에 대하여 아그립바 왕에게 변호하게 된 것을 감사한다는 말로 시작한다.

4-11절: 회심 이전의 바울

그는 두 단락으로 나누어 회심 이전의 자신의 상태를 진술한다. 첫째, 엄격한 바리새인으로서의 성장과정을 설명한다(4-8절). 바울은 먼저 자신의 청년시절에 예루살렘에서 가말리엘 문하생(22:3)으로서 학식과 의로움과 명성을 떨친 자라는 사실을 그들(유대인)이 잘 알고 있음을 강조한다(4절). 또한 그들은 바울을 개인적으로 알았을 뿐 아니라 그가 유대교에서 가장 엄격한 종파인 바리새파에 속했다는 것도 입증할 수 있었다(5절). 더 나아가 언약의 성취로 이루어진 부활을 왜 믿을 수밖에 없는지를 진술한다. 그는 자신이 심문을 받는 이유는 "하나님이 조상들에게 약속하신 것"을 바라기 때문이라고 말한다(6절). "이 약속"은 이스라엘이 간절히 바라는 소망으로 하나님께서 그의 백성을 구속하시기 위해 그의 메시아를 보내주시겠다는 언약이었다(7절). 이스라엘의 열두지파는 아직도 밤낮으로 이 약속에 대한 성취 곧 죽은 자의 부활을 소망하고 있었다(8절). 바울의 결론은 "하나님의

---

112. Lenski, *The Interpretation of The Acts of the Apostles*, 1019.

약속이 이미 예수 안에서 성취되었다"는 놀라운 선포다. 예수의 부활은 곧 그분이 메시아라는 것에 대한 증거다. 그리고 마지막 날에 우리 성도들도 역시 부활하리라는 보증으로의 성취요 모형(pattern)으로의 예표다.[113]

둘째, 바울은 조금도 망설이지 않고 자신이 기독교 박해자였다는 사실을 드러내는 것을 부끄러워하지 않았다(9-11절). 바울은 자신도 부활하신 예수를 만나기 전에는 비록 바리새인으로서 부활신앙을 가지고 있었을지라도 예수의 부활을 믿지 못했으며, 오히려 나사렛 예수의 이름을 대적하고 그 이름을 믿는 자들을 투옥하며 그들에 대하여 심히 격분하여 박해하였다고 자백한다(9-11).

12-18절: 다메섹의 회심

유대교의 광신자로서 나사렛 예수를 믿는 자들을 비방하고 박해하던 (딤전 1:13) 자신이, 어떻게 예수 그리스도를 만나 그분을 믿고 그분을 증거하는 자로 변했는지 그의 회심과 함께 사도직의 위임을 묘사한다. 어느 날 바울은 "대제사장들의 권한"을 위임 받아(12절) 그리스도인이라면 누구든 강제로 소환할 수 있는 구속영장을 가지고 다메섹을 향하여 가고 있었다. 그런데 그 길에서 하늘로부터 쏟아지는 해보다 더 밝은 빛을 보고 엎드러진다. 바울은 그 빛 가운데서 자기가 그토록 박

---

113. Harris, *신약에 나타난 부활*, 250-252.

해하며 십자가에 못 박혀 죽은 줄 알았던 그분이 살아나셨다는 사실을 깨닫고 회심하게 된다(12-15절). 이제 바울에게 주어진 주 예수의 첫 번째 명령은 "일어나 너의 발로 서라"(16a절)는 것이었다. '일어서라'는 명령은 '가라'는 명령에 순종하기 위한 예비동작이었다. 그것은 그가 이방인 사도로 위임을 받기 위한 서곡이었다.[114] 바울은 "주를 본 일과 장차 나타날 일"(16b절)의 종과 증인으로써 부름을 받았다. 그의 사명은 "죄인들의 눈을 뜨게 하는 일"이었다(18a절). 믿지 않는 이방인들을 예수 그리스도 안에 있는 하나님의 진리를 보고 믿도록 보냄을 받은 것이다. 이는 "어둠에서 빛으로 사탄의 권세(나라)에서 하나님의 나라로 돌아오는 죄사함의 복음"을 선포하는 일이었다(18b절). 아그립바 왕에게 바울이 말하고자하는 강조점은 자신의 회심이 아니라 사도로 임명을 받은 것이었다.[115] 사도 직분의 위임은 "예수께서 바울을 종과 증인으로 보내는 것"이었다. 목적은 "눈 먼 자의 눈을 열어 사람들을 어둠에서 빛으로, 사탄에게서 하나님께로 돌아서게 하려는 것"이었다.

19-23절: 바울의 사명과 순종

이제 바울은 자신을 향한 "그리스도의 위임"으로부터 "아그립바 왕"에게로 주의를 돌려 말한다. "아그립바 왕이여 그러므로 하늘에서 보

---

114. Harris, *신약에 나타난 부활*, 442.

115. Ibid., 444.

이신 것을 내가 거스르지 아니하고 모든 사람들에게 회개하고 하나님께로 돌아와서 회개에 합당한 일을 하라"(20절)고 전하는 것 때문에 유대인들이 나를 반대하고 잡아 죽이려고 한다고 변호한다(21절). 바울에게 '하늘에서 보이신 것'은 부활하신 그리스도의 현현과 사도직으로의 부르심이었을 것이다. 바울은 그 부르심과 사명을 거스르지 아니하고 자신이 '본 일'과 '나타날 일'을 충실하게 선포하였다.[116] 이것은 유대인과 이방인들에게 좋은 소식으로 누구든지 회개하고 하나님께로 돌이키면 죄사함의 은총을 값없이 누리는 복된 소식이었다. 바울이 선포한 복음은 전혀 새로운 것이 아니었다. "선지자들과 모세가 반드시 되리라"고 선포한 약속들을 말한 것이었다(22절). 그 약속은 "곧 그리스도가 고난을 받으실 것과 죽은 자 가운데서 먼저 다시 살아나사 이스라엘과 이방인들에게 빛을 전하시리라"(23절)는 것이었다. 모세와 선지자들을 통한 구약의 모든 약속들은 예수 그리스도의 속죄와 부활과 선포에 대한 복된 소식이다. 바울 복음의 케리그마는 예수 그리스도의 죽음과 부활이다. 특별히 "그분이 다시 살아나셨다!"는 부활의 복음이야말로 바울이 시종일관 선포하는 복음 중의 복음이며, 베드로의 선포 내용 또한 동일하다. 예수의 부활은 "하나님의 구원(새 창조)의 시작이며 보

---

116. 박형용, *바울신학*, 263. 박형용 교수는 바울의 회심기사는 사도행전에 세 번 묘사된다고 간략하게 요약한다. 사도행전 9장에서는 누가가 바울의 회심사건을 순수한 역사적인 사건으로 기록하고, 사도행전 22장에서는 유대인들 앞에서 자신을 변호하는 문맥에서 기록하고, 마지막 26장에서는 바울이 아그립바 왕 앞에서 자신의 변호하는 내용과 함께 회심을 기록하고 있다고 말한다.

증"으로 복음의 핵심이다.[117] 결론적으로, 바울의 변론은 대성공이었다. "왕과 총독과 버니게와 그 함께 앉은 사람들(재판관)이 다 함께 일어나서 이 사람은 사형이나 결박을 당할만한 행위가 없다"(30-31절)고 무죄를 선언한다. 아그립바 왕도 베스도 총독에게 "이 사람이 만일 가이사에게 상소하지 아니하였더라면 석방될 수 있을 뻔하였다"(32절)고 무죄를 선언한다. 이렇게 바울은 세상의 권세 앞에서 조금도 기가 죽지 않고 주님의 소명에 신실한 증인이 되었다!

결론

복음선포의 형식은 "변호"와 "약속의 성취"이다(22절). 바울의 부활복음에 대한 선포는 단순히 바리새인과 사두개인들의 논쟁을 위해서 바울이 지어낸 변론 사건이 아니라 "선지자들과 모세가 반드시 되리라"(22절)고 한 언약에 대한 성취이다.[118] 그의 변호는 "예수의 속죄, 부활, 선포"이다(23절). 어둠에서 빛으로 사탄에게서 하나님께로 돌아오게 하는 빛의 복음의 내용은 "예수의 죽음과 부활"을 그 내용으로 하고 있다. 사도와 모든 그리스도인들은 빛으로 오신 예수의 복음을 선포하는 증인들로 세움을 입었다. 아그립바 왕 앞에서 바울의 변호는 "예수의 부활"을 그 중심으로 하고 있다(23b절). 부활하신 예수의 현현과 함께 이

---

117. Ibid., 448.

118. Lenski, *The Interpretation of The Acts of the Apostles*, 1045-1048.

방인 사도직으로의 부름은 모든 민족에게 가서 복음의 빛을 전하라는 소명이었다(행 26:23).

10) 로마 유대 귀족들 앞에서 행한 복음선포(행 28:16-28)

배경

바울은 다른 죄수들과 함께 배를 타고 가이사랴를 떠나 로마로 향한다(27:1). 처음에는 "아드라뭇데노에서 온 배"(27:2-5)를 탔고, 후에는 "알렉산드리아에서 온 배"(27:6-12)를 갈아타고 갖은 항해의 고초 끝에 멜리데 섬(28:1-10)을 거쳐 로마에 도착한다. 바울은 시실리의 수도 '수라구사'(28:12)를 거쳐 이탈리아의 '발 끝'이라고 불리우는 '레기온'이라는 항구에 도착한다.[119] 거기서 하루를 묵은 후에 네이플즈(Naples, 현 나폴리)만에 있는 '보디올(Pozzuoli)'에 도착하여 그리스도인 형제들의 환대를 받으며 일주일을 유한다(13-14a절). 그리고 거기서부터는 육로로 아피안로를 따라 "압비오 광장과 트레이스 타베르네"(15절)까지 마중 나온 로마의 형제들을 보고 하나님께 감사하고 담대한 마음을 얻는다. 그리고 바울은 로마의 셋방 감옥에 갇혀 로마의 한 군인의 감시를 받지만 약간의 면회가 허락되는 자유로운 감옥생활의 시작이 본 설교의 배경이다(28:16).

---

119. Stott, 땅 끝까지 이르러, 472.

17-20절: 강론의 대상과 바울의 변호

대상은 "로마에 거주하는 유대 공동체의 유력한 인사들"이다(17a절). 로마에 도착한 지 '사흘 후'란 오랜 시간 힘겨운 여행에서 원기를 회복하는 최소한의 시간이었을 것이다. 이제 그는 로마에 사는 유력한 유대 지도자들에게 자신의 사역을 구체적으로 변호하고 하나님나라의 복음을 다음과 같이 선포한다. 첫째, 바울은 이스라엘 백성이나 조상들의 관습을 배척한 일이 없다(17b절). 둘째, 유대인들에 의해 예루살렘에서 체포되어 로마인에게 죄수로 넘겨졌지만, 로마인들(천부장, 벨릭스, 베스도 총독)은 죽일만한 이유를 찾지 못해 자신을 방면해 주려고 하였다(18절). 셋째, 자신의 방면을 유대인들이 반대하여 어쩔 수 없이 가이사 황제에게 상소하게 되었다(19a절). 황제에게 상소한 것은 조금이라도 동족인 내 민족 유대인을 고발하려는 의도가 없었음을 밝힌다. 바울이 유대 공동체의 지도자들을 초청한 것은 "이스라엘의 소망으로 말미암아 내가 쇠사슬에 매인 것"(20절)을 해명하려는 불가피한 선택이었음을 변호하기 위함이었다. "이스라엘의 소망"은 바울이 재판 과정에서 수차례 증언했던 "죽은 자의 부활에 대한 소망"(23:6; 24:15; 26:6-8, 22-23)이다.[120] 따라서 바울은 모든 면에서 충성스런 유대인으로서 그가 죄수가 된 것은 이스라엘의 희망, 곧 예수 안에서 성취된 이스라엘의 메시아에 대한 기대 때문이었다(20절).

21-22절: 유대 귀족들의 답변

로마에 사는 유대공동체 지도자들의 답변은 매우 놀라웠다. 그들은 유대로부터 바울에 대한 공식 서한을 받은 적도 없었고, 그들 가운데 누가 와서 바울을 나쁘게 말한 적도 없었다고 답변한다(21절). 다만 어디서든 반대를 받는 나사렛 종파에 대하여 바울의 말을 듣기 원한다고 대답하였다(22절).

23절: 바울의 강론

첫 번째 만남(17-22절)은 상견례 수준이었다. 그들은 다음 날의 만남을 약속하고 헤어졌다. 서로 약속한 시간에 그들은 다시 바울이 연금되어 있는 집으로 몰려왔다(23a절). 그래서 바울은 아침부터 저녁까지 강론하였다. 그는 하나님의 나라를 증언하였다(23b절). 나사렛 예수를 통해 도래한 하나님의 통치를 설명하였을 것이다.

---

120. Beasley-Murray, 부활, 197.

또한 "모세의 율법과 선지자의 글"인 구약성경을 가지고 예수를 권하였다(23c절). 바울은 어떻게 나사렛에 살았던 역사적 예수가 성경이 약속한 주와 그리스도가 되시는지를 성경을 풀어 자세히 설명하였다.[121]

24-28절: 그들의 반응

바울의 설득력 있는 강론은 하루 종일 계속 되었고 그 결과 "믿는 사람과 믿지 않는 사람들"로 나뉘었다(24절). 바울은 다시 한 번 유대인들의 불신을 "이사야 예언의 성취"(사 6:9-10)로 설명한다. 그들은 얼마든지 듣고 보고 깨달아 돌이켜 구원을 받을 수 있었다(26-27절). 그러나 의도적으로 그들은 눈과 귀와 마음을 닫고 복음을 받아들이지 않았다. 그 결과 하나님의 구원은 이방인에게로 넘어갔다(28절). 그들은 고의적으로 "나사렛 예수의 죽음과 부활"을 통해 성취된 "하나님 나라의 약속"[122]을 끝까지 거부하였으므로 하나님의 심판을 피할 수 없게 되었다. 누가는 계속해서 바울이 온 이태를 로마의 셋집에 유하면서 "하나님나라를 전파하고 주 예수 그리스도에 관한 모든 것"을 담대하게 가르침으로 사도행전을 맺는다(30-31절).

---

121. Stott, *땅 끝까지 이르러*, 474.
122. 김세윤 외 2인, *하나님나라 복음*, 271-272.

결론

로마에서 바울의 복음선포의 형식은 "강론과 약속 성취"의 구조다. 바울은 강론을 통해 이스라엘 백성들의 불신을 이사야 선지자를 통한 예언(사 6:9-10) 성취로 해석한다. 로마에서 두 번 강론한 내용은 자신의 무죄를 변호하면서 "이스라엘의 소망, 곧 예수의 죽음과 부활을 통해 성취된 메시아의 구원과 하나님나라의 도래"에 대한 선포다. 마침내 하나님나라의 통치는 예수 그리스도의 죽음과 부활을 통해 이 땅에 도래하였다. 누구든지 예수 그리스도의 죽음과 부활을 통해 성취된 복음을 믿는 자는 하나님의 주권적인 통치를 받아들인 자다. 이제 바울은 사도행전의 결미에서 주 예수 그리스도를 통해 성취된 하나님나라의 복음을 "담대하게 거침없이"선포하였다(31절).

3. 사도 바울 복음선포의 결론

지금까지 사도 바울의 복음설교 열 편에 대한 분석을 통해 바울의 복음선포에 나타난 "공통적인 구조"와 함께 일관성 있게 강조되는 "복음선포의 중심"을 요약하면 아래와 같다.

※ 복음선포의 공통 구조

첫째, "약속-성취" 구조: 예수의 죽음과 부활은 구약의 약속을 성취하는 구원사건이다.

둘째, "변론" 구조: 자신의 무죄와 하나님의 복음을 변호하는 변론적 설교다.

셋째, "창조-섭리" 구조: 이방인에 대한 설교는 그들이 공감할 수 있는 자연현상이나 주변의 사물을 근거로 접촉점을 찾아 일반 계시를 중심으로 한 선포다.

넷째, "십자가-부활" 구조: 바울의 복음은 예수의 죽음과 부활의 기쁜 소식이다. 그는 예수 그리스도의 수난과 부활을 항상 강조하되 수난보다 부활을 더 강조한다.[123]

다섯째, "부활과 증인" 구조: 사도적 소명은 예수의 부활에 대한 증인으로의 부르심이었다.

여섯째, "회개와 믿음" 구조: 복음선포는 회개와 믿음을 촉구하며 구원으로 초대한다.

※ 복음선포의 중심

예수의 죽음과 부활의 복음을 선포하되, 특별히 "예수의 부활"에 초점을 맞춘다.

---

123. 박형용, *바울신학*, 269. 박형용 교수는 바울이 예수의 죽음(수난)보다 부활을 더 강조하는 이유는 바울이 그리스도의 죽음과 부활을 되돌아 보는 입장에 있기 때문이라고 기술한다.

장	본문	약속의 성취	변론	성부	성령	죽음	부활	회개 촉구	중심
13	13-41	○	X	○	X	○	○	○	죽음/부활
14	13-18	△	X	○	X	X	X	○	창조/섭리
17	1-9	○	○	X	X	○	○	○	죽음/부활
17	22-31	○	○	○	X	○	○	○	창조/부활
20	17-35	X	X	○	○	○	X	○	고별/권면
22	1-21	X	○	○	X	X	△	○	소명/증인
23	1-11	○	○	○	○	○	○	X	부활/증인
24	1-23	○	○	○	X	○	○	X	부활
26	1-23	○	○	○	X	○	○	○	죽음/부활
28	16-28	○	○	○	○	△	○	○	부활/나라

○: 명시, △: 암시(내포), X: 생략

〈표 2〉 바울의 복음선포 구조표

4. 제2장 베드로와 제3장 바울 복음선포의 결론

제2장에서 나타난 여덟 편의 베드로 복음선포의 두드러진 구조는 "약속과 성취"형식이다. 그의 복음선포 내용은 "메시아를 통해 성취될 하나님나라의 약속"이 어떻게 "예수 그리스도의 죽음과 부활"을 통해 성취되었는지를 선포한다. 그의 복음선포(κήρυγμα)는 그리스도의 죽음과 부활을 균형있게 아우르지만, "그리스도의 부활"에 그 중심과 강조점을

두고 있다(구약의 인용구(80% 이상)는 거의 모두 부활을 증거하고, 십자가와 부활을 강조하는 양(길이)의 차이도 부활이 90% 이상을 차지한다).

제3장에서 나타난 열 편의 바울 복음선포의 두드러진 구조 역시 베드로의 설교와 마찬가지로 "약속과 성취"형식이다. "예수의 죽음과 부활"을 구약의 하나님 나라의 약속을 성취하는 사건으로 이해하고 복음선포의 내용으로 삼고 있다. 바울의 복음선포는 예수 그리스도의 죽음과 부활을 공히 선포하지만 그 강조점은 "그리스도의 부활"에 있다.[124] 이제 필자는 베드로의 복음선포(2장)와 바울의 복음선포(3장)를 분석한 결과 두 가지 공통의 구조적인 결론에 도달하게 되었다. 그것은 "약속의 성취" 구조와 "부활선포의 중심"을 강조하는 구조다. 2장과 3장을 마치면서 이 '성취'와 '부활' 중심의 두드러진 구조가, 다음 4장에서는 "베드로와 바울의 복음선포에 나타난 구약사용"에 더욱 확실하게 드러난다는 점을 확인하게 될 것이다.

---

124. 바울의 설교에서 두 개의 설교(14장의 루스드라의 설교와 20장의 밀레도의 설교)는 예외적으로 부활의 선포가 생략되어 나타난다. 그것은 14장 루스드라의 설교에서는 청중이 순전히 이방인이었기 때문이고, 20장의 밀레도의 설교는 대상이 이미 복음을 들어 믿는 신자들(에베소교회의 장로들)이었기 때문에 원색적인 복음선포(십자가와 부활)는 생략한 듯 한다.

제4장

―――――

베드로와 바울의 복음선포에 나타난
구약 사용

―――――

베드로와 바울이 그들의 설교에 인용한 구약의 거의 모든 본문들은 주 예수 그리스도의 부활을 예견한 메시아의 구원사건에 집중한다. 사도들이 인용한 구약의 본문들은 "구약에서 약속한 메시아에 대한 언약들이 어떻게 예수의 생애와 죽음과 부활을 통해 성취되었으며, 특별히 부활을 통해 성취되었는지를 증언하는 것"을 목적으로 한다. 이제 사도행전에서 사도 베드로와 바울이 인용한 구약의 본문들뿐 아니라 신약의 다른 기자들은 어떻게 그 본문들을 자신의 책에 사용했는지 그 의미를 보다 깊이 살펴보도록 하자.

1. 서론

4장에서는 베드로와 바울의 복음선포에 인용된 구약의 본문들을 집중적으로 살피고, 그 본문들이 다른 신약성경에서는 어떻게 사용되는지도 간략히 살필 것이다. 우리는 앞서 베드로의 복음선포(2장)와 바울의 복음선포(3장)에 나타난 두 가지 구조적인 특징이 "약속의 성취"와 "부활복음 중심" 구조를 강조하는 형식임을 살펴보았다. 이 '성취'와 '부활' 중심의 두드러진 강조점은 사도행전의 구약사용에서도 그대로 드러난다. 베드로와 바울이 인용한 구약의 거의 모든 본문들이 주 예수 그리스도의 부활을 예견한 메시아의 구원 사건에 집중된다. 특별히 누가는 십자가와 부활 중에서 복음의 중심을 "예수의 부활" 사건에 초점을 맞추어 구약을 사용하고 있다.

그럼 먼저 베드로의 복음선포(여덟 편)에 사용된 구약의 사용들을 차례로 살펴보자. 그리고나서 바울의 복음선포(열 편)에 나타난 구약의 사용들을 살펴보도록 하자. 특별히 사도행전의 저자 누가는 구약인용의 주요 원천으로 히브리역의 맛소라(MT) 본문도 사용하지만, 헬라어역인 70인역(Septuagint: LXX)을 주로 더 사용한다.[125] 누가는 70인역을 사용할 때 자신의 목적을 위해 직접 인용(citation)하기도 하고, 때로는 자신의 이야기에 맞도록 혹은 의미가 더욱 분명해지도록 적절하게 자료를 변형하여 간접적으로 암시(allusion)하거나 혹은 반영(echoes)하기도 했다.[126] 누가가 사도행전에서 70인역을 빈번히 사용한 점과 다른 사도들이 신약 전반에 걸쳐 70인역을 사용한 것을 볼때 초대교회와 사도들이 70인역을 얼마나 중요시했는지 가늠해 볼 수 있다.[127]

본 장에서는 구약 사용의 "인용, 암시, 반영"중에서 두 사도가 명백히 "인용"한 구절(기록하였으되, 일렀으되, 말하여 이르되, 성령으로 말씀하시기를 등)을 중점적으로 살펴보고, 나머지 "암시와 반영"의 형태로 나타난 다양한 구약사용의 변형들은 간략히 언급만 하도록 하겠다.

---

125. H. Marshall and Mark Seifrid, *신약의 구약사용 주석시리즈 3권(사도행전 & 로마서)* (서울: 기독교문서선교회, 2012), 68-69.

126. W. Kaiser, *신약의 구약사용*. 성기문 역.(서울: 크리스천다이제스트, 1997), 21-23. '직접인용'(citation)은 성경에서 일련의 단어들을 상당하게 인용한 것이고, '암시'(allusion)는 저자가 특정 본문을 염두에 두었다는 것을 분명히 하기 위해 충분히 언급한 경우이다. 그리고 '반영'(echoes)은 모방이라고 불리우는 데, 성경에서 종종 발견되는 둘 이상의 단어로 말을 다듬는 경우이다.

127. Kaiser, *신약의 구약사용*, 21.

2. 사도 베드로의 복음선포에 나타난 구약 사용

1) 베드로가 인용한 구약사용의 도표

베드로가 사도행전의 여덟 편의 복음선포(κήρυγμα)에서 인용한 구약의 사용들과 다른 신약 성경에 쓰인 용례들을 도표로 정리하면 다음과 같다.

베드로의 복음선포	구약 (직접 인용)	구약 (암시/반영)	신약의 다른 본문에서의 구약 사용 용례들
1. 설교[1:16~22]	시 69:25; 109:8	X	X
2. 설교[2:14~40]	욜 2:28-32; 시 16:8-11; 110:1	시 132:11; 89:3b-4	행 13:35-37 마 22:44; 막 12:36; 눅 20:42-43; 히 1:13
3. 설교[3:12~26]	신 18:15; 창 12:3b	출 3:16b; 사 52:13; 삼하 7:12-13	행 5:30; 22:14; 눅 20:37
4. 설교[4:5~12]	시편 118:22	X	마 21:42; 막 12:10-11; 눅 20:17; 엡 2:20; 벧전 2:6-8
5. 설교[5:27~32]	X	신 21:22-23	행 10:39; 갈 3:13; 벧전 2:24; 빌 2:9-11
6. 설교[10:34~43]	X	신 21:22-23; 사 61:1; 호 6:2	X
7. 설교[11:5~17]	X	겔 4:14; 레 11장	X
8. 설교[15:7~11]	X	X	

〈표 3〉 베드로가 인용한 구약 사용표[128]

128. Marshall and Seifrid, *신약의 구약사용 주석 3권(사도행전 & 로마서)*, 96-232.

2) 베드로가 인용한 구약 사용의 의미와 강조점

이제 베드로가 자신의 복음설교에 인용한 구약의 용례들을 먼저 살펴보자. 그리고 다른 신약성경에 사용된 용례들의 의미도 간략히 살펴보도록 하자.

(1) 사도 보선을 위한 복음선포(행 1:15-26)

베드로가 자신의 첫 번째 복음선포(1:15-26)에서 인용한 시편의 두 구절은 시편 69편 25절과 109편 8절이다. 이 두 구절은 유다를 대신할 사도를 뽑는 근거로 사용한 구약 성경이다. 먼저, 사도행전 1장 20a절에서 베드로가 인용한 시편 69편 25절을 살펴보자.

시편 69:25(LXX Ps 68:26)	사도행전 1:20a(한글 개역개정)
그들의 거처가 황폐하게 하시며 그들의 장막에 사는 자가 없게 하소서.	그의 거처를 황폐하게 하시며 거기 거하는 자가 없게 하소서.
Ps 68:26(LXX)	GNT
γενηθήτω ἡ ἔπαυλις αὐτῶν ἠρημωμένη καὶ ἐν τοῖς σκηνώμασιν αὐτῶν μὴ ἔστω ὁ κατοικῶν	Γενηθήτω ἡ ἔπαυλις αὐτοῦ ἔρημος καὶ μὴ ἔστω ὁ κατοικῶν ἐν αὐτῇ,

시편 69편은 다윗의 시로 신약에서 가장 자주 인용되는 시편 중 하나이다. 이는 다윗이 깊은 고통과 시련 속에서 하나님의 구원을 바라며 부

르짖는 마음을 담고 있는 '탄식시'이다. 신약의 사도들과 예수가 다윗의 이 '탄식시'를 그리스도가 당하신 고난과 배척에 적용했기 때문에 '메시아시'로 불린다.[129] 시편 69편에 대한 예를 들면, 예수께서 까닭 없이 박해를 당하실 것에 대한 자신의 적용(69:4 ➜ 요 15:25), 성전을 향한 그리스도의 열심에 대한 제자들의 반응(69:9 ➜ 요 2:17), 골고다의 십자가 위에서 당하신 고통과 멸시에 대한 예고들(69:21 ➜ 마 27:34), 바울이 주 예수 그리스도의 복음의 대적자들에게 두 번 사용한 것(69:22-23 ➜ 롬 11:9-10; 15:3), 그리고 여기서 베드로의 첫 번째 복음선포(κήρυγμα)에서의 인용이다. 이 내용들은 주 예수 그리스도께서 오셔서 하나님의 뜻과 하나님의 사역을 행함으로써 악인들에게 박해를 당한 의를 완벽하게 구현하셨음을 알게 한다.[130]

베드로는 자신의 첫 번째 연설의 사도행전 1장 20a절에서 70인역을 인용하면서 두 가지의 변화를 추구한다. 첫째, 의인 다윗을 박해한 주체가 복수 '그들의'(시 69:25, αὐτῶν)에서 단수 '그의'(행 1:20a, αὐτοῦ)로 바뀐다. 이는 하나님의 저주와 진노가 '복수'의 원수들로부터 한 '개인'으로 귀착하는데, 이것은 "성령이 다윗의 입을 통하여 예수 잡는 자들의 길잡이가 된 유다"(행 1:16a)를 가리키는 말씀이며, 이는 "미리 말씀하신 약

---

129. S. Lawson, *Main Idea*로 푸는 *시편 1: 시편 1-75* (서울: 디모데, 2008), 675.

130. Ibid., 675.

속의 성취"(행 1:16b)라고 해석한다. 다시 말해서 의인 다윗을 핍박하고 박해한 구약의 원수들은 다윗의 후손으로 오실 그리스도를 박해한 자들이었다. 그런데 베드로는 여기서 특별히 "예수를 잡는 모든 원수들"의 길잡이가 된 '유다'를 지목하면서 '그들'(원수들)을 대표하는 단수 '유다 개인'으로 변형하여 사용한다. 둘째, '장막에'(시 69:25b, ἐν τοῖς σκηνώμασιν)가 생략되었다. 이는 유다가 구매한 '밭'을 느슨하게 묘사한 것으로, 마태는 유다의 돈으로 산 장소가 된 묘지(마 27:7; 행 1:19)를 가리키고 있다.[131] 따라서 베드로는 다윗이 쓴 시편 69편을 인용하면서 의인 다윗이 당한 고난에 대한 탄원과 하나님의 신원은 다윗의 후손으로 오신 예수 그리스도께서 자기 동족에게 당한 증오와 배척에 적용하고 죽음과 부활을 통해 하나님이 자기 아들의 옳음을 확증하는 약속과 성취의 인용구로 사용한다.

두 번째 인용은 사도행전 1장 20b절에서 시편 109편 8절을 인용한다.

시편 109:8(LXX Ps 108:8b)	사도행전 1:20b(한글 개역개정)
그의 연수를 짧게 하시며 그의 직분을 타인이 빼앗게 하시며	또 일렀으되 그의 직분을 타인이 취하게 하소서 하였도다
Ps 108:8ab(LXX)	GNT
8 γενηθήτωσαν αἱ ἡμέραι αὐτοῦ ὀλίγαι καὶ τὴν ἐπισκοπὴν αὐτοῦ λάβοι ἕτερος	καί, Τὴν ἐπισκοπὴν αὐτοῦ λαβέτω ἕτερος.

---

131. Marshall and Seifrid, *신약의 구약사용 주석 3권(사도행전 & 로마서)*, 102-103.

시편 109편은 69편과 마찬가지로 다윗의 '탄식시'이다.[132] 다윗은 무지막지한 원수들로부터 비방과 공격을 당한다. '그들'의 모함, 거짓, 속임수, 대적에도 불구하고(시 109:2-5) 다윗은 그저 기도하며 하나님께 나아간다. 그리고 그 많은 원수들 가운데서 특정한 한사람 즉 주모자인 듯한 한 사람을 뽑아 "그의 연수를 짧게 하시며 그의 직분을 타인이 빼앗게 해 달라"(시 109:8)고 탄원한다. 사도 베드로는 하나님의 심판이 이 완악한 자에게 미치게 해달라는 다윗의 기도를 개인화시켜서 하나님의 심판이 실제로 미친 가룟 유다에게 적용한다.[133]

베드로는 다윗의 두 시편(시 69:25, 109:8)의 인용을 통해서 유다를 대신할 한사람을 뽑을 필요가 있음을 정당화하는 성경적 근거로 사용한다. 반면에 수년 후 사도 야고보가 죽었을 때는(행 12:1-2) 그를 대신할 한 사람을 뽑지 않았다. 왜냐하면 그는 변절하지 않고 죽기까지 충성했기 때문이다. 도드(Dodd)는 베드로가 자신의 첫 연설에서 다윗의 시편을 인용한 것은 "죽음이 아닌 배교 때문에 사도 자리가 비워졌다"는 것을 성경이 설명하는 것이라고 한다.[134] 따라서 변절한 가룟 유다의 사도적 직분(ἐπισκοπή)은 '맛디아'가 얻어 "그가 열한 사도의 수에 들어가니라."(행 1:26)는 말처럼 성취되었다. 사도의 직분은 "예수의 부활을 목격하고 목도한 그 부활을 증거하는 일"이었다(행 1:21-22).

---

132. S. Lawson, *Main Idea*로 푸는 *시편 2: 시편 76-150*. (서울: 디모데, 2008), 365-369.

133. Stott, *땅 끝까지 이르러*, 59.

134. Marshall and Seifrid, *신약의 구약사용 주석 3권(사도행전 & 로마서)*, 104.

(2) 오순절에 전한 복음선포(행 2:14-41)

베드로의 두 번째 복음선포는 그 유명한 "오순절 설교"이다(행 2:14-41). 본 설교의 배경은 오순절에 성령께서 강림하셔서 마가의 다락방에 모인 무리들을 충만하게 하시고, 그들로 하여금 성령이 말하게 하심을 따라 천하 각국으로부터 모인 사람들에게 각각 '난 곳 방언'으로 '하나님의 큰 일'을 말하여 듣게 하는 것이었다(행 2:1-13). 베드로의 오순절 설교는 크게 세 단락으로 나눌 수 있다. 그는 각 단락마다 한 번씩 구약을 인용하여 약속의 성취형식으로 자신의 복음을 선포한다.

첫 번째 단락(2:14-21)에서 열한 사도를 대표한 베드로가 요엘서를 인용한다(욜 2:28-32).

오순절날 난 곳 방언으로 선포되는 '하나님의 큰 일'(2:11)은 곧 하나님께서 모든 사람에게 그의 영을 부어 주리라는 요엘 선지자가 외친 약속의 성취였다. 베드로는 16절에서 "이는 곧 선지자 요엘을 통하여 말씀하신 것"(2:16)이라는 말로 자신의 설교를 시작한다. 즉 그의 청중이 목격한 '이것'은 요엘이 예언한 '그것'이다.[135] 17절에서 베드로는 요엘서의 '그 후에'라는 말을 '말세에'로 의도적으로 바꾼다. 이는 성령이 오심으로 마지막 날이 도래했다는 것을 강조하기 위함이다. 특별히 "하나님이 말씀하시기를"(λέγει ὁ θεός)이라는 첨언은 예언 성취의 신

---

135. Kaiser, *신약의 구약사용*, 154.

요엘 2:28-32(LXX Joel 3:1-5)	사도행전 2:17-21(한글 개역개정)
28절 그 후에 내가 내 영을 만민에게 부어 주니 너희 자녀들이 장래 일을 말할 것이며 너희 늙은이는 꿈을 꾸며 너희 젊은이는 이상을 볼 것이며 29절 그때에 내가……. 32절	17절 하나님이 말씀하시기를 말세에 내가 내 영을 모든 육체에 부어주리니 너희 자녀들은 예언할 것이요 너희의 젊은이들은 환상을 보고 너희의 늙은이들은 꿈을 꾸리라 18절 그때에 내가 내 영을……. 21절까지
Joel 3:1-5(LXX)	GNT 2:17-21
3:1 καὶ ἔσται μετὰ ταῦτα καὶ ἐκχεῶ ἀπὸ τοῦ πνεύματός μου ἐπὶ πᾶσαν σάρκα καὶ προφητεύσουσιν οἱ υἱοὶ ὑμῶν καὶ αἱ θυγατέρες ὑμῶ ν καὶ οἱ πρεσβύτεροι ὑμῶν ἐνύπνια ἐνυπνιασθήσονται καὶ οἱ νεανίσκοι ὑμῶν ὁράσεις ὄψονται 2 καὶ ἐπὶ τοὺς δούλους καὶ ἐπὶ τὰς δούλας ἐν ταῖς ἡμέραις ἐκείναις ἐκχεῶ ἀπὸ τοῦ πνεύματός μου 3 καὶ δώσω τέρατα ἐν τῷ οὐρανῷ καὶ ἐπὶ τῆς γῆς αἷμα καὶ πῦρ καὶ ἀτμίδα καπνοῦ 4 ὁ ἥλιος μεταστραφήσεται εἰς σκότος καὶ ἡ σελήνη εἰς αἷμα πρὶν ἐλθεῖ ν ἡμέραν κυρίου τὴν μεγάλην καὶ ἐπιφανῆ 5 καὶ ἔσται πᾶ ς ὃς ἂν ἐπικαλέσηται τὸ ὄνομα κυρίου σωθήσεται ὅτι ἐν τῷ ὄρει Σιων καὶ ἐν Ιερουσαλημ ἔσται ἀνασῳζόμενος καθότι εἶπεν κύριος καὶ εὐαγγελιζόμενοι οὓς	17 Καὶ ἔσται ἐν ταῖς ἐσχάταις ἡμέραις, λέγει ὁ θεός, ἐκχεῶ ἀπὸ τοῦ πνεύματός μου ἐπὶ πᾶσαν σάρκα, καὶ προφητεύσουσιν οἱ υἱοὶ ὑμῶν καὶ αἱ θυγατέρες ὑμῶ ν καὶ οἱ νεανίσκοι ὑμῶν ὁράσεις ὄψονται καὶ οἱ πρεσβύτεροι ὑμῶ ν ἐνυπνίοις ἐνυπνιασθήσονται· 18 καί γε ἐπὶ τοὺς δούλους μου καὶ ἐπὶ τὰς δούλας μου ἐν ταῖς ἡμέραις ἐκείναις ἐκχεῶ ἀπὸ τοῦ πνεύματός μου, καὶ προφητεύσουσιν. 19 καὶ δώσω τέρατα ἐν τῷ οὐρανῷ ἄνω καὶ σημεῖα ἐπὶ τῆς γῆς κάτω, αἷ μα καὶ πῦρ καὶ ἀτμίδα καπνοῦ· 20 ὁ ἥλιος μεταστραφήσεται εἰς σκότος καὶ ἡ σελήνη εἰς αἷμα, πρὶν ἐλθεῖν ἡμέραν κυρίου τὴν μεγάλην καὶ ἐπιφανῆ. 21 καὶ ἔσται πᾶς ὃς ἂν ἐπικαλέσηται τὸ ὄνομα κυρίου σωθήσεται.

적기원을 강조하는 전형적인 양식이다.[136] 최종적으로 베드로는 요엘 선지자의 본문을 예수께 적용한다. 21절에서 누구든지 그의 이름을 부르는 모든 사람을 구원해 주시는 분은 '주 곧 예수'다. 구약이나 요엘서에서 '주'는 여호와이시다. 그러나 오순절 설교의 결론에서 베드로는 하나님이 예수께 "주와 그리스도"(2:36)라는 칭호를 주셨다고 주장한다.[137] 따라서 예수는 주의 이름을 부르는 모든 자를 죄와 심판에서 구원하시는 종말의 메시아로 오셨고, 이를 입증하는 최종적 증거가 성령의 부으심이다. 마침내 그리스도의 초림으로 도래한 메시아 시대는 성령의 사역이 활발한 성령의 시대이기도 하다.[138] 예레미야와 에스겔이 예언한 새 언약(렘 31:31-34; 겔 36:24-28)의 성취이며, 궁극적으로 이사야가 예언한 메시아의 재림을 통해 완성될 종말의 새 하늘과 새 땅(사 65:17-20; 66:22)에 대한 전조다.

두 번째 단락(2:22-32)에서 시편 16편을 직접 인용하고(시 16:8-11), 시편 132편 11절과 89편 3b-4절을 반영한다(참조 p.177).

이제 베드로는 요엘서를 인용한 후에 "이스라엘 사람들아 이 말을 들으라"(2:22a)라고 권면하면서 곧바로 '나사렛 예수'께 초점을 맞추어 그분을 선포한다. 먼저 예수의 생애와 사역을 증언하고(22절) 그분의 죽음이 하나님이 예정하신 뜻 가운데 이루어졌음을 설명한다(23절).

---

136. Marshall and Seifrid, *신약의 구약사용 주석 3권(사도행전 & 로마서)*, 113-114.
137. Ibid., 117.
138. Stott, *땅 끝까지 이르러*, 79.

시편 16:8-11(LXX 15:8-11)	사도행전 2:25-28(한글 개역개정)
8절 내가 여호와를 항상 내 앞에 모심이여 그가 나의 오른쪽에 계시므로 내가 내가 흔들리지 아니하리로다 9절 이러러므로 나의 마음이 기쁘고 나의 영도 즐거워하며 내 육체도 안전히 살리니 10절 이는 주께서 내 영혼을 스올(sheol)에 버리지 아니하시며 주의 거룩한 자를 멸망시키지 않으실 것임이니이다 11절 주께서 생명의 길을 내게 보이시리니 주의 앞에는 충만한 기쁨이 있고 주의 오른쪽에는 영원한 즐거움이 있나이다.	25절 내가 항상 내 앞에 계신 주(ton kurion)를 뵈었음이여 나로 요동하지 않게 하기 위하여 그가 내 우편에 계시도다 26절 그러므로 내 마음이 기뻐하였고 내 혀도 즐거워하였으며 육체도 희망에 거하리니 27절 이는 내 영혼을 음부(Haden)에 버리 지 아니하시며 주의 거룩한 자로 썩음을 당하지 않게 하실 것임이로다 28절 주께서 생명의 길을 내게 보이셨으니 주 앞에서 내게 기쁨이 충만하게 하시리로다.
Ps 15:8-11(LXX)	GNT
8 προωρώμην τὸν κύριον ἐνώπιόν μου διὰ παντός ὅτι ἐκ δεξιῶν μού ἐστιν ἵνα μὴ σαλευθῶ 9 διὰ τοῦτο ηὐφράνθη ἡ καρδία μου καὶ ἠγαλλιάσατο ἡ γλῶσσά μου ἔτι δὲ καὶ ἡ σάρξ μου κατασκηνώσει ἐπ' ἐλπίδι 10 ὅτι οὐκ ἐγκαταλείψεις τὴν ψυχήν μου εἰς ᾅδην οὐδὲ δώσεις τὸν ὅσιόν σου ἰδεῖν διαφθοράν 11 ἐγνώρισάς μοι ὁδοὺς ζωῆς πληρώσεις με εὐφροσύνης μετὰ τοῦ προσώπου σου τερπνότητες ἐν τῇ δεξιᾷ σου εἰς τέλος	25 Δαυὶδ γὰρ λέγει εἰς αὐτόν, Προορώμην τὸν κύριον ἐνώπιόν μου διὰ παντός, ὅτι ἐκ δεξιῶν μού ἐστιν ἵνα μὴ σαλευθῶ. 26 διὰ τοῦτο ηὐφράνθη ἡ καρδία μου καὶ ἠγαλλιάσατο ἡ γλῶσσά μου, ἔτι δὲ καὶ ἡ σάρξ μου κατασκηνώσει ἐπ' ἐλπίδι, 27 ὅτι οὐκ ἐγκαταλείψεις τὴν ψυχήν μου εἰς ᾅδην οὐδὲ δώσεις τὸν ὅσιόν σου ἰδεῖν διαφθοράν. 28 ἐγνώρισάς μοι ὁδοὺ ς ζωῆς, πληρώσεις με εὐφροσύνης μετὰ τοῦ προσώπου σου.

그리고 예수께서 죽음의 고통에 매여 있을 수 없는 존재라는 것(24-32절)을 다윗의 시편 16편 8-11절을 인용하여 예수 부활의 진실성을 확

중한다. 먼저 27절에서 다윗은 "내 영혼을 음부에 버리지 아니하시고 주의 거룩한 자로 썩음을 당하지 않게 하실 하나님"을 신뢰하였다. 베드로는 여기서 음부에 버림을 당하지 않는 '내 영혼'과 썩음을 당하지 않는 '주의 거룩한 자'는 다윗이 될 수 없다고 항변한다. 29절 하반 절에서 "다윗이 죽어 장사되어 그 묘가 오늘까지 우리 중에 있기 때문이다." 나아가 "다윗은 선지자"(30a절)였으므로 "하나님이 이미 맹세하신 자손"에 대한 사무엘하 7장 12-16절의 메시아의 약속을 기억하고 있었다. 이는 "그 자손 중에서 한 사람을 그 위(보좌)에 앉게 하리라"는 나단의 신탁을 반영한 것이다.[139] 따라서 27절의 '내 영혼'과 '주의 거룩한 자'는 '다윗'이 아니라 다윗의 후손으로 오실 '예수 그리스도'(31a절)를 가리키며, 이는 하나님이 맹세하신 메시아의 부활에 대한 언약의 성취라고 증거한다. 그러므로 베드로가 이 시편을 인용한 목적은 "예수께서 죽음에 매여 있을 수 없다"는 것과 "예수께서 다윗의 시편이 예언한 대로 이루어진 것"은 결국 "예수께서 메시아일 수밖에 없다"는 것을 주장하는 것이다.[140]

이제 베드로는 시편 16편을 그리스도의 부활에 적용했던 것처럼, 세 번째 단락(2:33-36)에서는 시편 110편 1절을 예수의 승귀(exaltation)에 인용하여 논증한다.

---

139. Marshall and Seifrid, 신약의 구약사용 주석 3권(사도행전 & 로마서), 126–127.
140. Ibid., 125.

시편 110:1(LXX Ps 109:1)	사도행전 2:34-35(한글 개역개정)
여호와께서 내 주에게 말씀하시기를 내가 네 원수들로 네 발판이 되게 하기 까지 너는 내 오른쪽에 앉아 있으라 하셨도다. 70인역	34절 다윗은 하늘에 올라가지 못하였 못하였으나 친히 말하여 이르되 주께서 내 주에게 말씀하시기를 35절 내가 네 원수로 네 발등상이 되게 하기까지 너는 내 우편에 앉아 있으라 하셨도다.
Ps:109:1(LXX)	GNT
τῷ Δαυιδ ψαλμός εἶπεν ὁ κύριος τῷ κυρίῳ μου κάθου ἐκ δεξιῶν μου ἕως ἂν θῶ τοὺς ἐχθρούς σου ὑποπόδιον τῶν ποδῶν σου	οὐ γὰρ Δαυὶδ ἀνέβη εἰς τοὺς οὐρανούς, λέγει δὲ αὐτός, Εἶπεν ὁ κύριος τῷ κυρίῳ μου, Κάθου ἐκ δεξιῶν μου

우리는 지금까지 시편 16편에서 부활한 사람은 '다윗'이 아니라 '예수'인 것을 살펴보았다. 또한 34절에서는 승천하신 이도 '다윗'이 아니라 '예수'라고 증거한다. 다윗은 여호와께서 그의 오른편에 앉도록 명하신 그분을 "내 주"라고 불렀다. 예수께서도 이 구절을 자신에 적용하였다 (막 12:35-37; 눅 20:41-44). 또한 바울도 그리스도의 부활의 중요성(고전 15:25)을 논증하면서 이 시편을 사용하였고, 히브리서 기자도 하늘의 천사와 비교할 수 없이 탁월한 그리스도의 신성을 설명하면서(히 1:13) 이 시편을 인용하였다. 최후에 원수들이 그리스도의 "발등상이 된다."(35a절)는 말은 고대 승리자에 대한 관습적인 표현으로 메시아의 최후 승리에 대한 은유다(마 5:35). 더 나아가 "하나님의 우편에 앉는다." (35b절)는 말은 원수를 이기도록 하나님의 권위와 능력이 주어진다는

것에 대한 은유일 수 있다. 따라서 사도 베드로는 이를 문자적으로 취해서 "메시아가 하늘에 올라서 하나님 옆에 앉는다"[141]는 것을 의미한다고 해석한다.

　베드로는 36절에서 "그런즉 이스라엘 온 집은 확실히 알지니 너희가 십자가에 못 박은 이 예수를 하나님이 주와 그리스도가 되게 하셨느니라"라고 설교한다. 이제 이스라엘 백성들이 피할 수 없는 사실은 "십자가에 못 박힌 예수를 하나님이 주와 그리스도가 되게 하셨다"는 진리다. 베드로는 다윗의 시편을 '단순히' 예수께 적용한 것이 아니라 시편 110편에서 사용된 "주"(κύριος)라는 칭호가 '반드시' 예수께 적용되어야 한다는 것이다. 왜냐하면 다윗보다 높은 위치에 있는 사람은 오직 메시아밖에 없기 때문이다. 예수는 부활과 승귀를 통해 실제 하나님의 권능 가운데 온 천하에 "주님이 되셨다"는 위대한 구원의 소식을 확증하셨하셨다. 결론으로 도드(Dodd)가 베드로와 바울의 복음선포(κήρυγμα) 중 특별히 "베드로의 복음설교"를 다음과 같이 여섯 가지 포인트로 요약한 것을 주목할 필요가 있다

　a. 성취의 시대(메시아의 시대)가 시작되었다.
　b. 이것은 성경의 약속대로 예수의 사역과 죽음과 부활을 통해 일어났다.

---

141. Marshall and Seifrid, 신약의 구약사용 주석 3권(사도행전 & 로마서), 133.

c. 예수는 주와 새 이스라엘의 머리로서 하나님 우편에 높이 올리심을 받았다.

d. 교회 안에서 성령의 활동은 그리스도가 현재 권능과 영광을 지니고 계시다는 표시다.

e. 메시아 시대는 머지않아 그리스도께서 다시 오심(재림)으로 완성될 것이다.

f. 회개하는 자들에게는 죄사함과 성령이 주어질 것이다.[142]

(3) 솔로몬 행각에서 한 복음선포(행 3:12-26)

베드로가 솔로몬 행각에서 한 설교(3:12-26)에는 다섯 번에 걸친 구약사용이 드러난다. 두 번에 걸친 명시적인 인용[22절(신 18:15), 25절(창 12:3)]과 세 번에 걸친 암시적 반영[13a절(출 3:16b), 13b절(사 52:13), 24절(삼하 7:12-13)]이다. 본문의 순서대로 살펴보도록 하자.

첫 번째 구약 사용(반영)은 출애굽기 3장 16b절로 "아브라함과 이삭과 야곱의 하나님 곧 우리 조상의 하나님"이다(행 3:13a). 이는 모세가 호렙산 떨기나무 아래서 하나님으로부터 부르심을 받을 때 하나님이 친히 자신을 소개한 이름이다. 이는 출애굽기 3장 16b절을 명시적으로 인용하진 않았을지라도 문자적인 변형을 반영한다. "여호와 너희 조상의 하나님 곧 아브라함과 이삭과 야곱의 하나님"(출 3:16b)을 단순

---

142. Dodd, *The Apostle Preaching and Its Developments*, 20-24.

히 순서만 바꾸어 베드로가 인용하고 있다. 스데반의 설교에서는 거의 문자적으로 "나는 네 조상의 하나님 즉 아브라함과 이삭과 야곱의 하나님"(행 7:32)이라고 인용한다. 누가는 "부활이 없다"고 주장하는 사두개인들과 논쟁하는 문맥에서 예수는 "죽은 자가 살아난다는 것은 모세도 가시나무 떨기에 관한 글에서 주를 아브라함의 하나님이요 이삭의 하나님이요 야곱의 하나님이심"(눅 20:37)을 출애굽기 3장 6절과 15절을 인용하여, 하나님은 "죽은 자의 하나님이 아니라 살아있는 자의 하나님이시라"(눅 20:38)는 부활의 논증 구절로 사용한다.[143]

두 번째 구약사용(반영)은 "곧 우리 조상의 하나님이 그의 종 예수를 영화롭게 하셨다"(행 3:13b)는 구절 속에서 "보라 내 종이 형통하리니 받들어 높이 들려서 지극히 존귀하게 되리라"는 이사야 52장 13절을 반영한다. 이는 이사야가 52장 13절 이하(사 52:13-53:12)에서 소개한 고난 받는 종, 메시아를 반영한다. 여호와 하나님의 종은 사도행전 3장 26절과 4장 30절에서 구체적으로 예수를 가리킨다. 13절에서 언급된 하나님의 종 예수는 14절에서는 "거룩하고 의로운 자"로, 15절에서는 "생명의 주"로, 23절에서는 "모세가 예언한 선지자 곧 메시아"로 증거된다. 여기서 "예수께서 영화롭게 되셨다"는 것이 요한에게는 그리스도의 '죽음'의 사건을 가리키지만(요 7:39; 12:16) 누가에게는 그리스도의 부활과 승천을 통한 '승귀'의 사건으로 해석되고 있다(눅 24:26). 종합적으

---

143. Marshall and Seifrid, *신약의 구약사용 주석 3권(사도행전 & 로마서)*, 139.

로 베드로는 자신의 솔로몬 행각에서 한 설교에서 성전 미문의 지체장애인(앉은뱅이)을 고치는 기적을 행할 수 있었던 것은 하나님이 예수를 높였기 때문이며 그 기적적인 치료는 그 영광에 대한 증거라고 말하고 있는 것이다.[144]

셋째, 베드로는 사도행전 3장 22-23절에서 모세가 예언한 '나 같은 선지자 하나'(신 18:15)를 인용한다.

신명기 18:15(LXX Dt 18:15)	사도행전 3:22-23(한글 개역개정)
네 하나님 여호와께서 너희 가운데 네 형제 중에서 너를 위하여 나와 같은 선지자 하나를 일으키시리니 너희는 그의 말을 들을지어다.	22 모세가 말하되 주 하나님이 너희를 위하여 너희 형제 가운데서 나와 같은 선지자 하나를 세울 것이니 너희가 무엇이든지 그의 모든 말을 들을지어다. 23 누구든지 그 선지자의 말을 듣지 아니하는 자는 백성 중에서 멸망 받으리라 하였고.
Dt 18:15(LXX)	GNT
15 προφήτην ἐκ τῶν ἀδελφῶν σου ὡς ἐμὲ ἀναστήσει σοι κύριος ὁ θεός σου αὐτοῦ ἀκούσεσθε	22 Μωϋσῆς μὲν εἶπεν ὅτι Προφήτην ὑμῖν ἀναστήσει κύριος ὁ θεὸς ὑμῶν ἐκ τῶν ἀδελφῶν ὑμῶν ὡς ἐμέ· αὐτοῦ ἀκούσεσθε κατὰ πάντα ὅσα ἂν λαλήσῃ πρὸς ὑμᾶς. 23 ἔσται δὲ πᾶσα ψυχὴ ἥτις ἐὰν μὴ ἀκούσῃ τοῦ προφήτου ἐκείνου ἐξολεθρευθήσεται ἐκ τοῦ λαοῦ.

베드로는 이제 영화롭게 되신 '하나님의 종' 예수를 모세가 신명기에

---

144. Ibid., 141.

서 말한 "너희를 위하여 너희 형제 가운데서 '나 같은 선지자' 한사람"이라고 한 메시아로 소개한다. 누구든지 '그 선지자'(행 3:23)의 말을 듣지 않으면 심판을 피할 수 없다는 엄중한 경고를 내린다(신 18:18-19). 결국 베드로가 한 복음선포의 핵심은 메시아에 대한 순종의 여부가 하나님의 백성 가운데 남느냐, 제외되느냐를 결정한다는 것이다.

스데반의 설교에서는 시내산의 광야교회의 문맥에서 "살아있는 말씀을 받아 우리에게 주던 자가 이 사람"(행 7:38)인데, 그는 "하나님이 너희 형제 가운데서 나와 같은 선지자를 세우리라 하던 자로 곧 이 모세라"(행 7:37)고 명백히 인용한다. 결국 신명기에 약속한 "나와 같은 선지자"는 모세로 상징되는 다른 대언자 곧 메시아를 가리키며, 이분은 곧 예수 그리스도라고 증거한다. 이는 예수의 변화산 사건에서도 암시된다(눅 9:35).

넷째, 베드로의 구약사용(반영)은 사무엘 이후의 모든 선지자는 '이때'를 예언했다고 말한다. '이때'는 다윗의 후손을 통해 영원한 다윗의 왕국을 세우시는 때(삼하 7:12-13)로 나단을 통한 하나님의 언약을 암시적으로 반영한다.[145] '이때'는 마지막 때에 예수 그리스도가 오셔서 구원하는 때로 출애굽 한 이후 선지자의 효시라 할 수 있는 사무엘 때로부터 그 후 일어난 모든 선지자들이 한 예언은 궁극적으로 예수 그리스도의 구속을 통해 시작되는 하나님 나라를 가리켰다. 누가는 그의 '먼저

---

145. Marshall and Seifrid, 신약의 구약사용 주석 3권(사도행전 & 로마서), 149.

쓴 글'(행 1:1a)에서 예수의 죽음과 부활의 사건은 "모세의 율법과 선지자의 글과 시편에 나를 가리켜 기록된 모든 것이 이루어져야 하리라"(눅 24:44b)라고 한 말의 성취라고 기록한다.

다섯째, 베드로의 구약사용(인용)은 사도행전 3장 25b절에서 아브라함의 씨로 말미암아 주어질 메시아의 축복(창 12:3)을 인용한다.

창세기 12:3c(LXX Ge 12:3c)	사도행전 3:25b(한글 개역성경)
땅의 모든 족속이 너로 말미암아 복을 얻을 것이라 하신지라.	아브라함에게 이르시기를 땅위의 모든 족속이 너의 씨로 말미암아 복을 받으리라 하셨으니
Ge 12:3c(LXX)	GNT
12:3c χ καὶ ἐνευλογηθήσονται ἐν σοὶ πᾶσαι αἱ φυλαὶ τῆς γῆς	3:25b λέγων πρὸς ᾽Αβραάμ, Καὶ ἐν τῷ σπέρματί σου [ἐν]ευλογηθήσονται πᾶσαι αἱ πατριαὶ τῆς γῆς.

베드로는 설교의 마지막 부분에서 너희 유대인은 "선지자들의 자손과 하나님이 이스라엘과 세운 언약의 자손"임을 상기시킨다(행 3:25a). 70인 역의 '천하 만민'(유대인들에게 이 말은 배타적으로 이방인을 가리킴)이 '모든 족속'으로 바뀌어 유대인도 포함되었다.[146] 그리고 모든 족속은 누구든지 아브라함의 씨(자손)인 메시아(갈 3:16)에게 순종을 통해 아브라함에게 약속된 복을 유업으로 받으리라고 약속한다(창 18:18; 22:18; 26:4; 28:14). 만약 불순종하면 그 대가를 받아야 하는 것처럼, 사도

---

146. Ibid., 150.

행전 3장 26절에서는 유대인이건 이방인이건 차별이 없이 "각각 그 악함을 버린 자", 곧 "회개하고 그리스도를 믿고 순종하는 자"에게 복이 주어 진다는 적용으로 설교를 마친다(롬 4:23-24).

(4) 산헤드린 공회에서 행한 첫 번째 변호(행 4:5-12)

산헤드린 공회에서 행한 첫 번째 변론(4:5-12)에서 구약 사용은 시편 118편 22절 한 절이다.

시편 118:22(LXX Ps 117:22)	사도행전 4:11(한글 개역성경)
건축자가 버린 돌이 집 모퉁이의 머릿돌이 되었나니	이 예수는 너희 건축자들의 버린 돌로서 집 모퉁이의 머릿돌이 되었느니라.
Ps 117:22(LXX)	GNT
22 λίθον ὃν ἀπεδοκίμασαν οι εἰς κεφαλὴν γωνίας	4:11 οὗτός ἐστιν ὁ λίθος, ὁ ἐξουθενηθεὶς ὑφ' ὑμῶν τῶ νοἰκοδόμων, ὁ γενόμενος εἰς κεφαλὴν γωνίας.

베드로는 산헤드린 공회 앞에 끌려가 첫 번째 변론을 감행하면서 시편 118편 22절을 인용한다. 시편 118편은 단일 시편으로는 신약에서 가장 많이 인용되는 시편으로 사복음서 저자 모두가 인용한 유일한 구약의 시편이다. 시편 118편은 하나님의 능하신 행적에 대한 감사와 찬송을 담아 일차적으로 감사 시편으로 분류된다.[147] 또한 이 시편은 예수

---

147. Lawson, Main Idea로 푸는 시편 2, 453.

의 승리의 예루살렘 입성, 배척당하심, 십자가에 못 박히심, 자신의 죽음을 통한 교회 모퉁이의 머릿돌이 되심으로 교회 설립을 예고하는 메시아 시편이다.[148] 본 시편을 예수와 제자들은 '돌'을 '메시아'에게 적용하지만, 동일한 선상에서 해석되는 탈굼의 시편에서는 그 '돌'은 '다윗'에게 적용되고 있다.[149] 사도 베드로는 사도행전 4장 10절에서 이스라엘 백성들을 고발하면서 너희가 죽인 예수를 하나님이 살리셨고 바로 그 예수가 성전미문의 앉은뱅이를 고치셨다고 증언한다. 그리고 11절에서 이스라엘의 배척과 버림에도 불구하고 하나님은 이 예수를 "너희 건축자들의 버린 돌로서 집 모퉁이의 머릿돌"이 되게 하셨다고 하여 시편 118편 22절의 성취로 해석한다. 시편 118편 23절에서는 "이는 여호와께서 행하신 것이요 우리 눈에 기이한 바로다"라고 증언함으로써 이스라엘 백성들이 십자가에 달아 죽인 예수를 하나님이 살리셔서 주와 그리스도가 되게 하시고 하나님나라의 새 백성을 창조하신 주춧돌로 삼으셨다고 증언한다. 연이어 베드로는 사도행전 4장 12절에서 그분은 죽음과 부활과 승귀를 통해 천하에 유일한 구원의 주가 되셨다고 선포한다. 바울은 에베소서 2장 20절에서 "그리스도 예수께서 친히 모퉁이 돌"이 되셔서 사도들과 선지자들의 터인 교회의 기초가 되셨다고 하여 시편 118편 22절을 인용한다. 베드로도 교회의 기초가 되신 예수를

---

148. Ibid., 453.

149. Marshall and Seifrid, *신약의 구약사용 주석 3권(사도행전 & 로마서)*, 156.

"보배로운 산돌이신 예수"(벧전 2:4)로 소개하면서 시편 118편 22절을 인용한다(벧전 2:7). 그리고 믿는 성도에게는 예수가 보배가 되시지만 믿지 않고 거절한 자들에게는 "부딪히는 돌과 넘어지게 하는 바위"(사 8:14)가 될 것이라고 경고한다(벧전 2:8). 예수는 악한 농부의 비유(마 21:33-46; 막 12:1-12; 눅 20:9-19)에서 포도원과 이스라엘을 주제로 다룬다.[150] 추수 때 자신들의 땅 주인에게 그들의 소득을 바치지 않은 종들은 이스라엘의 부패한 지도자들을 상징한다. 이 비유의 원배경은 이사야 5장 1-7절이다. 여기서 예수의 비유의 핵심은 이사야 시대의 부패한 지도자들에 대한 심판이지만 예수 당시의 이스라엘과 그 지도자들에게 내리실 가혹한 심판을 상징한다.[151] 예수는 이스라엘의 타락한 지도자들과 부패한 백성들에 대한 심판으로 시편 118편 22절을 인용(마 21:42; 막 12:10; 눅 20:17)하면서 예수 자신의 정체성을 "메시아와 하나님의 아들로 암시하고 자신의 사역을 배척과 희생 그리고 죽음의 승리를 통한 권능의 자리로 회복하실 것"[152]을 암시하였다. 종합해 보면 건축자들이 버린 돌은 사람들에게 배척당하지만 예수 그리스도는 교회의 가장 중요한 머릿돌로 하나님께 선택됨을 예고한 것이다(행 4:11; 엡 2:20; 벧전 2:7).

---

150. Craig Blomberg and Rikk E. Watts, *신약의 구약사용 주석시리즈 1권(마태 & 마가복음)*. (서울: 기독교문서선교회, 2010), 208.

151. Ibid., 209.

152. Ibid., 216.

(5) 산헤드린 공회에서 행한 두 번째 변호(행 5:27-32)

다섯 번째 베드로의 복음선포는 산헤드린 공회에서 행한 두 번째 변론(행 5:27-32)이다. 여기서는 직접적인 구약 인용은 없으나 "예수를 나무에 달아 죽인 자들"(행 5:30a)로 유대인들을 고발하는 장면에서 신명기 21장 22-23절을 간접적으로 반영한다. 원래 모세의 신명기 말씀은 형을 집행하고 난 뒤 죄인의 시체를 기둥이나 나무에 매달아 두던 관습을 반영한다. 이것은 처형당한 죄인의 몸을 내보이는 관습인데 이러한 공개적인 굴욕과 수치는 그 사람이 하나님의 저주를 받았다는 사실에 상응한다.[153] 바울은 갈라디아서 3장 13절에서 죽을 죄를 지어 나무 위에 달린 죽음이 저주를 의미한다는 구약의 관습에서 아이디어를 가져와 나무에 달려 죽으신 그리스도의 죽음에 이 말씀을 적용한다. 다시 말해서 바울은 신명기의 "나무에 달린 자"는 "저주 아래 있는 자"(신 21:23)라고 명료하게 해석하였다. 여기서 사도 베드로는 "너희가 나무에 달아 죽인 예수"(행 5:30a)에 대한 묘사는 유대인들로부터 당한 모욕과 수치에도 불구하고 하나님이 예수를 살리심으로 예수 그리스도의 십자가의 사건이 저주받은 수치스런 죽음이 아니라 하나님이 행하신 의로운 죽음임을 입증한다. 리스(Rese)는 "신명기 21장 23절을 바탕으로 하는 십자가형의 신학적 의미는 분명하지 않지만, 이것이 의미하

---

153. Marshall and Seifrid, *신약의 구약사용 주석 3권(사도행전 & 로마서)*, 165.

는 것은 너희가 그를 십자가에 못 박아서 하나님의 저주 아래 두었다고 생각하지만 실제로는 하나님이 그를 높이셨다"는 뜻이라고 주장한다.[154] 신약의 다른 성경에 나타난 '나무에 달아 죽인 자'라는 개념은 갈라디아서 3장 13절 외에도 사도행전 10장 39절과 베드로전서 2장 24절에서도 동일하게 암시된다. 또한 베드로는 계속해서 하나님께서 "그를 오른손으로 높이사 임금과 구주로 삼으셨다"(행 5:31)고 증언한다. 예수를 하나님이 오른손으로 높이는 것은 예수의 부활과 높이 들림을 의미한다 (요 3:14; 8:28; 12:32; 빌 2:9). 하나님의 오른손은 구약의 표현으로 하나님께서 능력으로 행하신다는 의미이다. 도드(Dodd)는 하나님이 예수를 오른 손으로 높이셨다는 이 말씀의 배경을 시편 118편 16절에 나타난 "주의 오른손이 나를 높이셨도다" 는 말씀의 반영이라고 한다. 그것은 바로 뒤에 나오는 말 "내가 죽지 않고 살아서 여호와께서 하시는 일을 선포하리라"(시 118:17)는 말을 주목하기 때문이다. 즉 이 두 구절의 문맥에서 도드(Dodd)는 '여호와의 오른손'은 도구의 차원에서 부활의 수단으로 이해하였으며, 이는 예수와 제자들이 이 시편을 자주 승귀의 문맥에서 사용했기에 상당한 설득력이 있다고 해석한다.[155]

(6) 이방인 고넬료를 향한 설교(행 10:34-43)

---

154. Ibid., 165.

155. Ibid., 129.

여섯 번째 베드로의 복음선포는 "이방인 고넬료를 향한 설교"(행 10: 34-43)이다. 여기서도 직접적인 구약 '인용'은 없고, 세 구절[38a절(사 61:1), 39절(신 21:22-23), 40절(호 6:2)]에서 구약의 '암시'와 '반영'이 나타난다.

첫째, 사도행전 10장 38a절에서 예수를 하나님이 '기름 부은 자'로 묘사한 것은 누가복음 4장 18절을 반영한 것으로 이는 이사야 61장 1절에 기반을 둔다. 비록 여기에서 주제어인 '아름다운 소식'($\epsilon\dot{\upsilon}\alpha\gamma\gamma\epsilon\lambda\dot{\iota}\zeta o\mu\alpha\iota$)이 없을지라도 전체적인 문맥에서 베드로는 좋은 소식을 전하기 위해 하나님으로부터 기름부음을 받은 자로 예수를 소개한다.[156] 브루스(Bruce)는 하나님께서 나사렛 예수에게 메시아의 사역을 감당하도록 "성령과 능력 곧 주의 성령의 능력"을 부으셔서 사역하게 하신 것을 이사야 61장 1절의 예언의 성취로 해석한다.[157]

둘째, 사도행전 10장 39절에서 "그들이 나무에 달아 죽였다"(신 21: 22-23)는 문구는 사도행전 5장 30절에서 살펴본 대로 재차 반복한다.

셋째, 사도행전 10장 40절에서 하나님이 예수를 "사흘 만에 살리신 사건"(눅 9:22)을 언급하는데, 이는 호세아 6장 2절의 문구와 유사하다. 여기서 '사흘 만에 다시 살리셨다는 것'(행 10:40a)은 죽음의 확실성을 증언하고, '미리 택하신 자들에게 나타나신 것'(행 10:40b-41)은

---

156. Ibid., 228-229

157. Bruce, *The Book of the Acts*, 226-227.

부활의 확실성을 강조한다. 결론적으로 베드로가 고넬료의 가정에서 설교하면서 구약의 세 구절을 반영한 것은, 예수 그리스도의 죽음과 부활의 사건은 구약의 메시아 언약에 대한 성취로 "그를 믿는 사람들이 다(유대인이나 이방인이나 차별함 없이) 그의 이름을 힘입어 죄사함을 받게 하기 위한 것"이었다(행 10:43b).

(7) 산헤드린 공회에서 행한 변호(행 11:1-18)

일곱 번째 베드로의 복음선포는 산헤드린 공회에서 행한 두 번째 변론(행 11:1-18)이다. 11장의 베드로의 변호는 사도행전 10장의 이야기를 요약한다. 여기서도 직접적인 구약 인용은 없고, 한 구절(8절)에서 구약 두 곳(겔 4:14; 레 11장)의 암시와 반영이 나타난다.[158] 먼저, 사도행전 11장 8절은 10장 14절의 대응구절로 여기서 베드로는 부정한 것을 결코 먹은 적이 없다고 하나님께 고백한다. 이는 에스겔 4장 14절을 반영한다.[159] 에스겔 4장은 에스겔 선지자의 세 가지 상징적인 행동(토판, 돌아눕기, 부정한 음식 먹기)을 통하여 남북 이스라엘의 불순종에 대한 하나님의 심판을 기록한다. 에스겔은 불순종한 이스라엘 백성들이 부정한 이방민족에게 포로로 잡혀갈 일에 대한 징표로 인분 불에 구운 보리떡, 즉 더럽혀진 부정한 떡을 먹으라고 할 때 에스겔이 그것을

---

158. Marshall and Seifrid, *신약의 구약사용 주석 3권(사도행전 & 로마서)*, 223-224.

159. Ibid., 223

거부한다(겔 4:14). 나아가 여기서 '깨끗하지 아니한 것'은 '불결한 것' (ἀκάθαρτον)이란 뜻이며, 레위기 음식 규례(11장)에 비추어 보았을 때 부정하여 식용으로 금한 것을 의미한다. 참고로 레위기 11장에는 '부정'(ἀκάθαρτος)하고 '혐오'(βδέλυγμα)한 것으로 간주되는 짐승의 총목록이 기록되어 있다.[160]

(8) 예루살렘 총회에서 한 복음선포(행 15:6-11)

마지막 베드로의 복음선포는 "예루살렘 총회 연설"(행 15:6-11)이다. 여기에는 구약의 직접 인용(citation)이나 간접 암시(allusion) 혹은 반영(echoes)이 나타나지 않는다.

3) 베드로가 인용한 구약사용의 결론

베드로의 여덟 편의 복음선포에는 여덟 곳에서 구약의 직접인용(citation)이 나타난다(시 69:25; 109:8; 욜 2:28-32; 시 16:8-11; 110:1; 신 18:15; 창 12:3b; 시 118:22). 열한 곳에서는 암시(allusion)와 반영(echoes)이 나타난다(시 132:11; 89:3b-4; 출 3:16b; 사 52:13; 삼하 7:12-13; 신 21:22-23; 사 61:1; 신 21:22-23; 호 6:2; 겔 4:14; 레 11장).

그리고 다른 신약성경에 사용된 열일곱 곳의 구약사용도 간략하게

---

160. Ibid., 224

살펴보았다(표3 참조). 베드로와 다른 신약의 기자들이 사용한 구약의 거의 모든 본문들은 "구약에서 약속한 메시아에 대한 언약이 그리스도의 죽음과 부활을 성취"하는 목적으로 사용되었다.

3. 바울의 복음선포에 나타난 구약 사용

1) 바울이 인용한 구약사용의 도표

바울이 설교한 열편의 복음선포(설교, 강론, 변론, 변호, 연설)에서 인용한 구약의 사용들과 다른 신약성경에 쓰인 용례를 도표로 정리하면 다음과 같다.

바울의 복음선포	구약 (직접 인용)	구약 (암시/반영)	신약의 다른 본문에서의 구약사용 용례들
1. 13:13-41	시 89:20; 삼상 13:14b; 시 2:7; 16:10; 사 55:3; 49:6; 합 1:5	삼하 7:12; 말 3:1-2; 시 107:20	눅 2:32
2. 14:15-18	X	렘 2:5; 수 3:10; 렘 5:24	X
3. 17:01-09	X	X	눅 24:26-27; 행 26:22-23
4. 17:22-31	X	사 44:9; 66:1; 시 50:7-15; 시 14:2; 96:13	X
5. 20:17-25	X	겔 3:18-21; 시 100:3; 신 33:3-4	X
6. 22:01-21	X	신 28:29; 출 3:6; 욜 2:32	X
7. 23: 01-11	출 22:28	겔 13:8-15	마 22:29
8. 24: 01-23	X	단 12:2-3, 창 3:4	X
9. 26:01-23	X	겔 2:1-4; 사 42:7; 사 53장	X
10. 28:16-28	사 6:9-10	시 98:3	마 13:13-35; 요 12:39-40; 롬 11:8

〈표 4〉 바울이 인용한 구약 사용표[161]

---

161. Marshall and Seifrid, 신약의 구약사용 주석 3권(사도행전 & 로마서), 232-284.

2) 바울이 인용한 구약사용의 의미와 강조점

바울이 10편의 복음선포에 사용한 구약의 용례들을 먼저 살펴보도록 하자. 그리고 다른 신약성경에 사용된 용례들도 간략히 살펴보도록 하자.

(1) 비시디아 안디옥에서 한 복음선포(행 13:16-41)

이곳에서는 최소 열 번에 걸쳐 구약사용이 드러난다. 일곱 번에 걸친 명시적인 인용[22절(시 89:20, 삼상 13:14b), 33절(시 2:7), 34절(사 55:3), 35-37절(시 16:10), 41절(합 1:5), 47절(사 49:6)]과 세 번의 암시적인 반영[23절(삼하 7:12), 24절(말 3:1-2), 26절(시 107:20)]이 나타난다. 직접적인 '인용'과 간접적인 '반영'의 구별은 "증언하여 이르시되(22절), 기록한 바와 같이(33절), 가르쳐 이르시되(34절), 일렀으되(35절, 41절), 명하시되…… 하셨느니라(47절)"로 묘사된 명시적인 관용구들의 유무로 식별한다.[162] 물론 이런 명시적인 관용구가 없이 인용되는 구절도 있다. 그럼 구약의 인용 구절들을 먼저 살펴보고 나중에 암시적인 구절들을 살펴보도록 하자.

첫 번째 구약 인용은 시편 89편 20절과 사무엘상 13장 14b절의 조합

---

162. Beale, *신약의 구약 사용 핸드북. (서울: 부흥과 개혁사, 2013)*, 61-63.

으로 사도행전 13장 22절에서 드러난다.[163]

시편 89:20(LXX 88:21)/ 삼상 13:14b	사도행전 13:22(한글 개역개정)
20a 내가 내 종 다윗을 찾아내어 20b 나의 거룩한 기름을 그에게 부었도다 (시 89:20). 14b 여호와께서 그의 마음에 맞는 사람을 구하여 여호와께서 그를 그의 백성의 지도 자로 삼으셨느니라 하고(삼상 13:14b).	22a (그를) 폐하시고 22b 다윗을 왕으로 세우시고 증언하여 이르시되 22c 내가 이새의 아들 다윗을 만나니 22d 내 마음에 맞는 사람이라 내 뜻을 다 이루리라 하시더 니.
Ps 88:21; 1Sa 13:14bc(LXX)	GNT
Ps88:21a εὗρον Δαυιδ τὸν δοῦλόν μου Ps88:21b ἐν ἐλαίῳ ἁγίῳ μου ἔχρισα αὐτόν 1Sa:14bc καὶ ζητήσει κύριος ἑαυτῷ ἄνθρωπον κατὰ τὴν καρδίαν αὐτοῦ καὶ ἐντελεῖται κύριος αὐτῷ εἰς ἄρχοντα ἐπὶ τὸν λαὸν αὐτοῦ ὅτι οὐκ ἐφύλαξας ὅσα ἐνετείλατό σοι κύριος	22a καὶ μεταστήσας αὐτὸν 22b ἤγειρεν τὸν Δαυὶδ αὐτοῖς εἰς βασιλέα ᾧ καὶ εἶπεν μαρτυρήσας, 22c Εὗρον Δαυὶδ τὸν τοῦ Ἰεσσαί, 22d ἄνδρα κατὰ τὴν καρδίαν μου, ὃς ποιήσει πάντα τὰ θελήματά μου.

바울은 먼저 애굽에서 나그네 된 이스라엘 백성들이 출애굽하여 광야 생활을 거쳐 약속의 땅 가나안에 도착하기까지 약 450년의 시간이 걸렸다고 서술한다(행 13: 17-20). 그 후에 그들이 왕을 구하기에 하나님은 그들이 원하는 대로 베냐민 지파 기스의 아들 사울을 첫 번째 왕으로 주었다. 하지만 사울왕의 불순종으로 왕위를 폐하고(21절) 하나

---

163. Marshall and Seifrid, 신약의 구약사용 주석 3권(사도행전 & 로마서), 238.

님의 마음에 드는 다윗을 왕으로 세우셨다(22절). 이곳 22절에서 바울은 두 구절의 구약을 조합(시 89:20와 삼상 13:14b)하여 "증언하여 이르시되"($\epsilon\hat{\iota}\pi\epsilon\nu$ $\mu\alpha\rho\tau\nu\rho\eta\sigma\alpha\varsigma$)라는 도입구(22b절)를 사용하여 인용한다. 바울은 "다윗을 왕으로 세우시고 증언하여 이르시되 내가 이새의 아들 다윗을 만나니"(22b-c절)라는 시편 89편 20절의 "내가 내 종 다윗을 찾아내어 나의 거룩한 기름을 그에게 부었도다"를 거꾸로 의역하여 인용한다. 즉 "다윗을 왕으로 세운 것"(행 13:22b절)은 시편 89편의 "나의 거룩한 기름을 부은 것"이고(20b절), "내가 이새의 아들 다윗을 만난 것"(행 13:22c)은 시편 89편의 "내가 내 종을 찾아 낸 것"이다(20a절). 사도행전 13장 22d절은 사무엘상 13장 14b절을 인용한 것이다. "내 마음에 맞는 사람"은 사무엘상 13장 14절에서 하나님이 사울에게 전한 말씀을 살짝 인용한 것이다.[164] 마샬(Marshall)은 "다윗에 대한 칭찬은 다윗의 후손인 그리스도를 예표로 세우기 위한 것으로 다윗의 혈통에서 그리스도의 신뢰성을 세우기 위한 목적"이라고 말한다.[165]

두 번째 구약 인용은 시편 2편 7b절로 "시편 둘째 편에 기록한 바와 같이 너는 내 아들이라 오늘 너를 낳았다 하셨고"이다(행 13:33b).
바울은 비시디아 안디옥 설교에서 이스라엘의 역사를 개괄한 후에(13:

---

164. Marshall and Seifrid, *신약의 구약사용 주석 3권(사도행전 & 로마서)*, 238.
165. Ibid., 239.

16-25), 예수의 죽음과 부활을 통해 하나님이 성경에 미리 약속하신 구원의 말씀을 성취하셨다고 선포한다(13:26-30). '그들'(갈릴리로부터 예루살렘에 올라와서 그리스도가 부활 하신 후에 나타남을 본 증인들)과 '우리'(열 한 사도들)가 십자가와 부활의 증인으로 하나님의 성취된 약속을 선포하는 문맥(13:31-32)에서 세 번의 명시적인 구약인용이 나타난다. 바울이 인용한 시편 2편 7b절은 하나님의 아들 메시아의 시편인데 "하나님이 예수를 일으키신 부활에 대한 약속의 성취"(행 13:33a)로 해석한다.[166] 바울은 여기서 하나님께서 다윗에게 한 약속 곧 그 위가 견고하게 될 다윗의 후손(삼하 7:12-13; 행 13:23)은 하나님의 아들이 될 것이라는 메시아의 약속(시편 2편)과 절묘하게 조합하여 이 구원의 약속이 예수의 부활로 성취되었음을 보여준다.[167]

시편 2:7b(LXX Ps 2:7bc)	사도행전 13:33b(한글 개역개정)
여호와께서 내게 이르시되 너는 내 아들이라 오늘 내가 너를 낳았도다.	시편 둘째 편에 기록한 바와 같이 너는 내 아들이라 오늘 너를 낳았다 하셨고.
Ps 2:7bc(LXX)	GNT
κύριος εἶπεν πρός με υἱός μου εἶ σύ ἐγὼ σήμερον γεγέννηκά σε	ὡς καὶ ἐν τῷ ψαλμῷ γέγραπται τῷ δευτέρῳ, Υἱός μου εἶ σύ, ἐγὼ σήμερον γεγέννηκά σε.

---

166. Ibid., 241.

167. Stott, 땅 끝까지 이르러, 264.

세 번째 바울의 구약 인용은 "다윗의 거룩하고 미쁜 은사"(34절)에 대한 이사야 55장 3b절의 인용으로 "하나님께서 죽은 자 가운데서 그를 일으키사 다시 썩음을 당하지 않게 하실 것"(행 13:34a)을 가르쳐 이르신 말씀이다.

이사야 55:3b(LXX Isa 55:3b)	사도행전 13:34b(한글 개역개정)
내가 너희를 위하여 영원한 언약을 맺으리니 곧 다윗에게 허락한 확실한 은혜이니라	가르쳐 이르시되 내가 다윗의 거룩하고 미쁜 은사를 너희에게 주리라 하셨으며
Isa 55:3b(LXX)	GNT
καὶ διαθήσομαι ὑμῖν διαθήκην αἰώνιον τὰ ὅσια Δαυιδ τὰ πιστά	οὕτως εἴρηκεν ὅτι Δώσω ὑμῖν τὰ ὅσια Δαυὶδ τὰ πιστά.

하나님이 이사야 55장에서 보여준 은혜는 이스라엘 백성과 맺은 하나님의 영원한 언약으로 이는 다윗을 향한 신실한 사랑의 행동으로 드러난다. 시편 16편에서 다윗에게 주어진 언약은 "너희"(사 55장)에게로 전환되었고, 따라서 이는 다윗이 아닌 메시아를 가리킨다. 이것은 "우선적으로 죽은 자 가운데서의 부활에 대한 약속이며 영원히 썩지 않음에 대한 약속"이다.[168] 이 축복은 오직 다윗의 후손(메시아)이 부활했기 때문에 확실하고 영원한 것이 되었다.

---

168. Marshall and Seifrid, 신약의 구약사용 주석 3권(사도행전 & 로마서), 245.

네 번째 구약사용은 사도행전 13장 35절에서 "주의 거룩한 자를 멸망시키지 않으실 것임이니라"는 시편 16편 10절의 인용이다.

시편 16:10b(LXX 시 15:10)	사도행전 13:35(한글 개역개정)
주의 거룩한 자를 멸망시키지 않으실 것이니이다	또 다른 시편에 일렀으되 주의 거룩한 자로 썩음을 당하지 않게 하시리라 하셨느니라
Ps 15:10b(LXX)	GNT
οὐδὲ δώσεις τὸν ὅσιόν σου ἰδεῖν διαφθοράν	διότι καὶ ἐν ἑτέρῳ λέγει, Οὐ δώσεις τὸν ὅσιόν σου ἰδεῖν διαφθοράν.

예수의 부활은 시편 16편 10절의 성취이다. 바울은 34절에서 "일으키심을 당한 예수는 결코 썩을 수 없다"고 해석한다. 이제 35절에서 바울은 멸망할 수 없는 '주의 거룩한 자는' '다윗'이 아니라 33절에서 말하는 '메시아 예수'라고 증언한다. 다윗은 이미 죽어서 땅에 묻혀 썩었기 때문이다(36절). 따라서 바울은 다윗이 쓴 시편 16편은 더 이상 죽은 다윗에게 적용될 수 없고 하나님이 친히 일으키신 '부활하신 예수 그리스도'께 적용한다(37절). 여기에서 바울의 강조점은 "부활한 예수께서 계속적으로 썩음을 당치 않을 것이라"[169]는 것이다.

---

169. Ibid., 246.

다섯 번째 구약사용은 41절에서 아래와 같이 하박국 1장 5절을 인용한다.

하박국 1:5(LXX Hab 1:5)	사도행전 13:41(한글 개역개정)
여호와께서 이르시되 너희는 여러 나라를 보고 또 보고 놀라고 또 놀랄지어다 너희의 생전에 내가 한 가지 일을 행할 것이라 누가 너희에게 말할지라도 너희가 믿지 아니하리라.	일렀으되 보라 멸시하는 사람들아 너희는 놀라고 멸망하라 내가 너희 때를 당하여 한 일을 행할 것이니 사람이 너희에게 일러줄지라도 도무지 믿지 못할 일이라 하였느니라 하니라.
Hab 1:5(LXX)	GNT
ἴδετε οἱ καταφρονηταί καὶ ἐπιβλέψατε καὶ θαυμάσατε θαυμάσια καὶ ἀφανίσθητε διότι ἔργον ἐγὼ ἐργάζομαι ἐν ταῖς ἡμέραις ὑμῶν ὃ οὐ μὴ πιστεύσητε ἐάν τις ἐκδιηγῆται	Ἴδετε, οἱ καταφρονηταί, καὶ θαυμάσατε καὶ ἀφανίσθητε, ὅτι ἔργον ἐργάζομαι ἐγὼ ἐν ταῖς ἡμέραις ὑμῶν, ἔργον ὃ οὐ μὴ πιστεύσητε ἐάν τις ἐκδιηγῆται ὑμῖν.

이제 바울은 설교의 결론부(38-41절)에서 유대인과 하나님을 경외하는 이방인들이 반드시 알아야 할 것을 교훈하면서 복음에로 초대한다. 이 복음은 예수를 믿음으로 죄사함을 얻는 구원의 복음으로(38절), 믿음으로 의롭게 되는 칭의의 복음이며(39절), 선지자들의 말씀을 소홀히 여기는 자들에 대한 심판의 복음(40절)이다. 바울은 41절에 나타난 심판에 대한 경고문맥에서 하박국 1장 5절의 말씀을 인용한다. 예수 그리스도의 복음을 비웃는 자들에게는 마치 하박국 시대에 불순종하는 이스라엘을 바벨론을 통해 심판하셨듯이, 하나님이 "너희 때를 당하여 한 일을 행하심"(41b절)으로 그들을 심판하시겠다고 경고한다. 여기 '하나님이

행하신 한 일'은 넓은 문맥에서 "사도적 전도"를 가리키는 사역이다.[170]

여섯 번째 바울의 구약사용은 47절에서 이사야 49장 6b절을 인용한다.

이사야 49:6b(LXX Isa 49:6b)	사도행전 13:47(한글 개역개정)
내가 또 너를 이방의 빛으로 삼아 나의 구원을 베풀어서 땅 끝까지 이르게 하리라.	주께서 이같이 우리에게 명하시되 내가 너를 이방의 빛으로 삼아 너로 땅 끝까지 구원하게 하리라 하셨느니라 하니.
Isa 49:6b(LXX)	GNT
ἰδοὺ τέθεικά σε εἰς διαθήκην γένους εἰς φῶς ἐθνῶν τοῦ εἶναί σε εἰς σωτηρίαν ἕως ἐσχάτου τῆς γῆς	οὕτως γὰρ ἐντέταλται ἡμῖν ὁ κύριος, Τέθεικά σε εἰς φῶς ἐθνῶν τοῦ εἶναί σε εἰς σωτηρίαν ἕως ἐσχάτου τῆς γῆς.

비시디아 안디옥에서 바울의 설교가 끝나자 많은 사람들이 호의적인 관심을 갖고 "다음 안식일에도 이 말씀을 하라"(42절)고 간청한다. 그래서 "그 다음 안식일"(44a절)에 바울과 바나바가 다시 하나님의 말씀을 전했는데 유대인들의 격렬한 비방과 반대에 부딪힌다(45절). 결국 유대인들의 불신은 사도들이 이방인에게 가서 복음을 전하도록 허락하는 이방 선교의 근거가 된다(46절). 바울은 47a절에서 "내가 너를 이방의 빛으로 삼아"에서 이사야 49장 6b절을 인용하는데, 여기서 '나'는 '하나님'이요 '너'는 하나님 종으로 기름부음을 받은 '메시아'를 지칭한다.

---

170. Marshall and Seifrid, 신약의 구약사용 주석 3권(사도행전 & 로마서), 248.

'이방의 빛'(φῶς ἐθνῶν)은 분명히 '이방을 위한 빛'을 의미한다.[171] 47b절은 땅 끝까지 메시아가 구원을 가져다 줄 것을 간략하게 표현한 것이다. 특별히 '이방의 빛'은 누가복음 2장 32절의 중요한 반영을 묘사하는데, 이 용어가 '예수'께 사용된다. 여기서 이사야 선지자가 가리키는 '여호와의 종'(너)의 선교가 예수에 의해 성취되고 그의 사도들에 의해 "예루살렘에서 시작하여 모든 족속에게 전파"(눅 24:47)되는 땅 끝 선교까지의 중요한 배경이 된다.[172]

이제부터는 바울이 사용한 세 구절의 간접적인 구약 반영(혹은 암시)을 살펴보도록 하자.

첫 번째 구약의 반영은 23절에서 '하나님의 약속'대로 다윗의 후손에서 이스라엘을 위하여 구주가 나신 것에 대한 언급이다. 여기서 '하나님의 약속'은 나단 선지자를 통해 다윗에게 주신 사무엘하 7장 12절의 약속이다. 하나님은 다윗에게 "내가 네 몸에서 날 네 씨를 네 뒤에 세워 그의 나라를 견고하게 하리라"(삼하 7:12)라고 약속하셨다. 사무엘하 7장 13절에서 다윗의 씨가 이어받을 나라는 "영원히 견고한 나라"다. 따라서 다윗의 씨는 솔로몬이 아니라 다윗의 후손(씨)으로 이 땅에 오실 메시아 예수를 통해 이루실 하나님나라였다(갈 3:16). 바울은 사도행전 13장 23절에서 "이 사람(다윗)의 후손에서 이스라엘을 위하여 구주

---

171. Ibid., 249.
172. Ibid., 249.

를 세우셨으니 곧 예수"라고 명료하게 밝힌다. 바울은 22절에서 사울 왕을 폐하신 하나님께서 하나님의 마음에 맞는 다윗 왕을 세우신 것을 언급하고 곧바로 23절에서 다윗왕은 구주 예수의 예표임을 설명한다. 예수 그리스도의 오심은 아브라함과 다윗의 후손으로 오실 메시아 언약에 대한 성취인 것이다.

두 번째 구약의 반영은 24절에 메시아의 전령으로 보냄을 받은 세례요한에 대한 언급이다.[173] 오늘 사도행전 13장 24a절은 그(메시아)가 오시기에 앞서 요한이 먼저 와야 한다고 말한다. 이는 종말의 구원자 메시아를 보내시기 전에 하나님은 메시아의 전령으로 자신의 사자를 보내시겠다고 말라기 3장 1-2절에서 약속하셨기 때문이다. 그런데 하나님이 보내셔서 주의 길을 미리 예비할 사자가 말라기 4장 5절에서는 '선지자 엘리야'로 언급된다. 그런데 메시아의 전령으로 엘리야 선지자가 다시 올 것이라는 구약의 마지막 약속은 "그가 다시 살아서 돌아온다"는 말이 아니다. 누가는 1장 17절에서 "엘리야의 심령과 능력으로 주 앞에 먼저 와서 주를 위하여 주의 길을 준비하는 일을 하는 세례요한"을 가리키는 것이라고 증언한다. 실제로 말라기 3장 1절과 4장 5절이 가리키는 메시아의 전령 엘리야는 세례요한이라고 예수는 마태복음 11장 14절에서 말한다. "만일 너희가 즐겨 받을진대 오리라 한 엘리야가 곧 이 사람 세례요한이다." 따라서 세례요한은 자신이 그

---

173. Ibid., 240.

리스도가 아니고 "내 뒤에 오시는 그리스도의 전령으로 감히 그 발의
신발 끈을 풀기도 감당할 수 없는 자"(25절)라고 분명하게 자신의
정체성을 밝힌다. 예수 그리스도가 등단하시기 전에 사복음서에 공히
등장하는 세례요한은 구약에서 약속한 엘리야로 하나님의 약속의 확
실한 성취가 되는 것이다.

세 번째 구약의 반영은 26절에서 '구원의 말씀'을 하나님께서 우리
에게 보내신 사건이다. 이는 "그가 그의 말씀을 보내어 그들을 고치
시고 위험한 지경에서 건지시는도다"라는 시편 107편 20절을 반영하고
있다.[174] 예수의 위대한 구원사역은 26절에 연이어 27-30절에서 그분
의 죽음과 부활을 통해 이루어졌으며, 이 두 사건은 모두 하나님이 성
경에서 미리 말씀하신 성취라고 바울은 설명한다(27-29절).

결론적으로, 바울의 첫 번째 비시디아 안디옥의 설교는 일곱 개의 구
약 인용(citation)과 세 개의 구약성경을 반영(echoes)하여 예수가 다윗
의 후손으로 오실 메시아이시며, 그 분의 죽음과 부활사건은 곧 하나
님이 약속하신 구원의 사건으로 하나님의 약속을 성취하신 것이라고
증언한다. 특별히 바울은 명시적인 일곱 개의 구약 인용구 가운데 세 개
(시 2:7b; 사 55:3b; 시 16:10)를 그리스도의 부활 사건에 대한 약속과 성
취의 증거 구절로 제시한다. 나머지 네 구절은 각각 다윗을 왕으로 세우
신 사건(시 89:20; 삼상 13:14b), 복음을 멸시한 자들에 대한 심판(합1:5),

---

174. Ibid., 240.

그리스도를 이방의 빛으로 세우신 사건(사 49:6)에 할애하였다.

(2) 루스드라에서 한 복음선포(행 14:15-18)

여기서는 직접적인 구약 인용은 없고, 세 구절[15b절(렘 2:5), 15c
절(수 3:10), 17절(렘 5:24)]에서 구약의 암시와 반영이 나타난다.

첫째, 사도행전 14장 15b절에서 '헛된 일'(μάταιος)은 우상을 묘사
하는 방법으로 구약의 여러 곳(레 17:7; 대하 11:15; 렘 2:5)에서 발견
된다.[175] 바울과 바나바가 1차 선교여행 중에 루스드라에서 나면서
지체장애인(앉은뱅이)이 된 사람을 고치자 제우스 신당의 제사장들이
두 사도를 신격화하려는 우상숭배에 직면한다. 이에 두 사도는 반발하
며 옷을 찢고 무리들을 말리면서 복음을 선포한 설교다. 먼저 바울은
그들과 똑같은 사람이라고 자신의 정체를 밝힌 다음에(행 14:15a)
그들에게 복음을 전하는 것은 "이런 헛된 일을 버리고"(14:15b) 만물을
지으신 살아계신 하나님께로 돌아오게 함이라고 선포한다. 바울은
여기서 우상숭배는 '헛된 일'이라고 규정하고 그것을 버리고 참되신
하나님께 돌아오라고 회개를 촉구한다. 특별히 구약에서 하나님은 모
든 소산의 첫 열매처럼 이스라엘을 구별하여 아끼고 사랑하였지만(렘
2:1-3), 이스라엘 참 신이신 여호와 하나님을 멀리하고 무익한 우상을
헛되이 경배한 것을 예레미야 선지자를 통해 책망한다. "너희 조상들

---

175. Ibid., 250.

이 내게서 무슨 불의함을 보았기에 나를 멀리하고 가서 헛된 것을 따라 헛되이 행하였느냐"(렘 2:5)고 책망하면서 이스라엘의 불가피한 심판을 을 선포한다. 여기서 예레미야는 우상숭배를 "헛된 것(5절), 더럽고 역겨운 것(7절), 무익한 것(8절)"으로 규정한다(렘 2:4-8).

둘째, 사도행전 14:5c에서 "살아계신 하나님"은 여호수아 3장 10절을 반영한다.[176] 바울은 복음을 듣고 이런 헛된 우상숭배를 버리고 "천지와 바다와 그 가운데 만물을 지으신 살아계신 하나님께로 돌아오라"(행 14:5c)고 권면한다. 바울은 루스드라의 이방인들에게 하나님은 살아계신 분으로 천지만물을 지으신 창조주요 살아계신 예배의 대상이라고 선포한다. 그러니 거짓된 우상을 버리고 천지의 주재가 되신 창조주께 돌아와서 그분을 예배하라고 촉구한다. 구약에서는 특히 하나님을 죽은 우상과 비교할 때 자주 하나님을 "살아계신 분"(수 3:10; 신 5:26; 삼상 17:26)으로 묘사한다.[177] 예를 들면 여호수아가 요단강을 건너 가나안 진입을 목전에 두고 불안해하고 있을 때, 하나님은 여호수아에게 자신을 "살아계신 하나님"(수 3:10)으로 계시하면서 이스라엘 가운데 임재하신 자신의 능력으로 바알과 아세라를 섬기는 가나안 땅의 무시무시한 일곱 부족을 반드시 쫓아내겠다고 약속하신다. 그에 대한 전조로 제사장들이 멘 언약궤가 요단강에 들어서는

---

176. Ibid., 250.
177. Ibid., 251.

순간 요단 물을 가르시겠다고 약속하신다(수 3:7-13). 구약의 선지자들이나 신약의 사도들에게 하나님은 동일하게 "살아계신 전능하신 하나님이시다."

셋째, 사도행전 14장 17절에서 하나님이 비를 내리고 추수하게 하신다는 묘사는 예레미야 5장 24절을 반영한다.[178] 이제 바울은 천지만물을 창조하신 하나님으로부터(15절) 만물을 섭리하는 하나님께로 시선을 돌린다(17절). 비록 이방인들이 하나님을 몰랐을 때 어리석은 "자신들의 길"(우상숭배: 16절)을 갔을지라도 늦은 비와 이른 비로 그들을 먹이시고 입히셔서 만족하게 하신 하나님의 일반 은총을 기억하라고 도전한다(17절). 다시 말하면 이제라도 만물을 지으신 창조주 하나님이 자신이 지은 만물을 붙드시고 섭리하시는 하나님이심을 깨닫고 자애로운 그분의 품으로 돌아오라는 경고성 권면의 메시지를 보내고 있다. 구약에서 하나님이 모든 인간과 생물을 돌보는 묘사는 넘칠 정도로 많다(렘 5:24; 창 8:22; 레 26:4; 시 145:15-16).[179] 예를 들면, 이스라엘 백성들의 배도와 우상숭배를 책망하면서 하나님은 자신이 어떻게 이스라엘을 먹이고 입히셨는지를 말하는 예레미야 5장에서 "너희 백성은 배반하며 반역하는 마음이 있어서 이미 배반하고 갔으며, 또 너희 마음으로 우리에게 이른 비와 늦은 비를 때를 따라 주시며 우리

---

178. Ibid., 251.
179. Ibid., 251.

를 위하여 추수 기한을 정하시는 우리 하나님을 경외하자고 말하지도 아니하니, 너희 허물이 이러한 일들을 물리쳤고 너희 죄가 너희로부터 좋은 것을 막았느니라."(렘 5:23-25)고 책망하신다.

결론적으로, 우상을 숭배하는 루스드라의 이방인들에게 선포한 바울의 메시지는 '복음'(행 14: 7, 15, 21)이었다. 바울이 선포한 하나님의 복음은 "하나님은 참 신이시며 창조주시며 섭리의 주가 되신다"는 복음이며 구약에서도 이를 풍성하게 입증한다.

(3) 데살로니가에서 한 복음선포(행 17:1-9)

바울은 데살로니가의 유대인 회당에서 세 안식일에 걸쳐 성경(구약)을 가지고 강론하며 뜻을 풀어 그리스도가 해를 받고 죽은 자 가운데서 다시 살아나야할 것을 증언한다(행 17: 1-3b). 그런데 여기 데살로니가 회당에서 증언한 "메시아의 죽음과 부활에 대한 누가의 간결한 설교 요약"(행 17:2-3)만으로는 그들이 어떤 본문을 사용했는지 알수 있는 있는 증거가 불충분하다.[180] 하지만 우리는 누가의 글(누가복음과 사도행전) 속에서 "그리스도의 고난과 죽음과 부활에 대한 예고와 성취"에 대한 암시와 반영 구절들을 통해 대략 유추해 볼 수 있다. 예를 들면 사도행전 26장 23절과 누가복음 24장 26-27절은 사도행전 17장 2-3절과 병행을 이룬다. 먼저 누가복음 24장 26-27절을 살펴보자. 이는 예수

---

180. Ibid., 264.

께서 부활하신 후에 엠마오로 내려가는 두 제자들에게 나타나셔서 "선지자들이 말한 모든 것"(눅 24:25)을 더디 믿는 미련한 자들에게 "그리스도가 이런 고난을 받고 자기 영광에 들어가야 할 것이 아니냐 하시고 이에 모세와 모든 선지자의 글로 시작하여 모든 성경에 쓴바 자기에 관한 것을 자세히 설명하시니라"(눅 24:26-27)고 기록한다. 모세와 모든 선지자의 글은 구약성경을 가리키는 말로 메시아에 대한 약속의 책이다(눅 24:44). 특별히 여기서 메시아는 고난과 죽음을 통해 부활의 영광을 얻으시는 메시아다. 따라서 데살로니가의 회당에서 바울이 성경을 풀어 강론하고 증언한 목적은 예수의 고난과 죽음과 부활의 사건이 성경이 약속한 메시아의 언약을 성취한 사건이라는 점이다.

둘째, 사도행전 26장 22-23절이다. 바울은 아그립바 왕 앞에서 자신이 오늘까지 하나님의 도우심으로 높고 낮은 사람 앞에서 증언할 수 있었는데, 그것은 "선지자들과 모세가 반드시 되리라고 말한 것 밖에 없으니 곧 그리스도가 고난을 받으실 것과 죽은 자 가운데서 먼저 다시 살아나사 이스라엘과 이방인들에게 빛을 전하시리라"(행 26:22b-23)는 것뿐이라고 증언한다. 이제 구약(모세와 선지자들)에서 예견한 메시아는 자신의 죽음과 부활을 통해 하나님나라의 구원을 성취하시고 온 열방의 빛(생명과 구원)을 선포할 것이다. 마샬(Marshall)은 "메시아의 수난은 반드시 메시아가 이사야 53장의 종과 동일시되는 것에 의존하며, 동시에 메시아의 부활도 동일한 자료(사 53:10)에 근거한다"

고 강조한다.[181] 다시 말하면 이사야 53장은 메시아의 수난의 장이면서 동시에 부활의 장이라고 보는 것이다. 그 근거는 이사야 53장 10b절로 "그의 영혼을 속건제물로 드리기에 이르면 그가 씨(후손)를 보게 되며 그의 날은 길 것이요 또 그의 손으로 여호와께서 기뻐하시는 뜻을 성취하리로다"이다.

종합적으로, 바울의 데살로니가 회당의 복음선포에 대한 간결한 요약만으로는 구약의 인용이나 반영을 찾기가 쉽지 않다. 다만 누가의 글속에서 "메시아의 수난과 부활의 예고와 성취"에 대한 암시나 반영들은 더 살펴볼 수 있을 것이다(눅 9:22, 44; 12:50; 13:32-33; 17:25; 18:32-33; 24:51).[182]

(4) 아덴에서 행한 복음선포(행 17:22-31)

바울은 아덴의 설교에서도 직접 구약을 인용하지는 않지만 구약에 기반을 둔다.[183] 구약의 반영은 대략 다섯 구절[23절(사 44:9), 24절(사 66:1), 25절(시 50: 7-15), 27절(시 14:2), 31절(시 96:13)]에서 나타난다. 그리스 아덴의 최고의 법정 아레오바고(Areopagus)에서의 바울의 복음선포는 우상이 가득한 아덴을 보고 격분한 바울의 거룩한 선포다.

첫째, 바울은 23절에서 아덴 사람들이 "알지 못하고 위하는 우상"을

---

181. Ibid., 279. 이사야 53장을 "부활의 장"이라고도 말하는 마샬의 통찰은 획기적이다.
182. Marshall and Seifrid, 신약의 구약사용 주석시리즈 2권(누가 & 요한복음), 449-453.
183. Ibid., 265.

보고 "내가 너희에게 알게 하리라"(행 17:23c)고 말하면서 이사야 44장 9절을 반영한다. 우상을 반대하는 논쟁은 이사야 40-55장에 특히 현저한 구약의 모티프를 형성한다.[184] 이사야 선지자는 오직 여호와 하나님만이 이스라엘의 구원자요 참된 신인 것을 강조하면서(사 44:6), 우상은 '무익한 것'이며 그것들은 "보지도 못하며 알지도 못하므로 수치를 당하게 될 것"(사 44:9b)이라고 선포한다. 바울은 이를 반영한 듯 싶다.

둘째, 바울은 24절에서 만물을 지으신 천지의 주재되신 하나님은 "손으로 지은 전에 계시지 않는다"고 교훈하면서 이사야 66장 1-2절을 반영한다. 하나님이 사람의 손으로 지은 성전 안에 거하시지 않는다는 것은 사도행전 7장 48절(스데반의 설교)에 반복되는 구약의 모티프다.[185] 하나님을 위해 성전을 지어드리고 싶어 하는 다윗에게(삼하 7:1-3) 하나님은 반대로 여호와께서 다윗을 위하여 집을 지어 주겠다고 약속하신다. "여호와가 너를 위하여 집을 짓고 네 수한이 차서 네 조상들과 함께 누울 때에 내가 네 몸에서 날 네 씨를 네 뒤에 세워 그의 나라를 견고하게 하리라"(삼하 7:11b-12)는 다윗의 후손을 통한 유명한 메시아의 언약이다. 이사야 선지자도 메시아가 재림의 주로 다시 오실 때 여호와의 말씀을 듣고 떠는 자들로 거룩한 새 예루살렘 성을 창건하고(사 65:17-25), 우상을 섬기며 여호와의 목전에서 악을 행하는

---

184. Ibid., 265.
185. Ibid., 265.

자들을 심판하시겠다는 최종선고를 한다(사 66:1-6). 바울은 이 문맥에서 이사야 66장 1-2절을 반영한다.

셋째, 바울은 25절에서 마치 하나님이 무엇이 부족한 것처럼 사람의 손으로 섬김을 받는 분이 아니라는 것을 교훈하면서 시편 50편 7-15절을 반영한다. 시편 50편은 아삽의 시편으로 하나님은 자신이 전능하신 창조주이시므로 사람의 손으로 섬김을 받으실 필요가 없다고 역설한다. 바울도 아덴의 사람들에게 하나님은 생명과 호흡의 근원이심을 역설하면서 시편 50편을 반영한다.

넷째, 바울은 27절에서 "하나님을 더듬어 찾음"이라는 구약의 주제를 반영한다(시 14:2; 신 4:29; 잠 8:17).[186] 비록 하나님이 없다고 생각하는 많은 어리석은 사람들이 하나님을 찾지도 않고 더러운 악을 행하지만(시 14:1-4), 그 중에서 하나님의 사랑을 입은 자들이 하나님을 간절히 찾을 때 하나님은 언제든지 만나주시는 분이다(잠 8:17). 바울은 자신의 형상대로 인간을 만드신 하나님은 멀리 계시지 않고 가까이 계시며 언제든지 회개하고 돌아와서 찾는 자들을 맞아주시는 하나님으로 소개한다.

다섯째, 31절에서 바울은 하나님이 천하를 공의로 심판하신다는 시편 96편 13절을 반영한다. 종말에 '정하신 사람'(31a절) 곧 부활을 통해서 메시아로 인정된 그리스도를 통해서 천하를 공의로 심판하시겠다

---

186. Marshall and Seifrid, *신약의 구약사용 주석 3권(사도행전 & 로마서)*, 266.

고 하신다. 종합하면, 바울은 아덴의 설교에서 일반계시(자연과 인류 역사)를 통한 하나님의 창조와 섭리와 돌보심으로 시작해서 결론에서 는 종말에 천하를 공의로 심판하실 "부활하신 예수"(18절과 31절)로 종결짓는다.

(5) 밀레도에서 한 복음선포(행 20:17-35)

에베소 장로들을 향한 밀레도의 설교에서는 직접적인 구약 인용이 없다. 대신 세 구절[26절(겔 3:18-21), 28절(시 100:3), 32절(신 33:3-4)] 정도에서 구약의 암시와 반영이 나타난다.

첫째, 사도행전 20장 26절에서 바울이 '모든 사람의 피에 대하여 자신이 깨끗하다'는 증언은 에스겔 3장 18-21절에 나타난 파수꾼의 사명과 책임에 대한 에스겔의 말씀을 반영한다. 다시 말해 바울은 에스겔과 같은 파수꾼으로(겔 33:6) 하나님의 뜻을 전하는 사명을 완수하였기 때문에 장차 심판을 받을 자들에 대하여 자신의 책임이 없음을 선언한다.

둘째, 사도행전 20장 28절에서 바울은 에베소의 장로들에게 "자신과 교회(온 양떼)를 위하여 삼가라"고 권면하면서 목자되신 하나님께 대한 은유(시 100:3; 사 40:11)를 반영한다. 이는 어리석은 양과 같은 이스라엘 백성을 향한 하나님의 사랑과 돌보심의 표현으로 하나님의 피로 사신 교회를 장로들이 어떻게 책임 있게 보살피고 사랑하며 다스

려야 하는지를 교훈한다.[187]

셋째, 32절에서 바울은 "거룩하게 하심을 입은 모든 자 가운데 기업이 있게 하시리라"는 축복과 함께 주와 그 은혜의 말씀에 교회를 부탁하는데, 이는 말씀을 따르는 하나님의 백성에게 기업이 주어지는 것으로 신명기 33장 3-4절을 반영한다. 신명기 33장은 하나님의 사람 모세가 죽기 전에 이스라엘 자손을 축복하는 장으로, 여기서 모세는 모든 성도가 하나님의 수중과 발아래 있으며, 그들은 율법을 받은 야곱의 총회의 기업이라고 이스라엘 열두지파를 축복한다(신 33:3-4).

종합하면, 바울은 세 번에 걸친 구약의 반영을 통해 파수꾼으로서의 자신의 신실한 모범을 제시하고 미래에 닥칠 고난을 대비하기 위해 양떼를 위해 깨어 있어야 함을 강조한다. 그리고 이 모든 고난과 시험에도 불구하고 장래에 약속된 구원의 상급을 바라보며 항상 신실해야 할 것을 교훈한다.

(6) 예루살렘 성전 밖에서 한 복음선포(행 22:1-21)

여기서는 직접적인 구약 인용이 없고 대략 세 구절[11절(신 28:29), 14절(출 3:6), 16절(욜 2:32)]에서 구약의 암시와 반영이 나타난다.

첫째, 사도행전 22장 11절에서 바울은 "나는 그 빛의 광채로 말미암아 볼 수 없게 되었으므로 나와 함께 있는 사람들의 손에 끌려 다메

---

187. Ibid., 271.

섹에 들어갔노라"고 다메섹 도상의 회심을 진술한다. 다메섹으로 그리스도인들을 잡으러 가던 살기등등한 바울이 소경이 되어 밝은 정오에도 자신의 길을 찾지 못한 것에 대한 묘사는 신명기 28장 29절을 반영한다. 신명기 28장은 모세가 모압 평지에서 한 설교로 이스라엘이 하나님의 말씀에 순종하는 경우에 임할 축복과 불순종 할 때 따르는 저주를 기록한다. 모세는 이스라엘 백성이 가나안 땅에 들어가서 하나님의 말씀을 순종하지 않을 때 임할 저주 중의 하나가 "맹인이 어두운 데서 더듬는 것과 같이 네가 백주에도 더듬고 네 길이 형통하지 못하여 항상 압제와 노략을 당할 뿐이리니 너를 구원할 자가 없을 것이다"(신 28:29)라고 경고한다. 소경이 된 바울이 백주에 더듬고 헤매는 묘사는 하나님께 불순종한 이스라엘 백성에게 소경되는 심판을 내린 것과 평행을 이룬다.[188]

둘째, 바울은 사도행전 22장 14절에서 자신을 택하여 하나님의 뜻을 알게 하시고 의인이신 그리스도를 보고 그분의 음성을 순종하게 하신 하나님을 "우리 조상들의 하나님"(14a절)이라고 친숙하게 표현한다. 하나님은 여러 곳에서 자신을 조상들 혹은 아버지들의 하나님으로 소개하셨다(창 26:24; 28:13; 32:9; 출 3:6, 15-16; 왕상 18:36; 대상 29:18; 시 47:9). 여기서 가장 근접한 평형은 출애굽기 3:6에 나타난 불타는 떨

---

188. Ibid., 274.

기나무 사건에서 하나님이 모세에게 말씀하신 것이다.[189] 이외에도 '우리 조상의 하나님'에 대한 인용은 사도행전 3장 13절과 5장 30절에도 나타나고 누가복음 20장 37절은 병행구절로 "아브라함의 하나님, 이삭의 하나님, 야곱의 하나님"으로 나타난다.

셋째, 사도행전 22장 16절에서 소경이 되어 주저하는 바울에게 다메섹의 아나니아가 "이제는 왜 주저하느냐 일어나 주의 이름을 불러 세례를 받고 너의 죄를 씻으라 하더라"고 한 것을 바울은 술회한다. 이제는 주저하지 말고 일어나 "주의 이름을 불러"(16b절) 세례를 받고 죄를 씻으라는 구절은 요엘서 2장 32절의 성취를 반향한다. 베드로는 오순절 복음선포에서 요엘서 2장 32절의 "누구든지 '여호와의'(יהוה) 이름을 부르는 자는 구원을 얻으리라"는 구절을 사도행전 2장 21절에서 "누구든지 '주의'(κυρίου) 이름을 부르는 자는 구원을 받으리라"고 해석하였다. 요엘에서 "여호와"는 곧 주님이시다. 그러므로 베드로는 예수께 "주"라는 칭호를 사용하여 신성을 가지신 주 예수를 드러내셨고, 사도 바울도 "주의 이름을 불러" 기독론적인 구원의 관점에서 요엘의 임박한 종말론적 선포의 성취를 반영한다.

결론적으로, 바울이 회심하는 과정에서 '소경된 바울'에 대한 구약 세 곳의 반영은 '약속과 성취'의 형식을 보여준다. 호렙산 떨기나무 아래서 모세를 부르시던 '너희 조상의 하나님'(출 3:6)이 바울을 이방

---

189. Ibid., 139.

인 사도로 부르신 것, 하나님께 불순종한 자들에게 임할 저주의 성취
(신 28:29)로 바울이 소경된 것, 그리고 주의 이름을 불러 요엘의 종말
론적 구원(욜 2:32)을 바울에게 성취하신 것은 구약의 약속들이 어떻
게 예수 그리스도의 구원사역 속에서 신실하게 성취되는지를 반영한다.

(7) 산헤드린 공회에서 한 복음선포(행 23:1-11)

바울의 일곱 번째 복음선포에서 구약 사용은 출애굽기 22장 28절
이고, 간접적인 암시는 에스겔 13장 8-15절이다. 첫째, 사도행전 23장
5b절에서 출애굽기 22장 28절의 인용이 나타난다.

출애굽기 22:28(LXX Ex 22:27)	사도행전 23:5b(한글 개역개정)
너는 재판장을 모독하지 말며 백성의 지도자를 저주하지 말지니라.	기록하였으되 너의 백성의 관리를 비방하지 말라 하였느니라
Ex 22:27(LXX)	GNT
27 θεοὺς οὐ κακολογήσεις καὶ ἄρχοντας τοῦ λαοῦ σου οὐ κακῶς ἐρεῖς	5b γέγραπται γὰρ ὅτι ”Ἄρχοντα τοῦ λαοῦ σου οὐκ ἐρεῖς κακῶς.

공회 앞에서의 바울의 두 번째 변론은 바울 자신이 배교를 가르치는
사람이 아니라 '죽은 자의 소망 곧 부활'(6절)로 말미암아 심문을 당
하고 있다는 것이다. 공회 앞에서 바울이 '범사에 양심을 따라 하나님
을 섬겼노라'(1절)고 말하자 대제사장 아나니아가 '바울의 입을 치라'

(2절)고 명한다. 3절은 이에 격분한 바울이 대제사장 아나니아를 공박한 말씀이다. 4절에서 곁에 선 사람들의 해명을 듣고 5a절에서 바울은 공회의 형제들에게 "나는 그가 대제사장인줄 알지 못하였다"고 자신의 잘못을 인정한다. 그리고 나라의 지도자나 재판장을 함부로 모독해서는 안 되는 근거로 출애굽기 22장 28절을 인용한다. 출애굽기 22장은 시내산에서 모세가 하나님께로부터 받은 율법의 언약서(출 20:22-23:33)로 바울이 인용한 위의 구절은 재판정에서의 백성의 규례를 설명하고 있다. 비록 국가의 지도자들(왕, 재판장, 백성의 관리들)이 잘못하더라도 함부로 그들을 모독하면 안 되는 이유는 하나님의 율법에 명시된 그들의 권위와 직무 때문이다.

둘째, 사도행전 23장 3절에서는 바울의 입을 치라는 대제사장 아나니아를 향한 바울의 분노는 대제사장을 향하여 "회칠한 담이여 하나님이 너를 치시리로다"로 에스겔 13장 8-15절을 반영한다. 에스겔 13장은 하나님의 말씀을 듣고 본대로 전하지 않고 함부로 자기 마음대로 예언하는 거짓 선지자들의 비참한 종말을 경고하는 장이다. 바벨론의 심판을 앞둔 이스라엘 백성들이 패역하게 된 원인 가운데 하나는 거짓선지자들이 외친 거짓된 평강과 묵시 때문이었다. 그들은 하나님이 말씀하시지 않았는데도 '허탄한 묵시'와 '거짓된 점괘'(겔 13:7)로 백성들을 미혹하였다. 하나님은 에스겔을 통해 이 거짓선지자들의 외식과 거짓을 '회반죽으로 칠한 황폐한 벽'으로 비유한다.[190] 바울은 여기서 대제사장의 위선을 "회칠한 담"(행 23:3)으로 묘사하여 에스겔 13장 8-15절에 나타난 '거짓선지자들의 회칠한 담의 이미지'(겔 13:10)를 반영한다. 예수도 서기관과 바리새인들의 외식을 저주하면서 '회칠한 무덤'(마 23:27)의 이미지를 사용하셨다.

종합적으로, 바울은 공회 앞의 변론에서 출애굽기 22장 28절의 인용과 에스겔 13장 8-15절의 반영을 통해 그리스도의 복음(십자가와 부활)사건과는 무관하지만, 여전히 하나님의 말씀은 우리 시대에도 문자적인 효력이 있다는 것을 교훈한다.[191]

(8) 벨릭스 총독 앞에서 한 복음선포(행 24:1-23)

벨릭스 총독 앞에서의 바울의 변호에는 구약의 인용이 없다. 대신 두 구절[14절(출 3:6, 15-16), 15절(단 12:2-3)]에서 구약의 반영(혹은 암시)이 나타난다.

첫째, 사도행전 24장 14절에서 대제사장 아나니아와 더둘로의 고발(행 24:1-9)에 대하여 바울은 총독 벨릭스에게 변호하면서 자신이 섬기는 이스라엘의 하나님을 '우리 조상의 하나님'이라고 소개한다. 마샬(Marshall)은 바울의 '우리 조상의 하나님'은 "우리 조상들의 하나님"(출

---

190. Ibid., 275.
191. Ibid., 276.

3:6, 15-16)에 대한 헬라파 유대적 변형이라고 언급한다.[192]

둘째, 사도행전 24장 15절에서 바울은 이스라엘이 고대하는 하나님께 향한 소망 곧 "의인과 악인의 부활이 있으리라"는 곳에서 다니엘 12장 2-3절을 반영한다.[193] 다니엘은 자신의 묵시를 마감하면서 다니엘 12장에서 전무후무한 마지막 날의 대환란이 있은 후에 생명책에 기록된 하나님의 백성들이 구원을 받을 것이라고 예언한다(단 12:1). 연이어 2-3절에서는 의인과 악인의 부활을 예고하면서 의인은 영생으로, 악인은 영원한 수치와 부끄러움으로 드러날 것이라고 예고한다. 바울이 총독 벨릭스 앞에서 했던 다니엘 12장 2-3절의 '의인과 악인의 부활'에 대한 반영은 바울의 다른 서신들에 나타난 종말의 소망에 대한 배경을 이룬다.[194]

(9) 아그립바 왕 앞에서 한 복음선포(행 26:1-23)

여기서는 세 구절[16절(겔 2:1-4), 18절(사 42:7), 22-23절(사 53장)]에서 구약 사용이 나타난다.

사도행전 26장의 내용은 아그립바왕 앞에서의 바울의 회심에 대한

---

192. Marshall and Seifrid, 신약의 구약사용 주석 3권(사도행전 & 로마서), 276.
'우리 조상의 하나님'에 대한 보다 자세한 내용은 사도행전 3장 13절과 22장 14절을 참조하라.

193. Ibid., 277.

194. Ibid., 277.

변호로, 회심 이전의 유대교인으로서의 광신자였던 자신(4-11절), 다메섹에서의 회심(12-18절), 하늘의 소명에 대한 바울의 순종(19-23절)으로 나뉜다.

첫째, 16절에서 "일어나 너의 발로 서라"는 바울의 소명에 대한 하나님의 명령은 에스겔을 바벨론에서 선지자로 부를 때 "인자야 네 발로 일어서라 내가 네게 말하리라"(겔 2:1)는 부르심과 흡사하다. 바울은 자신의 회심을 간증하면서 앞의 두 곳(행 9:6; 22:10)에서는 "일어나라"고 표기하지만, 여기 사도행전 26장에서는 "일어나 너의 발로 서라"(행 26:16a)고 약간 다르게 표기한다. 이는 에스겔을 선지자로 불러서 그를 패역한 이스라엘 백성들에게 보내는 에스겔의 소명 장면을 보다 구체적으로 반영한 것이다.[195] 바울도 "일어나 너의 발로 서라"(행 26:16a)는 명령을 받은 후, 이스라엘과 이방인들에게 보냄을 받는 장면(행 26:16b-17)이 뒤따라나와 동일한 구조와 형식을 보인다.

둘째, 연이어 18절에서 "그 눈을 뜨게 하여" 어둠에서 빛으로 사탄의 권세에서 하나님께로 돌아오게 하는 사도적 소명은 이사야 선지자가 외친 여호와의 종, 메시아의 사역을 배경으로 한다.[196] 이사야 선지자는 여호와께서 의로 세우신 종의 사역을 예견하면서 "네(메시아)가 눈먼 자들의 눈을 밝히며 갇힌 자를 감옥에서 이끌어 내며 흑암에 앉은 자를

195. Ibid., 277.
196. Ibid., 278.

감방에서 나오게 하리라"(사 42:7)고 광명한 사역을 예고한다. 메시아(종)의 사역에서 '흑암에서 빛으로의 개안의 사역'은 여러 곳에 나타난다(사 35:5; 42:16). 여기서 우리는 "바울의 전도도 이사야의 종의 관점에서 이해해야 된다"[197]는 마샬의 말에 귀를 기울여야 할 것이다.

셋째, 22-23절에서 바울은 자신의 사도적 소명에 대한 순종과 복음 전파는 전혀 새로운 것이 아니라 "선지자들과 모세가 반드시 되리라고 말한 것"(22절)에 대한 성취라고 규명한다. 이는 바울의 예수 그리스도에 대한 복음선포가 구약성경(모세와 선지자)에 근거와 배경을 두고 있다는 것을 증명한다. 더 나아가 구약성경이 반드시 되리라고 약속한 내용은 "곧 그리스도가 고난을 받으실 것과 그가 죽은 자 가운데서 다시 살아나사 이스라엘과 이방인들에게 빛을 전하시리라는 것"(23절)이라고 부연 설명한다. 신약의 사도들이 선포한 복음의 내용은 그리스도의 고난과 죽음과 부활이다(23a절). 선포한 복음의 내용을 믿는 자들이 받을 혜택은 '구원과 생명의 빛'으로 그 대상은 유대인과 이방인을 포함한 '모든 민족'이다(23b절).[198]

결론적으로, 바울은 구약의 세 구절 사용(반영)을 자신이 받은 사도직의 신적 기원(겔 2:1-4)과 사역(사 42:7)과 배경(사 53장)을 위해 신중하게 사용하였다. 신약의 사도들과 기자들이 구약의 명시적인 인용뿐

---

197. Ibid., 278.
198. 사도행전 26장 22-23절에 대한 자세한 내용은 사도행전 17장 2-3절의 해설을 참조하라.

아니라 암시적인 반영들을 사용할 때 매우 주의 깊게 구약의 이미지와 모티프들을 사용하고 있다는 것을 간과해서는 안 된다.[199]

(10) 로마 유대 귀족들 앞에서 행한 복음선포(행 28:16-28)

바울의 마지막 열 번째 복음선포는 직접적인 구약 인용은 이사야 6장 9-10절이고, 구약의 암시(반영)는 시편 98편 3절이다.

첫째, 바울은 사도행전 28장 26-27절에서 이사야 6장 9-10절을 인용한다.

마침내 바울은 갖은 항해의 고초 끝에 로마에 도착하였다. 로마의 가택연금은 비록 군인들의 감시를 받았지만 약간의 면회도 허락되는 자유로운 감옥생활이었다. 바울은 그곳에서 로마에 사는 유력한 유대인들을 초대하여 "하나님나라를 증언하고 모세의 율법과 선지자의 말로 예수를 권하였다"(행 28:23). 그 결과 "믿는 사람과 믿지 아니하는 사람"(24절)으로 나뉘는데, 바로 여기서 바울은 이사야 6장 9-10절을 인용하여 유대인들의 불신을 '이사야 예언'의 성취로 반영한다.

아이러니하게도 이사야 선지자의 소명은 위에서 언급한대로 이사야 선지자의 선포에도 불구하고 그들이 회개하지 못하도록 하는 것이었다. 어떻게든 그들의 마음을 둔하고 완고하게 하여 하나님의 말씀을 듣지 않고 하나님의 심판을 피할 수 없도록 하게 하는 것이었다. 그들의 배교와 우상숭배가 너무 극심해서 당분간 그들이 회개하거나 그들

---

199. Marshall and Seifrid, 신약의 구약사용 주석 3권(사도행전 & 로마서), 57-58.

이사야 6:9-10(LXX Isa 6:9-10)	사도행전 28:26-27(한글 개역개정)
9절 여호와께서 이르시되 가서 이 백성에게 이르기를 너희가 듣기는 들어도 깨닫지 못할 것이요 보기는 보아도 알지 못하리라하여 10절 이 백성의 마음을 둔하게 하며 그들의 귀가 막히고 그들의 눈이 감기게 하라 염려하건대 그들이 눈으로 보고 귀로 듣고 마음으로 깨닫고 다시 돌아와 고침을 받을까 하노라 하시기로.	26절 일렀으되 이 백성에게 가서 말하기를 너희가 듣기는 들어도 모두지 깨닫지 못하며 보기는 보아도 모두지 알지 못하는도다. 27절 이 백성들의 마음이 우둔하여져서 그 귀로는 둔하게 듣고 그 눈은 감았으니 이는 눈으로 보고 귀로 듣고 마음으로 깨달아 돌아오면 내가 고쳐 줄까 함이라 하였으니.

Isa 6:9-10(LXX)	GNT
9 καὶ εἶπεν πορεύθητι καὶ εἰπὸν τῷ λαῷ τούτῳ ἀκοῇ ἀκούσετε καὶ οὐ μὴ συνῆτε καὶ βλέποντες βλέψετε καὶ οὐ μὴ ἴδητε 10 ἐπαχύνθη γὰρ ἡ καρδία τοῦ λαοῦ τούτου καὶ τοῖς ὠσὶν αὐτῶν βαρέως ἤκουσαν καὶ τοὺς ὀφθαλμοὺς αὐτῶν ἐκάμμυσαν μήποτε ἴδωσιν τοῖς ὀφθαλμοῖς καὶ τοῖς ὠσὶν ἀκούσωσιν καὶ τῇ καρδίᾳ συνῶσιν καὶ ἐπιστρέψωσιν καὶ ἰάσομαι αὐτούς	26 λέγων, Πορεύθητι πρὸς τὸν λαὸν τοῦτον καὶ εἰπόν, Ἀκοῇ ἀκούσετε καὶ οὐ μὴ συνῆτε καὶ βλέποντες βλέψετε καὶ οὐ μὴ ἴδητε· 27 ἐπαχύνθη γὰρ ἡ καρδία τοῦ λαοῦ τούτου καὶ τοῖς ὠσὶ βαρέως ἤκουσαν καὶ τοὺς ὀφθαλμοὺς αὐτῶν ἐκάμμυσαν· μήποτε ἴδωσιν τοῖς ὀφθαλμοῖς καὶ τοῖς ὠσὶν ἀκούσωσιν καὶ τῇ καρδίᾳ συνῶσιν καὶ ἐπιστρέψωσιν, καὶ ἰάσομαι αὐτούς.

에게 임하는 심판을 피하지 못하게 하도록 하는 것이 이사야 선지자의 역설적인 임무였다.[200] 오직 심판(바벨론의 유포)이 끝난 후에 이새의 뿌리와 가지(사 11:1)를 통한 하나님이 은혜로 택하신 '남은 자'들에게

---

200. Ibid., 282-283.

만 구원이 임할 것이다(사 10:22; 롬 11:5).

둘째, 바울은 28절에서 유대인들의 불신의 결과가 이방인 구원의 시작점이 된다고 진술한다. "그런즉 하나님의 이 구원이 이방인에게 로 보내어 진 줄 알라 그들은 그것을 들으리라"(행 28:29)고 기록함으로써 유대인의 구원에서 이방인의 구원으로 옮겨지고 이방인이 하나님의 복음을 받아들일 것이라고 예견한다.

여기서 바울은 시편 98편 3절을 반영한다.[201] 하나님의 인자와 성실이 "땅 끝까지 이르는 모든 것이 우리 하나님의 구원을 보았도다"(시 98:3b)라는 말씀은 땅에 있는 모든 민족이 하나님의 선하신 구원을 맛보게 될 것이라는 예언이다. 비록 많은 이방인이 종말에 하나님나라의 백성으로 구원을 경험하게 되겠지만, 이는 "이방인의 충만한 수가 들어오기까지 이스라엘의 더러는 우둔하게 되는 구속의 신비"(롬 11:25b)를 잊지 않음으로 원근 각처에 있는 유대인과 이방인을 '한 몸 즉 한 새사람'(교회)으로 부르신 하나님의 사랑의 경륜이다(엡 2:13-18). 따라서 바울의 이사야 6장의 인용이나 시편 98편의 반영은 하나님의 말씀이 일점일획도 어긋남이 없이 다 성취된다는 소중한 교훈을 우리에게 준다(마 5:18).

---

201. Ibid., 284.

3) 바울이 인용한 구약사용의 결론

바울의 열 편의 설교에 나타난 구약 사용은 아홉 곳의 인용(citation), 스물여섯 곳의 암시(allusion)와 반영(echoes), 그리고 일곱 곳의 다른 신약 성경에 나타난 구약사용인 것을 살펴보았다(참조. 도표 4). 결론적으로 바울의 복음선포도 베드로의 선포와 마찬가지로 구약에 나타난 메시아에 대한 구원의 약속이 예수 그리스도의 죽음과 부활을 통해 어떻게 신실하게 성취되는지를 보여준다. 특별히 신약의 사도(저자)들이 구약을 사용하는 방식이 놀라울 만큼 다양하고 풍성하다.[202] 마태나 베드로처럼 명백한 인용 도입구를 사용하여 약속과 성취를 문자적으로 드러내기도 하고, 바울처럼 구약성경을 간접적인 암시와 우회적인 반영을 통해 그리스도가 하나님이 약속한 메시아가 되셨다는 구원의 복음을 풍성하게 전달하기도 한다. 비록 바울이 사용한 모든 인용과 암시와 반영이 문자적으로 그리스도의 십자가와 부활을 선포하는 것을 온전히 만족시키지 못하였을지라도, 바울의 복음선포에서 구약사용은 하나님 나라의 복음이 어떻게 예수 그리스도의 죽음과 부활을 통해서, 특별히 그리스도의 부활에 초점을 맞추어 구약의 본문 들을 사용하였는지 충분히 보여주었다.

---

202. Ibid., 56.

4. 베드로와 바울의 구약사용에 대한 최종결론

베드로와 바울의 복음선포(설교)에 인용한 구약의 본문들이 다른 신약성경에서는 어떻게 구체적으로 사용되었는지를 생각해 보았다. 베드로의 여덟 편의 복음선포에는 여덟 곳의 구약 직접인용(citation)이 나타나고, 열한 곳에서는 암시(allusion)와 반영(echoes)이 나타났다. 그리고 다른 신약성경에 사용된 열일곱 곳의 구약사용도 간략하게 살펴보았다(참조. 도표 3). 베드로와 함께 신약의 다른 기자(저자)들이 사용한 사도행전에 나타난 구약의 모든 본문들을 종합해 볼 때 "구약에서 약속한 메시아에 대한 언약이 그리스도의 죽음과 부활을 성취"하기 위한 목적으로 사용되었음을 살펴볼 수 있었다.

한편 바울의 열 편의 설교에 나타난 구약 사용은 아홉 곳의 인용(citation)과 스물여섯 곳의 암시(allusion)와 반영(echoes), 그리고 일곱 곳의 다른 신약 성경에 나타난 구약사용을 살펴보았다(참조. 도표 4). 따라서 바울도 베드로의 경우와 마찬가지로 구약에 나타난 메시아에 대한 약속이 어떻게 예수 그리스도의 죽음과 부활을 통해 신실하게 성취되는지를 보여준다.

최종적 결론은 신약의 다른 기자(저자)들도 베드로와 바울처럼 사도행전에 인용한 구약의 본문들을 '성취형식'과 '부활중심'의 복음을 강조하고 지지하기 위해 사용하였다고 주장할 수 있다.

제5장

그리스도의 부활선포의
성경신학적 의미

사도들이 목숨을 걸고 그리스도의 부활사건을 선포할 때는 그만한 이유가 있었지 않겠는가? 단순한 증거가 아니라 신약공동체 전체가 생명을 걸고 그리스도의 부활을 전했다면 거기에는 분명 깊은 신학적 의미가 담겨 있을 것이다. 초대교회 사도들과 성도들이 십자가와 부활의 복음 중에서도 특별히 부활의 복음이어야 했던 이유는 무엇일까…?

"왜 부활의 복음이어야 하는지"에 대한 성경신학적 의미와 이유는 네 가지로 요약할 수 있겠다. 첫째, 예수의 부활은 "구약의 약속에 대한 성취"(fulfillment)이기 때문이다. 둘째, 예수의 부활은 "그리스도의 죽음을 변호"(vindication)하기 때문이다. 셋째, 예수의 부활은 "그리스도의 승귀를 선포"(manifestation)하기 때문이다. 넷째, 예수의 부활은 "그리스도의 주되심을 확증"(verification)하기 때문이다.

1. 서론

신약의 사도들이 선포한 복음은 예수님의 십자가와 부활의 복음이다. 우리는 두 사건이 분리될 수 없는 하나의 복음사건이라는 것을 지금까지 일관되게 살펴보았다. 그러나 특별히 사도행전에서 두 사도가 십자가와 부활의 복음을 균형있게 선포하였지만, 특별히 강조해서 선포한 복음의 중심성은 십자가가 아니라 부활이었다는 사실을 또한 살펴보았다. 여기서 우리는 왜 사도들이 부활의 복음을 생명을 걸고 전파해야 했는지 그 의미를 생각해 보아야한다. 단순한 복음증거가 아니라 온 신약공동체가 목숨을 걸고 부활의 복음을 전파해야 했다면 분명한 신학적의미가 있었지 않겠는가!

필자는 5장 본론을 쓰기 위해서 지금까지 긴 서론(1-4장)을 써 온 셈이다. 왜 부활의 복음을 사도들은 생명을 걸고 선포했을까? 왜 우리도 사도들처럼 동일한 부활의 복음이어야 하는지 그 당위성을 상고해보는 것이 본 장의 목적이다.

사도들이 선포한 부활복음의 성경신학적 의미는 네 가지로 요약할 수 있겠다. 첫째, 예수의 부활은 "구약의 약속에 대한 성취"(fulfillment)이다. 둘째, 예수의 부활은 "그리스도의 죽음을 변호"(vindication)한다. 셋째, 예수의 부활은 "그리스도의 승귀를 선포"(manifestation)한다. 넷째, 예수의 부활은 "그리스도의 주되심을 확증"(verification)한다.[203] 1세기 초대교회가 세상을 향해 선포했던 십자가와 부활이라는 하나의 케리그마가, 21세기 다원주의 사회 속에서 표류하는 하나님의 교회들에게 반드시 필요한 복음선포(κήρυγμα)임을 확인하는 소중한 시간이길 간절히 바란다.

2. 그리스도의 부활선포의 성경신학적 의미

1) 구약의 약속을 성취한 부활

(1) 복음서의 성취

먼저 예수의 부활은 "구약에 드러난 약속의 성취"(fulfillment)이다. 누가는 자신의 첫 번째 책에서 예수 그리스도가 구약(옛 언약)을 성취

---

203. 본서에서는 부활복음의 신학적 의미를 네 가지만 다루고자 한다. 나머지 다섯 번째는 추후 증보판에서 다루고자 한다. 다섯 번째 부활복음의 신학적 의미는 "교회의 종말론적 메시지(eschatological message)로서의 부활"이다.

한 분으로 소개한다. "우리 중에 '이루어진' 사실에 대하여 처음부터 목
격자와 말씀의 일꾼된 자들이 전하여 준 그대로 내력을 저술하려고 붓
을 든 사람이 많은지라(Ἐπειδήπερ πολλοὶ ἐπεχείρησαν ἀνατάξασθαι
διήγησιν περὶ τῶν πεπληροφορημένων ἐν ἡμῖν πραγμάτων, `καθὼ
ς παρέδοσαν ἡμῖν οἱ ἀπ᾽ ἀρχῆς αὐτόπται καὶ ὑπηρέται γενόμενοι τοῦ
λόγου,)"(눅 1:1-2). RSV는 1절을 "우리 중에 이루어진(accomplished)
사실에 대하여"로 번역하지만, NRSV는 "우리 중에 성취된(fulfilled)
사실에 대하여"로 번역한다. 여기서 핵심 단어는 "성취된"(πεπληροφορ
ημένων)이기에 NRSV가 더 잘된 번역이다. 이미 '예정했던 사건'이 발
생했다는 의미에서 독자들에게 이제 '성취된 사건'(have been fulfilled)
이라고 진술한다.[204]

누가가 그 모든 일을 근원부터 자세히 미루어 살핀 후 데오빌로
각하에게 차례대로 써 보낸 것(누가복음)은 그가 쓴 두 번째 책(사도
행전) 첫머리에서 잘 요약하고 있다.

"데오빌로여 내가 '먼저 쓴 글'에는 무릇 예수께서 행하시며 가르치
시기를 시작하심부터 그가 택하신 사도들에게 성령으로 명하시고 승천
하신 날까지의 일을 기록하였노라"(행 1:1-2).

한마디로 누가복음에 기록된 예수의 생애(탄생, 고난, 죽음, 부활,
승천)는 이미 예정된 하나님의 구원계획으로 그것의 발생에 대한

---

204. Marshall, 복음의 증거: 사도행전 신학, 54. 마샬(Marshall)이 편집한 본서에서
Darrel Bock의 "하나님의 약속에 대한 예언과 성취"에서 발췌한 것이다.

확고한 당위성을 보여준다. 첫 번째 책의 초두(눅 1:1)와 말미(눅 24:44)에 언급된 대로 "반드시 성취되어야 한다"(must be fulfilled)는에서 "반드시"(δεῖ)는 그리스도의 사건과 성경 모두에 적용된다고 볼 수 있다. 여기서 "모세의 율법과 선지자의 글과 시편"은 히브리 구약성경을 가리킨다. 주님은 구약이 '자기에 관한 것'(눅 24:27)이고 '나를 가리켜 기록된 모든 것이 이루어져야 하리라 한 말이 이것이라'(눅 24: 44b)고 하시는데, 바로 '이것'(44b절)은 구약의 '약속'들로 46-47절에서 '성취'로 나타난다. 누가는 이 구약의 성취를 두 절로 나누어 설명한다. 46절에서는 "그리스도의 고난, 죽음, 부활"에 대한 그리스도의 사건이고, 47절에서는 그리스도의 복음이 어떻게 증인(교회)을 통해 예루살렘에서 땅 끝(모든 족속)까지 전파될 것인지를 기록한다. 결론적으로 누가는 자신의 두 권의 신약의 기록들을 통해 예수에 대한 구약의 약속들이 예수 안에서 확실하게 성취된 것을 증거한다. 우리는 사도행전의 열여덟 편의 복음선포의 분석을 통해서 "예언과 성취형식"(prophecy-and-fulfillment pattern), 혹은 "예언으로부터 증명형식"(proof-from-prophecy pattern)을 가진 사도행전의 설교를 살펴보았다.[205] 예수 그리스도의 죽음과 부활 사건은 신약의 사도들에 의해서 구약에서 메시아(그리스도)가 고난의 죽음과 부활을 통해 죄인들을 구원하는 옛 언약의 성취로 묘사된다. 사도행전에서 "누가의 구약성경 인용은

---

205. Beale and Carson, 신약의 구약사용주석(누가복음 & 요한복음), 64-65.

그가 전하는 메시지가 하나님께서 오래 전에 주신 약속의 성취임을 강조한다."[206]

특별히 마태복음은 다른 세 복음서에 비해 두드러지게 많은 양의 구약을 사용한다. 이는 마태복음의 주된 독자들이 유대인들이었으므로 예수의 생애와 가르침을 구약과 연관시켜 다루는 것이 효과적이었기 때문일 것이다. 예를 들면 마태복음에는 복음서 전체를 통해 성취형식 인용구들이 10회에 걸쳐 나타난다(1:22-23; 2:15; 2:17-18; 2:23; 4:14-16; 8:17; 12:17-21; 13:35; 21:4-5; 27:9-10; 참조. 2:5-6; 13:14-15; 26:54, 56).[207] 성취형식 인용구는 "선지자들을 통하여 하신 말씀을 성취하시려는 것이었다."(ἵνα πληρωθῇ τὸ ῥηθὲν ὑπὸ κυρίου διὰ τοῦ προφήτου.) 사실 구약에 약속된 이스라엘의 소망의 성취 주제는 신약 전체의 주제이다. 특별히 마태복음에서 구약의 인용구들을 활용한 목적에 대하여 양용의 교수는 "예수의 생애를 구약 예언의 성취로 드러내 보여 주는 데 있었음을 확고하게 시사해 준다"고 말한다.[208] 또한 마태가 사용한 구약의 인용구들은 "단순한 인용이라기보다 생략, 삽입, 대체, 통합, 요약 등의 다양한 방법들을 활용한 지극히 창의적인

---

206. Marshall, 복음의 증거: 사도행전 신학, 77. 마샬이 편집한 본서에서 Darrel Bock의 "하나님의 약속에 대한 예언과 성취"에서 발췌한 것이다.

207. 양용의, 마태복음 어떻게 읽을 것인가, 23.

208. Ibid., 23.

인용들로 드러난다."[209] 예를 들면 마태는 '성취형식 인용구'들 외에
약 60회 이상을 구약과 관련된 자료들을 간접적으로 사용한다. 그는
성취형식 인용구들을 통해 예수께서 구약의 성취를 명시적으로 입증
하지만, 또한 창의적인 방식으로 모형론적 구약사용을 통해 매우
효과적으로 예수를 구약의 성취로 진술한다. 마태는 "모형론적 방법을
통해 예수를 구약의 몇몇 제한된 예언들만을 성취하신 분이 아니라
구약 전체를 성취하신 분으로 제시해 나간다."[210]

(2) 사도행전의 성취(행 1-28장)

① 사도행전에 나타난 베드로의 복음선포(행 1-12장)

사도행전 1장에서 베드로는 가룟 유다를 대신할 사도 피택의 근거로
다윗의 시편 69편과 109편을 인용함으로 다윗예언의 성취구절로
해석한다. 사도행전 2장의 오순절 설교에서는 성령강림사건을 요엘서
의 성취(욜 2:28-32)로, 예수의 부활사건을 다윗의 시편 16편 8-11절의
성취로, 예수의 승천을 다윗의 시편 110편 1절에 적용한다. 그러므로
예수의 부활과 승천으로 말미암아 그분이 권능 가운데 주와 그리스도
(메시아)가 되셨다고 선포한다. 사도행전 3장의 솔로몬 행각의 성전설
교에서는 구약의 예언자들(모세, 다윗, 아브라함)이 한 말(메시아의 예

---

209. Ibid., 24.

210. Ibid., 27-28. 양용의 교수는 모세모형론, 성전모형론, 요나모형론, 솔로몬모형론 등과
    율법의 성취로써의 예수와 메시아적인 기독론적 칭호를 4중 모형론으로 설명한다.

표들)을 그리스도가 성취하셨다고 선언한다. 그리고 4장 공회 앞에서 한 첫 번째 변론에서는 부활을 통한 새 성전의 회복을 예시한다. 그는 시편 118편 22절을 통해 악한 유대인들(건축자)이 버린 돌을 하나님이 새 성전의 모퉁이 돌로 사용하셨다고 선포한다. 이는 유대인들이 죽인 예수(버린 돌)를 하나님이 다시 살리심(모퉁이 돌)을 비유적으로 설명한다. 마지막으로 사도행전 10장에서 이방인 고넬료의 회심사건 에서도 유대인들이 나무에 달아 죽인 예수를 하나님이 살리셔서 "산 자와 죽은 자의 재판장이 되게 하신 것"(행 10:42)은 "모든 선지자들이 증언한 것"(행 10:43)에 대한 성취로 해석한다. 결론적으로 베드로의 설교에 나타난 선포(κήρυγμα)는 예수의 생애와 죽음과 부활의 사건들 모두 모세의 율법과 시편과 요엘과 이사야 선지자들의 예언에 대한 성취로 해석한다.

② 사도행전에 나타난 바울의 설교(행 13-28장)

사도행전 13-28장까지의 바울의 복음선포(κήρυγμα)에서도 예수 그리스도의 사건(죽음과 부활 중에서 특별히 부활의 사건)이 구약의 약속을 성취한 사건으로 명료하게 선포된다.

첫째, 바울은 사도행전 13장의 비시디아 안디옥 회당의 설교에서도 이스라엘을 위한 다윗의 후손으로 오실 구주(메시아)가 '예수'라고 직접적으로 소개한다. "하나님이 약속하신 대로 이 사람(다윗)의 후손에서 이스라엘을 위하여 구주를 세우셨으니 곧 예수라"(행 13: 23). 또한 예수에게서 죽일 죄를 하나도 찾지 못했는데 "선지자들의 말을 응하게 하였다."(τὰς φωνὰς τῶν προφητῶν ἐπλήρωσαν)(행 13:27, 29)라고 기록함으로써 예수의 죽음이 구약 예언의 성취임을 분명히 한 것이다. 십자가에 달려 죽으셨다가 묻히신 예수를 "하나님이 죽은 자 가운데서 그를 살리신지라"를 성취하시기 위해 구약의 세 구절(시 2:7; 사 55:3; 시 16:10) 인용을 통해 그리스도의 부활을 확증한다. 그리고 설교의 결론에서 "그런즉 너희는 선지자들을 통하여 말씀하신 것이 너희에게 미칠까 삼가라"(행 13:40)라고 권면하면서 하박국 1장 5절을 경고의 말씀으로 인용한다(행 13:41).

둘째, 사도행전 17장 아덴의 복음설교에서 바울은 이방인들에게 복음을 선포할 때 자연스럽게 하나님의 창조와 섭리와 통치로 접근하다가, 나중에는 최후 심판의 주를 소개하면서 '정하신 사람'(메시아)의 부활(18절, 31절)을 통해 모든 사람에게 믿을만한 증거를 주신 것을 선포한다. "이는 정하신 사람으로 하여금 천하를 공의로 심판할 날을 작정하시고 이에 그를 죽은 자 가운데서 다시 살리신 것으로 모든 사람에게 믿을만한 증거를 주셨음이니라 하니라"(행 17:31). 혹자들은 아덴의 설교가 실패한 설교라고 말하지만, 이 설교는 불신자들을 대상으로 설교할 때 가장 모범적인 복음설교 중의 하나라고 평가할 수 있다.

셋째, 사도행전 23장 공회 앞에서의 설교나, 24장 벨릭스 각하 앞에서의 설교 모두 다 "죽은 자의 소망, 곧 부활 때문에 심문을 받는 것(행 23:6)과 율법과 선지자들의 글에 기록된 것을 다 믿고 또한 그들이 기다리는바 하나님을 향한 소망, 곧 의인과 악인의 부활(행 24:14-15) 때문에 고난을 받는 것"이라고 설명한다.

넷째, 사도행전 26장 아그립바 왕 앞에서의 설교에서는 선지자들과 모세의 성취로 이 땅에 오신 그리스도가 고난을 받고 죽으시고 부활하실 것을 선포하고 그 복음의 빛이 모든 나라에 전해질 것을 변호한다.

하나님의 도우심을 받아 내가 오늘까지 서서 높고 낮은 사람 앞에서 증언하는 것은 선지자들과 모세가 반드시 되리라고 말한 것 밖에 없으니 곧 그리스도가 고난을 받으실 것과 죽은 자 가운데서 먼저 다시 살아나사 이스라엘과 이방인들에게 빛을 전하시리라 함이니이다 하니라(행 26:22-23).

(3) 결론: 부활을 통한 구약의 성취

이처럼 사도행전에서는 베드로나 바울이 공히 새 언약으로 오신 예수 그리스도는 구약(옛 언약)의 성취가 되심을 선포한다. 특별히 사도행전의 복음선포의 초점은 십자가보다 부활에 있다. 이는 베드로와 바울이 사용하는 구약 인용의 대부분이 부활을 확증하기 위해 의도적으로 선별하여 사용한 것으로 증명된다. 또한 복음선포의 분량에 있어서도 십자가는 매 설교에서 한 구절 정도 원론적으로 언급되는 수준이지만 부활은 심도있고 중대한 분량을 차지한다. 마지막으로 설교의 초점에서도 그리스도의 부활은 옛 언약을 성취하는 절정과 완성으로 소개되고 있다.

예수 그리스도의 죽음과 부활은 옛 선지자들이 선포했던 언약의 성취이다(마 5:17). 옛 언약의 선지자들이 내다보고 선포했던 하나님의 구원(렘 31:31-34; 겔 36-37장; 사 40-66장)이 새 언약이 되신 그리스도의 희생과 부활을 통해서 완전히 성취되었다(히 9:15). 예수 그리스도의 부활은 하나님의 구원에 있어 우연이 아닌 필연적인 구원의 사건이다. 있으면 좋고 없어도 괜찮은 선택적인 사건이 아니다. 하나님의 구원에 있어 그리스도의 죽음과 부활의 사건은 조금이라도 손상되어서는 안 되는 복음의 완전체다. 이는 사도행전의 복음선포에 나타난 많은 구약의 예시들 말고도 구약의 더 많은 곳에서 메시아의 부활을 예견하고, 신약에서는 그것들을 그리스도를 통해 옛 언약을 성취한 사건으로 묘사하고 있기 때문이다. 결론적으로, 옛 언약은 하나님의 구원이 메시아의 죽음과 부활을 통해 성취될 것을 예견하였고, 그 약속은 그리스도의 죽음과 부활을 통해서 완성되었다. 그러므로 하나님의 구원에 있어 그리스도의 부활선포는 그리스도의 십자가와 함께 손실되거나 왜곡되어서는 안 되는 복음선포의 핵심이다.

2) 그리스도의 죽음을 변호한 부활

또한 예수의 부활은 "그리스도의 죽음을 변호"(vindication)한다. 이제 우리는 하나님이 예수를 살리신 사건이 어떻게 예수의 죽음을 변호한 사건인지 살펴보도록 하자. 세상 사람들에게 십자가는 언제나 조롱거리고 웃음거리였다. 유대인은 하나님의 능력을 체험하고 메시아적 기대를 반영하는 표적을 구하는 민족이었기에 십자가에 달린 그리스도는 수치였다. 헬라인에게도 십자가는 마찬가지다. 그들도 나름대로 철학적인 지혜와 고상한 삶을 추구하는 이방인들이었기에 십자가는 미련할 수밖에 없었다(고전 1:22-23). 세상을 구원하러 온 자가 세상을 구원하기는커녕 자신이 십자가에 달려 죽었으니 그들은 예수를 보고 얼마나 한심하게 생각했을까?

문제는 십자가를 바라보는 눈길이 세상 사람들보다 제자들(사도들 포함)이 더 심각하다는 데 있다. 그 당시 메시아는 세상 사람들에게는 철저히 숨겨져 있었다. 그래서 세상 사람들은 메시아를 모른다 하더라도 3년 동안이나 주님과 동거동락했던 제자들은 예수가 누구신지를 알았어야 했다. 공생애 후반기에 제자들은 예수가 그리스도이심을 분명히 인지하였다. 그래서 끝까지 주님과 함께 하겠다고 충성을 맹세했지만, 그들의 믿음의 실상이 예수의 죽음 앞에서 백일하에 드러났다.

십자가의 죽음이 두려워 멀리서 주님을 따라간 제자가 있었고, 십자가 아래서 계집종의 추궁에 예수를 부인하고 저주까지 한 제자도 있었다. 그들은 십자가에 달린 예수를 보고 자신들이 3년 동안 헛된 꿈을 꾸었음을 자책하며 고기잡이 시절로 회귀한다. 이는 세상 사람들뿐 아니라 제자들까지도 십자가는 철저하게 메시아 운동의 실패요, 심지어는 하나님의 저주를 받은 죽음이라고까지 여겼음을 보여준다. 이렇게 실패한 것처럼 보였던 예수의 십자가가 어떻게 하나님의 지혜와 능력과 승리한 사건으로 재조명 되었는지 사도행전의 복음선포를 통해서 확인해보자. 이제 예수의 부활을 통해 하나님이 어떻게 그 아들의 죽음을 변호하고 있는지를 살펴보자.

(1) 베드로의 변호(행 1-12장)

베드로는 산헤드린 공회 앞에서 "너희가 나무에 달아 죽인 예수를 우리 조상의 하나님이 살리셨다"(행 5:30)고 예수의 죽음을 변호하였다. 모세의 율법에는 '나무 위에 달린 자'는 누구든지 '하나님의 저주를 받은 것'이라고 가르쳤다(신 21:22-23). 그래서 공회원들은 예수가 십자가에 달려죽으면 그의 사역과 가르침이 모두 거짓이 되고 하나님의 심판을 받은 것으로 판명될 것임으로 그들은 끝까지 십자가의 처형을 고집했다(눅 23:20-25). 그러나 예수의 죽음은 그의 부활로 전세가 역전되었다. 유대인이 나무에 매달아 죽인 예수를 하나님이 살리심으로 "그들이 틀렸고 예수가 옳았다"는 것을 하나님이 변호하신 것이다. 부활은 "예수의 죽음이 옳았다"는 것을 하나님께서 인증하고 변호(vindication)하신 사건이다.[211]

세상은 자신의 힘으로 예수를 십자가에 못 박았지만 하나님은 자신의 능력으로 그 예수를 부활시켰다. 이로써 죽음으로 끝날 수밖에 없었던 소망이 없는 인생들에게 하나님은 부활을 통해 자기 아들의 승리를 변호하셨다. 하나님은 선지자 다윗을 통해 약속하셨던 메시아의 시편 16편의 약속을 지키셨다. "이는 내 영혼을 음부에 버리지 아니하시며 주의 거룩한 자로 썩음을 당하지 않게 하실 것이라"(행 2:27)는 메시아의 부활에 대한 약속을 지키셨다. 율법이 정죄하는 죄의 삯을 지불한 십자가를, 부활을 통해 직접 그 값을 지불하시고 사망을 무력화시킨 새 생명의 사건임을 시위하신 것이다.

베드로는 4장에서 산헤드린 공회 앞의 첫 번째 변론에서도 "이 예수는 너희 건축자들의 버린 돌로서 집 모퉁이의 머릿돌이 되었다" 행 4:11)고 시편 118편 22절의 성취를 선포한다. 여기서 '너희 건축자들'은 하나님의 백성들을 선도하도록 세운 이스라엘의 지도자들, 산헤드린 공회원들이 아니었겠는가? 그들 건축자들이 예수를 '버린 돌'로 취급했다는 것은 하나님의 저주를 상징하는 십자가의 형틀에 예수를 무가치하게 버린 것을 빗대어 말한 것일 것이다(신 21:22-23;

---

211. 김세윤, 예수와 바울, 73.

고전 1:23). 그러나 부활로 말미암아 형세는 역전되었다. 하나님이 죽은 자 가운데서 나사렛 예수를 살리셔서 하나님의 집의 머릿돌(벧전 2:7)이 되게 하심으로 그들의 '주와 메시아'가 되게 하셨다.

10장에서 베드로는 이방인 고넬료를 향한 복음선포에서도 예수를 "그들이 나무에 달아 죽였다"(39b절)고 증언한다. 굳이 베드로가 그리스도의 십자가를 '나무'(행 2:23; 5:30; 10:39)라고 부른 까닭은 예수께서 우리 죄를 인하여 우리를 대신해서 하나님의 저주가 되시고 대신 심판을 지셨다는 것을 강조하기 위함이었다(신 21:22-23; 갈 3:10). 그러나 여기서도 하나님은 그를 살리셔서 '만유의 주'(36절)와 '만민의 심판의 주'(42절)가 되게 하셨다.

결론적으로, 베드로는 그리스도의 부활로 말미암아 하나님은 그의 아들의 죽음을 변호하고 죄를 이긴 사건으로 증거하였다. 부활을 통해서 그리스도의 죽음이 믿는 자들을 위한 대속의 죽음인 것이 확증되었다. 그리스도의 십자가가 죄를 극복한 구원의 사건이라는 것을 다른 방법으로는 증명할 길이 없다. 오직 죽은 자의 부활을 통해 "능력으로 하나님의 아들을 일으킴"(롬 1:4b)으로 하나님은 자신의 약속을 지키셨다. 그리스도(메시아)의 부활사건은 다윗의 정치적인 승리가 아니다. 이사야 선지자가 예언한 대로 하나님의 '의로운 종'이 자신의 죽음을 통해 죄에 대한 승리를 확증한 사건이다. 전통적으로 이사야 53장은 메시아의 수난장으로 읽혀지지만, 동시에 부활장으로도

볼 수 있어야 한다(사 53:10). 이사야 선지자는 수난 받는 의로운 종이 질고를 당하여 그의 영혼을 속건제물로 드릴 때에(사 53:10a), "그가 씨를 보게 되며 그의 날은 길 것이요 또 그의 손으로 여호와께서 기뻐 하시는 뜻을 성취하리로다"(사 53:10b)라는 의미심장한 언급을 하고 있다. 이사야 53장 10절의 전반부는 그리스도의 죽음을, 후반부는 그 리스도의 승귀(부활과 승천)를 예시한 점에서 우리는 이사야 53장을 그리스도(메시아)의 수난과 부활을 동시에 계시하는 구약의 복음으로 해석할 수 있겠다.

(2) 바울의 변호(행 13-28장)

이제 베드로의 부활선포(1-12장)에 이어 바울의 부활선포(13-28장) 를 살펴보자. 바울에게 있어 하나님의 복음은 십자가와 부활이라는 두 기둥으로 된 하나의 구원사건이다. 죽음이 없는 부활은 있을 수 없고 부활이 없는 십자가는 무의미하다. 특별히 바울은 그리스도의 부활사건이 모든 인류가 해결하지 못했던 죄와 사망의 문제를 해결 한 결정적인 승리라고 선포한다.

먼저 바울의 비시디아 안디옥 회당설교(13장)를 보자. 설교의 서론 (13:16-25)에서 다윗왕의 후손으로 오신 예수가 하나님이 약속하신 이스라엘을 위한 구주라고 설명한다(22-23절). 설교의 본론(26-37절)에서 이 예수가 '구원의 말씀'(26절)이 되시고, 그의 죽음과 부활사건은 "성경에 그를 가리켜 기록한 말씀을 다 응하게 한 것이라"(29a절)고 증언한다. 그리고 "하나님이 죽은 자 가운데서 그를 살리신 부활의 사건"(30절)을 다윗의 시편 2편 7절과 이사야 55장 3절과 시편 16편 10절을 인용하면서 그리스도의 죽음이 죄인들을 위한 하나님의 구원의 사건임을 부활을 통해 증거 한다. 설교의 결론은 죽은 자의 부활이다. 특별히 예수의 부활을 통한 구원의 성취는 하나님이 구약에서 약속한 언약들의 성취였다.

둘째, 바울이 이방인을 대상으로 설교 한 아덴의 선포(17장)가 예수의 부활이 초점이라는 점에서 우리의 흥미를 자극한다. 바울은 아덴의 아레오바고 공회 앞에서 하나님의 다섯 가지 참된 속성(창조, 섭리, 통치, 아버지, 심판)을 통해 아덴사람들의 무지와 우상숭배를 폭로한다. 복음선포의 중심에는 "그 예수와 그 부활(τὸν Ἰησοῦν καὶ τὴν ἀνάστασιν)"이 있다(행 17:18). 바울이 "하나님이 정하신 사람"(17:31a), 곧 "부활하신 그리스도"(31b절)를 통해 회개를 촉구한 점은 복음선포의 대상이 유대인이든 이방인이든 철저하게 십자가와 부활의 복음이어야 한다는 것을 각성하게 한다.

아덴의 설교가 십자가는 없고 부활만 있어서 실패한 설교라고 말하는 이들도 있다. 하지만 여기에 대해 캘빈이 "신약에서 그 죽으심만을 언급하거나 그 부활만을 언급하는 것은 제유법(일부를 가지고 전체를 나타내는 형식)을 사용하여 서로를 다 포함한다"[212]고 한 것은 매우 적절한 지적이다. 서로 나누어서는 안 된다고 하여 구별할 수 없는 것은 아니다. 바울은 철저하게 그리스도의 죽음과 부활을 다른 사건이지만 동일 선상의 한 사건으로 이해하였다.

셋째, 사도행전의 26장 아그립바 왕 앞에서의 복음선포(κήρυγμα)를 살펴보자. 여기서도 바울이 선포한 복음은 전혀 새로운 것이 아니었다. 이는 "선지자들과 모세가 반드시 되리라(ὧν τε οἱ προφῆται ἐλάλησαν μελλόντων γίνεσθαι καὶ Μωϋσῆς)"(22절)고 선포한 약속으로 그것은 "그 선지자들과 모세가 반드시 되리라고 말한 것들은"(ὧν τε οἱ προφῆται ἐλάλησαν μελλόντων γίνεσθαι καὶ Μωϋσῆς) "그리스도가 고난을 받으실 것과 죽은 자 가운데서 먼저 다시 살아나사 이스라엘과 이방인들에게 빛을 전하시리라"(23절)는 것이었다. 한마디로 바울 복음의 케리그마는 그리스도의 죽음과 부활이다. 특별히 "예수가 살아나셨다"는 부활의 복음이야말로 복음중의 복음이다. "사망아 너의 승리가 어디 있느냐 사망아 네가 쏘는 것이 어디 있느냐 사망이 쏘는 것은 죄요 죄의 권능은 율법이라 우리 주 예수 그리스도로 말미암아 우리에게 승리를 주시는 하나님께 감사하노라"(고전 15:55-56). 바울은 호세아 13장 14절을 대략적으로 인용하면서 '이김'이라는 주제를 부활을 통해 선포한다. 호세아 선지자가 음부와

---

212. Richard Gaffin Jr., *부활과 구속*, 151.
    개편이 캘빈의 기독교강요를 인용한 것이다(20).

사망의 권세에서 이김을 내다본 글을 바울은 죄와 사망을 이기신 그리스도의 부활사건의 성취로 인용한다. 바울은 구약에 근거한 자신의 논리를 펼치기보다 구약의 성취로 호세아의 글을 인용하면서 바로 그리스도의 부활에서 이미 이루신 승리를 선포한다. 사망만 정복당한 것이 아니다. 죄와 율법 역시 그리스도의 부활로 극복되었다. 끊임없이 죄악된 우리를 정죄하고 온갖 탐심을 이루게 하며 그 권능으로 우리를 죽였던 율법의 죽음은 곧 사망의 근본원인을 제거한 것과 같다 (롬 7:8-11). 그리스도는 십자가의 죽음을 이기시고 부활하셨다! 그분의 부활은 곧 하나님의 승리다. 그분의 이김은 곧 하나님의 변호다. 부활의 권세와 능력은 단지 미래의 것만은 아니다. 예수 그리스도를 믿음으로 부활생명에 참여한 우리 신자의 현재 삶속에서 역동하는 생명이요 능력이다.

(3) 결론: 부활을 통해 십자가를 변호함

따라서 사도행전에서 베드로와 바울이 선포한 케리그마는 그리스도의 죽음과 부활이다. 이는 하나님이 죄인들을 구원하는 구속사의 일관된 메시지이다. 특별히 그리스도의 부활은 그리스도의 대속의 죽음을 변호(vindication)하는 하나님의 사건이다.[213] 십자가에 달린

---

213. James D.G. Dunn, 바울신학, 343. Dunn은 그의 책 '바울신학'에서 십자가에 못 박히신 그리스도(9장)를 진술한 후에 10장 '부활하신 주'에서 "그러나 주목할 만한 것은 바울은 그리스도의 희생제사적 죽음의 효과가 그 자체로 완결된 것이라고 보지 않았다는 것이다. 첫 번째 부분인 십자가는

그리스도를 보고 세상은 조롱하고 비웃었지만, 하나님이 그를 살리
셔서 자신의 우편에 앉히심으로 부활을 통해 십자가는 그리스도의
승리로 판정이 났다. 라이트(Wright)는 그의 저서 '하나님의 아들의
부활'에서 "부활이 없다면 예수의 십자가 처형이 죄를 처리하였다고
생각할 만한 근거가 없다. 그러나 부활로 말미암아 죄(들), 죽음에
대한 하나님의 승리가 확인된다"고 말한다.[214] 십자가와 부활로 성취된
하나님나라의 복음은 사도행전뿐 아니라 신약의 다른 곳에서도 풍부
하게 나타난다. 예수의 죽음과 부활이 별개의 사건이 아니라 뗄 수 없
는 하나의 케리그마요 초대교회와 사도들이 선포한 '두 축으로 된 하
나의 복음'이다.

3) 그리스도의 승귀를 선포한 부활

나아가 예수의 부활은 "그리스도의 승귀를 선포"(manifestation)한
다. "예수께서 그들을 데리고 베다니 앞까지 나가사 손을 들어 그들
에게 축복하시더니 축복하실 때에 그들을 떠나 [하늘로 올려지시니]
그들이 [그에게 경배하고] 큰 기쁨으로 예루살렘에 돌아가 늘 성전에
서 하나님을 찬송하니라"(눅 24:50-53). 누가는 세 복음서와 달리 자

두 번째 부분인 부활이라는 인준(vindication)이 필요했다"고 강조한다.

214. Wright, *하나님의 아들의 부활*, 508.

신의 복음서를 의미심장하게 마무리한다. 누가는 예수의 승천을 보도하는 유일한 복음서 기자다. 예수가 승천하시기 전에 제자들에게 마지막 하신 일은 그들을 데리고 베다니로 가서 그들을 축복하신 일이었다. 제자들은 승천하신 주님을 보내드리면서 주님께 경배하고 큰 기쁨으로 돌아와 성전에서 하나님을 찬송하는 사건으로 대단원의 막을 내린다. 누가복음 24장의 부활과 승천 기사는 후편 사도행전에서 예수가 부활하신 후 40일 만에 승천하신 사건(행 1:1-11)으로 자연스럽게 연결되고 포개지면서 두 권의 책이 한권이 된다. 이제는 간략하게 사도행전에 나타난 승천기사를 살펴보면서 예수의 부활이 어떻게 자신의 승귀(exaltation)를 선포한 사건인지 부활과 승천의 관계를 살펴보자.

(1) 베드로의 선포(행 1-12장)

이 말씀을 마치고 그들이 보는데 올려져 가시니 구름이 그를 가리어 보이지 않게 하더라 올라가실 때에 제자들이 자세히 하늘을 쳐다보고 있는데 흰 옷 입은 두사람이 그들 곁에 서서 이르되 갈릴리 사람들아 어찌하여 서서 하늘을 쳐다보느냐 너희 가운데서 하늘로 올려지신 이 예수는 하늘로 가심을 본 그대로 오시리라 하였느니라(행 1:9-11).

누가는 자신의 두 번째 책(사도행전)을 자연스럽게 예수의 승천기사로 시작한다. 제자들은 하늘로 들림을 받아 구름을 타고 사라져가는 주님을 다시는 보지 못할 것처럼 넋이 나간 모습으로 바라보고 있었다. 그때 '흰 옷 입은 두 사람', 즉 하나님의 시중을 든 두 천사가 나타나서 "너희 가운데서 하늘로 올려진 이 예수는 하늘로 가심을 본 그대로 오시리라"고 주의 다시 오심(재림)을 예고해 준다. 예수는 다시 오실 것이다. 그의 가심처럼, 그의 다시 오심도 역시 가시적이고 영광스러운 것이 될 것이다. 구름은 하나님의 영광스런 임재를 상징한다. 주님은 생전에 "인자가 구름을 타고 능력과 큰 영광으로 오는 것을 보리라"(눅 21:27)고 말씀하셨다. 비록 승천 때는 제자들에게만 보이시는 비밀스런 높임이 되셨을지 몰라도 다시 오시는 마지막 재림 때는 '각인의 눈이 그를 보는' 가시적이고 공개적인 모습으로 오실 것이다(계 1:7). 이제 높임을 받으신 예수를 배웅한 제자들은 그분이 다시 오실 때까지 그들이 해야 할 사명이 남아 있었다. 그것은 땅 끝까지 지상명령을 완수하는 것이었다.

1장에서 베드로는 사도의 자격을 "요한의 세례로부터 그리스도의 승천까지를 목격한 부활을 증언할 사람"으로 규정한다(행 1:21-22). 베드로가 여기서 사도의 자격과 직무를 그리스도의 '부활과 승천'을 증거할 사람으로 명시적으로 언급한 점은 매우 의미심장하다. 특별히 부활과 승천을 통한 그리스도의 승귀(exaltation)를 베드로의 오순절 설교만큼 잘 보여주는 곳도 없다. 베드로는 2장 23절에서 무고한 예수의 희생을 말하고 나서, 24-32절까지 길게 그리스도의 필연적인 부활의 사건을 두 편의 다윗의 시(16편, 89편)를 통해 예증하고, 마지막으로 예수의 승귀를 33-36절까지 다룬다.

하나님이 오른손으로 예수를 높이시매 그가 약속하신 성령을 아버지께 받아서 너희가 보고 듣는 이것을 부어 주셨느니라 다윗은 하늘에 올라가지 못하였으나 친히 말하여 이르되 주께서 내 주에게 말씀하시기를 내가 네 원수로 네 발등상이 되게 하기까지 너는 네 우편에 앉아 있으라 하셨도다 하였으니 그런즉 이스라엘 온 집은 확실히 알지니 너희가 십자가에 못 박은 이 예수를 하나님이 주와 그리스도가 되게 하셨느니라 하니라(행 2:33-36).

베드로는 '하나님이 오른손으로 예수를 높이셨다'는 엄청난 선언을 한다. 단순히 하늘로 올라가심이 아니라 높이셨다고 선포한다. 여기서 하나님의 우편이나 오른손은 문자적인 우편이나 손이 아니라 창조주 하나님의 권능과 위엄을 의인화하는 묘사이다. 그리스도가 높임을 받고 하나님의 우편에 앉으셨다는 말은 하늘의 위엄과 권위의 독특한 자리를 차지하셨다는 말씀이다.[215] 특별히 '앉으셨다'는 것은 그에게 부여된 모든 사명을 완수하셨다는 것을 의미한다. 주님은 우리 죄를 위해 대신 죽으시고 부활하심으로 하나님이 그에게 맡기

---

215. Harris, *신약에 나타난 부활*, 187.

신 사명을 온전히 성취하셨다. 하나님은 아들을 일으키심으로 아들의 죽음이 옳았다는 것을 확증하셨고, 동시에 그 부활은 그가 높임을 받으실 필요가 있는 전주곡이었다.[216] 누군가의 오른편에 앉는다는 것은 특별한 명예와 특권의 자리에 있다는 것을 의미한다(왕상 2:19). 그리스도의 경우에 이는 하나님의 보좌를 공유하시거나(계 3:21), 다니엘 선지자가 말했던 것처럼 구름을 타고 하나님께로 나아와 "권세와 영광과 나라"를 물려받은 신적존재, 즉 '인자와 같은 이'에 대한 성취로 나타난다(단 7:13-14). 특별히 예수의 승귀(높임 받으심)를 묘사할 때 가장 많이 사용되는 메시아 시편 110편 1절의 상징의 의미는 단순한 그의 구원사역에 관한 상징이 아니라 그의 궁극적인 신분에 관한 상징으로, "예수의 최고의 영광과 신적인 초월을 표현하는데 있다"고 하는 헤이(Hey)의 글을 해리스는 인용한다.[217]

나아가 해리스(Harris)는 "하나님의 우편으로 그리스도가 높임을 받으셨다는 승귀의 사건이 역사적 연구의 대상이 되지 못한 신앙의 한 교의(敎義, a tanet)"라고 안타깝게 말한다.[218] 또한 예수께서 무덤에서 하늘에 있는 명예와 권세의 유일무이한 지위로 일으키심을 받으셨기 때문에 그의 높임(승귀)은 그의 부활에서 분리할 수 없는 것이라고

---

216. Ibid., 187.
217. Ibid., 188-189. 해리스는 여기서 헤이의 시(Glory at the Right Hand, 199-217)에 대한 주석을 인용한다.
218. Harris, *신약에 나타난 부활*, 107.

강조한다. 해리스(Harris)가 쓴 책의 원제목(무덤에서 영광까지: From Grave To Glory)이 시사하는 것처럼 "예수 부활은 무덤에서(from) 변화된 몸을 입고(in) 하나님 우편에 있는 영광으로(to) 살아나신 것이었다"고 강조한다.[219]

베드로는 3장 솔로몬 행각의 설교에서도 유대인들이 죽인 거룩하고 의로운 생명의 주를 하나님이 죽은 자 가운데 살리심으로 "하나님이 그의 종 예수를 영화롭게 하셨느니라"(행 3:13b)고 선포한다. 여기 13절에서 베드로는 이사야 53장의 수난 받는 하나님의 종 예수의 죽음의 문맥에서 그의 영화를 선포한다. 이는 오직 사도 요한만이 예수의 죽음을 영화로 보는 독특한 관점으로 묘사한다. 예를 들면, "예수께서 아직 영광을 받지 못하신 고로 성령이 아직 저희에게 계시지 아니하니라"(요 7:39)는 구절이나 예수께서 "영광을 받으신"(요 12:6)후 그의 제자들이 메시아적 왕의 등극을 시사하는 예루살렘 입성을 말한 스가랴의 예언을 그에게 적용한 곳 등이다.

요한은 예수의 십자가의 죽음을 동시에 승귀로 해석한다.[220] 요한이 그리스도의 죽음을 영화로 본 것은 예수의 생애와 죽음과 부활과 승귀를 하나의 사건으로 이해하였기 때문이다. 즉 예수께서 영화롭게 게 됨이나 영광 받으실 것은 다가오는 그의 죽음과 부활을 동일시한

---

219. Ibid., 107.

220. John Smalley, 요한신학(John: Evangelist and Interpreter) (서울: 생명의 샘, 1996), 340.

것으로 스몰리는 해석한다.[221] 따라서 사도 요한은 성육신에서 시작된 것이 십자가에서 성취되고, 뿐만 아니라 십자가는 종결점이 아니라 부활을 거쳐 승귀까지의 완성을 내다본 측면에서 영화로 해석한 셈이다. 해리스(Harris)는 "부활한 예수가-실상은 승천하여 높임 받은 예수가-항상 살아 있으며 언제나 승리자임을 본다. 예수의 영광과 같이 그의 영화가 요한에게는 부활 이후에 비로소 보인 것이 아니라 처음부터 생생하게 드러나 보였던 것이다. 예수가 십자가 위에 들어 올려졌을 때, 그때가 바로 영원한 승리와 승귀의 전환점이었던 것이다."[222]

사도행전 4장 베드로의 산헤드린 공회에서의 첫 번째 변론을 보자. 베드로는 공회원들에게 너희가 십자가에 못 박은 예수를 하나님이 죽은 자 가운데서 살리셨다(10b)고 변호하면서 이 예수는 "너희 건축자들이 버린 돌로서 집 모퉁이의 머릿돌이 되었느니라"(11절)고 시편 118편 22절을 인용하며 그들에게 응수한다. 다시 말하면 예수는 부활과 승귀를 통해 새 성전(하나님의 나라)의 기초와 머리가 되셨다는 선포인 것이다.

5장에서 베드로는 산헤드린 공회 앞에서 두 번째 변호를 하면서 대제사장을 포함한 공회원들에게 다음과 같이 선포한다.

---

221. Ibid., 340-341.
222. Ibid., 342-343. 히브리서 기자가 강조하는 '승귀신학'도 부활을 전제로 한 영광과 승리의 신학이다.

베드로와 사도들이 대답하여 이르되 사람보다 하나님께 순종하는 것이 마땅하도다. 너희가 나무에 달아 죽인 예수를 우리 조상의 하나님이 살리시고 이스라엘에게 회개함과 죄사함을 주시려고 그를 오른손으로 높이사 임금과 구주를 삼으셨느니라(행 5:29-31).

한마디로 베드로는 너희가 죽인 예수를(십자가) 하나님이 살리시고(부활) 높이셔서(승귀) 임금과 구주가 되게 하셨다고 선포한다. 결국 부활 승천하시고 높임 받으신 예수는 만유의 통치자(왕)와 구주(구원자)의 자리에 앉으셨다는 것이다. 패닝(Fanning)은 그리스도의 영광 받으심(승귀)은 "하나님과 예수 그리스도의 주권과 위엄을 묘사하는 중요한 주제"라고 설명한다.[223]

(2) 바울의 선포(행 13-28장)

이제 바울이 어떻게 그리스도의 부활과 승귀의 관계를 묘사하는지 보자. 패닝(Fanning)은 "예수의 '죽음과 부활'이 바울 자신의 복음선포에서 가장 중요한 주제"라고 지적한다.[224] 특별히 사도행전에서 예수의 십자가와 부활의 복음을 선포하면서도 특별히 부활에 그 초점을

---

223. T.D.Alexander and BrianRosner, *IVP 성경신학사전*, 622.
224. Ibid., 623.

맞추어 설교한 것을 강조한다. 하지만 바울은 부활 이후의 승천의 사건에 대해서

는 거의 언급이 없다. 그렇다면 바울이 쓴 열세 권의 서신들 속에서 승천은 어떻게 나타나는지 잠시 살펴보도록 하자. 패닝은 바울의 서신 가운데서 승천에 대한 언급은 불과 몇 곳에 불과하다고 말한다(롬 10:6; 엡 4:7-11; 딤전 3:16).[225] 누가나 베드로에 비하면 바울은 상대적으로 승천에 대한 언급이 적은 편이다.

먼저 로마서 10장 6절에서는 시편 68편 18절을 인용하면서 그리스도의 승귀가 율법이 아닌 믿음으로 말미암는 의를 설명하는데 사용한다.

둘째, 동일한 시편을 인용하는 에베소서 4장 8-9절에서는 그리스도의 승귀가 위로부터 선물로 주어지는 그리스도의 은사(교회에게 주시는 다양한 성령의 은사)를 설명하는 데 사용한다.

셋째, 디모데전서 3장 16절을 자세히 한번 살펴보자.

크도다 경건의 비밀이여 그렇지 않다하는 이 없도다. 그는 육신
으로 나타난 바 되시고 영으로 의롭다하심을 받으시고, 천사들
에게 보이시고 만국에서 전파되시고, 세상에서 믿은바 되시고
영광가운데 올려지느니라(καὶ ὁμολογουμένως μέγα ἐστὶν τὸ τῆ

---

225. Ibid., 624.

ς εὐσεβείας μυστήριον· Ὃς ἐφανερώθη ἐν σαρκί, ἐδικαιώθη ἐν πνεύματι, ὤφθη ἀγγέλοις, ἐκηρύχθη ἐν ἔθνεσιν, ἐπιστεύθη ἐν κόσμῳ, ἀνελήμφθη ἐν δόξῃ.) (딤전 3:16).

비슬리-머레이(Beasley-Murray)는 "그리스도의 부활이 초대교회의 찬송가와 신앙고백에 스며든 방식의 마지막 예가 디모데전서 3장 16절이라"고 말하면서, 이것은 "초대 그리스도인들이 예배 때 부활하신 주 예수의 비밀(16a절)을 경축하면서 부르거나 낭송한 신조찬송"이라고 소개한다.[226] 영문 번역으로는 선명하지 않지만 헬라어 원문의 찬송형태는 구성상 비슷한 여섯 줄로 되어 있다. 많은 사람이 대조되는 세 쌍으로 배열하지만(교차 대구법) 비슬리-머레이는 마지막 두 줄의 결합이 어렵기 때문에 "각각 세 줄씩으로 된 두 구절"로 본다.[227] 이제 예수에 대한 여섯 개의 중요한 내용들을 각각 살펴보도록 하자.[228]

먼저, "그는 육신으로 나타난바 되시고(Ὃς ἐφανερώθη ἐν σαρκί)"는 '성육신'을 가리킨다. 여기서 비슬리-머레이는 하나님이 인간의 몸을 입고 이 땅에 오신 예수의 목적을 디모데후서 1장 10절로 대답한다. "우리 구주 그리스도 예수의 나타나심으로 말미암아 나타났으니 그는

---

226. Beasley-Murray, 부활, 329.

227. Ibid., 329.

228. Ibid., 329-338. 디모데전서 3장 16절의 주해 내용은 비슬리-머레이(Beasley-Murray)의 책을 요약한 것이다.

사망을 폐하시고 복음으로써 생명과 썩지 아니할 것을 드러내신지라"(딤후1:10). 즉 성육신의 복음은 사망을 폐한 부활의 생명을 염두에 두고 있다.

둘째, 예수는 "영으로 의롭다함을 받으시고(ἐδικαιώθη ἐν πνεύματι)"는 부활을 통한 그분의 '칭의'를 가리킨다. 하나님은 부활절 새벽에 아들을 일으키심으로 하나님의 아들 예수는 하나님의 의로운 자(행 3:14; 7:52; 요일 2:1, 29; 3:7)로 입증되셨다. 부활은 성육신의 목적인 예수의 죽음이 옳았음을 입증하는 순간이었다.

셋째, 예수는 "천사들에게 보이시고(ὤφθη ἀγγέλοις)"는 '승천'의 사건을 가리킨다. 혹자는 그리스도가 부활하신 후에 '사도들에 나타난 것'을 혹은 예수의 지상에서의 '삶 전체'를 가리키는 것으로 본다. 하지만 비슬리-머레이는 "부활하신 주님은 하나님 아버지께로 승천하시면서 모든 영광가운데 천사들에게 나타나신 사건"을 가리킨다고 해석한다.[229]

넷째, 예수는 "만국에서 전파되시고(ἐκηρύχθη ἐν ἔθνεσιν)"는 '천하각국 사람'(행 2:5)들에게 전파된 오순절의 복음선포를 가리킨다.

다섯째, 예수는 "세상에서 믿은바 되시고(ἐπιστεύθη ἐν κόσμῳ)"는 세상에 복음이 전파되었을 뿐 아니라 복음은 또한 받아들여진 것을 의미한다.

---

229. Beasley-Murray, 부활, 333.

여섯째, 예수는 "영광 가운데서 올려지셨느니라(ἀνελήμφθη ἐν δόξῃ)"는 그리스도의 승천을 다시 경축하면서 끝난다(행 1:11). 개핀도 마지막 여섯째 줄의 "영광 가운데서 올림 받은 사건"을 승천으로 해석한다.[230] 비슬리-머레이는 찬송가의 셋째 줄과 여섯째 줄은 서로 대응되는 줄로써 이 찬송가의 '후렴'구로 본다.[231]

초대 찬송가 전체를 요약하면 그리스도의 성육신, 칭의, 승천, 복음전파, 믿음, 승천한 사건은 예수의 구원사건이 부활과 승천 사건에 모두 관련되어 있다는 결론을 갖게 한다. 이는 전체적으로 예수는 성육신을 통해서 낮아지셨고(비하) 부활을 통해 높아지셨음(승귀)을 보게 한다 .

(3) 결론: 부활을 통한 승귀의 선포

결론적으로 베드로나 바울이나 모두 그리스도의 부활을 통해서 영광 가운데 올림 받음을 선포한다. "그리스도의 부활과 승귀는 매우 긴밀하게 연결되어 있다"고 말한 해리스는 옳다.[232] 던(Dunn)도 바울의 사상에서 예수의 부활과 예수의 높이 들림을 실제적으로 구별하기는 어려울 것이라고 말하면서 부활 그 자체가 예수에게 새로운 신분을 가져다 준 높이 들리우심이었다"고 결론한다.[233] 예수는 부활

---

230. Gaffin Jr., 부활과 구속, 92.

231. Beasley-Murray, 부활, 335.

232. Harris. 신약에 나타난 부활, 107.

233. Dunn, 바울신학, 381.

후 40일 동안의 지상사역을 마치고 승천하심으로 하나님 우편으로 올림 받고 앉으셨다. 그러므로 예수의 부활은 그분의 승귀(높아지심)를 선포(manifestation)한 것이다. 이제 예수는 하나님 아버지의 능력과 영광으로 올리우셔서 만유의 주와 그리스도가 되셨다. 부활하신 예수의 승천은 원래의 본향으로 돌아가시는 당연한 수순이셨다. 비천한 우리들을 위해 잠시 낮아지셨을지라도(비하) 종국에 그분은 하나님이 계시는 영광의 자리로 귀환하셔야 했다(승귀). 우리가 예수의 부활을 기념하는 것은 또한 예수의 귀향(homecoming)을 기념하는 것이다.[234] 결국 "예수의 부활은, 그분의 탄생과 마찬가지로, 예수의 '오심과 가심'(coming and going)을 극적으로 보여주시는 사건이 아닐 수 없다."[235] 이제 예수의 영광스런 승귀에서 우리도 그분의 나라에서 영광스런 유업을 상급으로 받게 될 것을 소망한다.

4) 그리스도의 주되심을 확증한 사건인 부활

마지막으로 예수의 부활은 '그리스도의 주되심을 확증'(verification)한다. 예수의 부활을 통한 승귀의 사건은 자연스럽게 그분이 그리스도와 주가 되심을 선포한다. 유대 문화 속에서 '주'(κύριος)라는 말은

---

234. 이문장, "예수의 부활이 인류에게 소망인 이유," 목회와 신학, 2003년 4월호(서울: 두란노, 2003), 63.

235. Ibid., 63.

통상 하나님 자신에게 사용되었던 용어이다. 실로 여호와 하나님의 이름은 그들에게 너무나 거룩해서 입에 올릴 수 없었던 신적 이름(여호와)이었다. 따라서 유대인들은 구약성경을 공적으로 읽으면서 여호와라는 이름을 발견할 때마다 그 신적이름을 큰소리로 읽는 대신 '주' '주'(κύριος)라는 말로 대신했다.[236] 그러나 초대 그리스도인들(유대인들을 포함)은 감히 예수를 '주'(κύριος)라 불렀다(마 1:23; 16:16; 요 20:28; 롬 10:13 등). 신약성경에서 예수가 여호와 하나님으로 이해된 본문에서 가장 중요한 본문들 중의 일부는 "사도행전 2장 21절, 34-35절, 로마서 10장 13절, 빌립보서 2장 9-11절, 베드로전서 3장 15-16절, 요한계시록 19장 16절"이다.[237] 예수가 주님이시라는 그분의 신성에 대한 믿음에 근거해서 초대교회가 세워졌다고 해도 과언은 아닐 것이다. 이제 베드로와 바울의 증언을 통해 어떻게 예수의 부활이 그리스도의 주권(왕권)을 확증하는지 살펴보도록 하자.

(1) 베드로의 확증(행 1-12장)

사도행전 1장 서론(행 1:1-5)은 누가가 자신의 복음서의 마지막 연장선(눅 24:46-51)에서 부활하신 그리스도의 마지막 승천기사를 다룬다.

---

236. 이문장, "예수의 부활이 인류에게 소망인 이유", 65.

237. Donald Hagner, 히브리서의 신학적 강해(서울: 크리스챤, 2008), 85.

사도행전 2장 오순절 설교에서는 베드로가 예수의 부활을 승귀로 승화시킨 다음에(2:33a), 그 승귀의 결과로 성령의 오심(2:33b)을 선포한다. 그리고 죽음과 부활과 승귀를 통한 예수를 하나님이 '주와 그리스도가 되게 하셨다'고 선포한다(2:36).

"그런즉 이스라엘 온 집은 확실히 알지니 너희가 십자가에 못 박은 이 예수를 하나님이 주와 그리스도가 되게 하셨느니라 하니라"(행 2:36). 베드로는 예수의 부활과 승귀를 통해 "예수께서 주와 그리스도가 되셨다"는 복음선포(κήρυγμα)를 "이스라엘이 알아야 할 진리"(2:36a)로 선포한다. 결론적으로 예수는 부활과 승귀를 통해 만유의 주가 되시고 메시아가 되시는 영광스런 자리로 높임을 받으셨다. 예수의 부활은 하나님께서 그를 변호하시고 높이신 수단이었다.[238]

4장에서 사도 베드로는 산헤드린 공회의 법정에 서서 어떻게 건축자들의 버린 돌이 하나님 집의 모퉁이 돌이 되었는지를 선포한다. 그리고 잠시 석방이 된 후 동료 공동체에게 돌아와서 다윗의 메시아 시편 2편을 인용하면서 열방이 분노하고 세상의 군왕들이 예수를 대적할지라도 하나님은 그를 주와 그리스도가 되게 하셨다고 선포한다.

"또 주의 종 우리 조상 다윗의 입을 통하여 성령으로 말씀하시기를 어찌하여 열방이 분노하며 족속들이 허사를 경영하였는고 세상의 군왕들이 나서며 관리들이 함께 모여 주와 그의 그리스도를 대적하

---

238. Harris, 신약에 나타난 부활, 201.

도다 하신이로소이다"(행 4:25-26).

만유를 지으신 창조의 하나님(4:24)은 여기서 메시아를 계시하시는 하나님으로 자신을 드러내신다. 성부 하나님은 다윗의 입을 통해서 기름부음을 받은 아들이 세상으로부터 고난을 받을 것을 성령을 통하여 말씀하신 것이다. 하지만 하나님은 열방과 족속들의 반란을 무력화시키고 자신의 아들을 주와 그리스도(기름부음을 받은 자)가 되게 하실 것을 확신한다.

5장에서는 다시 투옥된 후에 산헤드린 법정에 재차 서서 너희들이 무고하게 죽인 예수를 하나님이 살리시고 높이셔서 만유의 임금(왕)과 구주로 삼으셨음을 선포한다.

"너희가 나무에 달아 죽인 예수를 우리 조상의 하나님이 살리시고 이스라엘에게 회개함과 죄 사함을 주시려고 그를 오른손으로 높이사 임금과 구주로 삼으셨느니라"(행 5:30-31).

30절에서 예수의 죽음과 부활을 변호한 다음에, 31절 상반절에서는 예수의 죽음과 부활의 목적이 이스라엘의 구원(회개와 죄사함)을 위한 것이라고 선포한다. 31절 하반절에서는 하나님이 예수를 오른손으로 높이신 예수의 승귀 사건이 따라오고, 그 결과 예수는 "임금과 구주"로 등극하신다. 성부 하나님의 권능은 죄와 사망의 결박으로부터 아들 예수를 살리셨을 뿐만 아니라 그를 보좌 우편에 앉히심으로 그를 만유의 통치자(왕)와 구세주로 삼으신 것이다.

예수의 죽음과 부활과 승천을 통한 메시아의 왕적 통치에 대한 기쁜 소식은 온 열방에 선포되어야 할 복된 소식이다. 마침내 하나님은 이 완성에 대한 증인으로 "인간 사도"와 "성령 하나님"을 증인으로 세우셨다(행 5:32). 해리스(Harris)는 "부활을 통한 그리스도의 메시아 되심에 대한 확증은 예수께서 메시아로써 수행하신 하나님이 정하신 구원의 임무가 완전히 종료되고 승인되었다는 것을 함축한다"고 진술한다.[239]

(2) 바울의 확증

바울에게서 부활을 통한 그리스도의 주되심(Lordship)에 대한 명시적인 확증은 사도행전보다는 그의 서신에서 훨씬 더 풍성하게 드러난다. 먼저 사도행전에서 두 가지 예시를 들고 그의 서신서에 나타난 내용들을 간략히 살펴보도록 하자.

① 사도행전(행 13-28장)

사도행전에서는 비시디아 안디옥에서 행한 설교(행13장)와 아덴에서 행한 설교(행 17장)를 예로 들어보자. 첫째, 비시디아 안디옥에서 행한 바울의 설교(행 13:16-41)는 안디옥 회당 예배에 참석한 사람들을 대상으로 한다. 특별히 그의 설교가운데 '예수의 부활'에 대한

---

239. Harris, *신약에 나타난 부활*, 185.

본문은 아래와 같다.

> 우리도 조상들에게 주신 약속을 너희에게 전파하노니 곧 하나
> 님이 예수를 일으키사 우리 자녀들에게 이 약속을 이루게 하셨
> 다 함이라 시편 둘째 편에 기록한 바와 같이 너는 내 아들이라
> 오늘 너를 낳았다 하셨고 또 하나님께서 죽은 자 가운데서 저를
> 일으키사 다시 썩음을 당하지 않게 하실 것을 가르쳐 가라사대
> 내가 다윗의 거룩하고 미쁜 은사를 너희에게 주리라 하셨으며
> 그러므로 또 다른 편에 일렀으되 주의 거룩한 자로 썩음을 당하
> 지 않게 하시리라 하셨느니라 다윗은 당시에 하나님의 뜻을 좇
> 아 섬기다가 잠들어 그 조상들과 함께 묻혀 썩음을 당하였으되
> 하나님의 살리신 이는 썩음을 당하지 아니하였나니(행 13:32-37).

바울 설교의 초점은 당연히 예수의 부활이다. 그의 부활사건은 메
시아의 주권적 성취와 긴밀하게 연결되어 있음을 보게 한다. 바울은
여덟 줄(30-37절)에 걸쳐 예수가 하나님의 약속을 성취한 '이스라엘
의 구주'(행 13:23)라고 묘사한다. 여기서 우리가 주목해야 할 점은
부활의 문맥에서 세 개의 구약성경을 인용하는데 그것이 모두 메시
아적 본문이라는 점이다. 첫째, "너는 내 아들이라 오늘 너를 낳았다"
(13:33b)고 하는 하나님의 아들에 대한 시편 2편 7절의 인용은 다윗
의 유명한 메시아 시편이다. 둘째, "내가 다윗의 거룩하고 미쁜 은사

를 너희에게 주리라"(13:34b)는 이사야 55장 3절의 인용은 나단의 신탁에 대한 약속(삼하 7:12-13)을 반영한다. 나단의 언약은 다윗의 후손(씨)으로 오실 메시아가 다스릴 영원한 하나님나라에 대한 언약이다. 셋째, "주의 거룩한 자로 썩음을 당하지 않게 하시리라"(13:35)는 시편 16편 10절의 인용 또한 다윗이 아닌 다윗의 자손의 부활을 통한 메시아 약속에 대한 시편이다. 다윗은 이미 죽어 땅에 묻혀 썩었으므로(13:36) 당연히 이 16편의 대상은 "하나님께서 살리신 이"(13:37) 곧 "하나님이 약속하신 대로 이 사람의 후손에서 이스라엘을 위하여 구주를 세우셨으니 곧 예수라"(13:23)는 메시아인 것이다. 하나님이 예수를 일으키사 우리 자녀들에게 이 약속을 이루게 하셨다(13:33a). 바울은 로마서 서론에서 "성결의 영으로는 죽은 자들 가운데서 부활하사 능력으로 하나님의 아들로 선포되셨으니 곧 우리 주 예수 그리스도시니라"(롬 1:4)고 부활을 통한 새 시대의 머리와 왕이 되신 그분의 주권을 확증하고 선포한다.

둘째, 바울의 아덴의 설교(행 17:22-31)를 예로 들어보자. 바울의 비시디아 안디옥에서 행한 설교가 신자들을 대상으로 하였다면, 17장 아덴에서 행한 설교는 불신자를 대상으로 하는 대표적인 설교다. 많은 설교자가 아덴의 설교는 복음을 선포하지 않아서 실패한 설교라고 말하지만 실제로 바울은 분명하게 죽은 자의 부활의 복음을 선포한다.

이는 정하신 사람으로 하여금 천하를 공의로 심판할 날을 작정하시고 이에 저를 죽은 자 가운데서 다시 살리신 것으로 모든 사람에게 믿을만한 증거를 주셨음이니라 하니라(행 17:31).

누가는 바울이 아레오바고 공회에 붙잡힌 것도 "이는 바울이 예수와 부활을 전하기 때문"(17:18b)이라고 기록한다. 설교의 결론에서도 과거에 알지 못하던 시대에는 하나님이 허물치 아니하셨을지라도(그분의 자비 때문), 이제는 어디든지 사람에게 다 명하사 회개하라고 하셨음을 분명히 선포한다(17:30). 이제는 '정하신 한 사람(ἐν ἀνδρὶ ᾧ ὥρισεν)'(31절) 때문에 더 이상 핑계할 수 없게 되었다. 바로 그 '정하신 한 사람'은 천하를 공의로 심판하실 부활하신 주님이시다.

도드(Dodd)는 "바울에게 있어 심판사상은 그리스도의 우주적 주권행사의 기능으로 그 주권은 그의 죽음과 부활을 통해서 얻은 것이었고 또 심판주로서 재림사상은 심판 설교의 일부였다"고 묘사한다.[240] 리델보스도 바울의 케리그마는 그리스도의 죽음과 부활의 사실들을 의미심장한 종말론 정황에서 선포한 것이라고 확신한다.[241] 우리는 그의 여러 서신에서 그 증거를 찾을 수 있다(고전 4:5; 고후

---

240. Dodd, 설교의 원형과 그 발전, 12.
241. Herman Ridderbos, 바울신학, 44.

5:10; 살전 1:10). 예수의 부활과 주권과 심판이라는 긴밀한 선포는 "죽은 자와 산자의 주가 되신다"(롬 14:9)는 우주적 주되심을 확증하는 명백한 선포다.

② 바울의 서신들

이제 바울의 서신들에 나타난 예수의 '부활-승귀-주권'에 대한 몇 가지 증거 본문들을 살펴보자.

첫째, 바울은 로마서 서론에서 예수의 부활은 구속사의 전환점이라고 해석한다. 즉 예수의 죽음과 부활의 사건은 옛 시대를 마감하고 새 시대를 여는 머리로서의 역할을 한다고 보기 때문이다.

> 그의 아들에 관하여 말하면 '육신'으로는 다윗의 혈통에서 나셨고, '성결의 영'으로는 죽은 자들 가운데서 부활하사 능력으로 하나님의 아들로 선포되셨으니 곧 우리 주 예수 그리스도시니라 (롬 1:3-4).

전통적으로 학자들(캘빈, 핫지, 워필드, 카이퍼)은 로마서 1장 3-4절의 본문에 나타나는 육과 영을 그리스도의 인격을 구성하는 두 본성의 대조로 해석하였다[242]. 그러나 무(Moo)는 '육(3절)과 영(4절)'의

---

242. Gaffin Jr., *부활과 구속*, 132.

대조를 그리스도 안에 있는 '두 본성'(인성과 신성)으로 묘사하지 않고 구속사의 '두 시대'를 대표하는 대칭으로 해석한다. 무는 "바울의 전형적인 육과 영의 대조는 그리스도의 본성의 대조가 아니라 그의 존재의 두 시대를 암시한다. 하나님의 아들로서 예수는 다윗의 후손으로 이 땅에 오셨고 메시아의 사역을 성취하셨다. 그리고 부활 후에 성령의 사역을 통하여 존재의 새로운 시대 즉, 능력으로 하나님의 아들로 인정된 시대로 들어가셨다"고 진술한다.[243] 3절의 '육신'은 예수 그리스도가 오시기 이전에 죄가 거침없이 다스리던 어둠의 시대였다. 그러나 4절의 '성결의 영'은 그리스도의 사역과 성령의 강림에 의해 시작된 새로운 시대인 것이다. 이처럼 주 예수의 부활은 죄가 지배하던 옛 시대와 죄가 사라지고 메시아가 승리한 새 시대의 분깃점이 되었다. 구속의 새 시대는 예수의 초림으로 시작되어 재림으로 완성될 것이다.[244]

개핀도 이 본문에서 존재(본성)론적 요소를 부인하지 않지만 구속사적인 개관이 지배적이라고 피력한다. 그는 "이 대조는 두개의 연속적인 존재의 양상 혹은 상태의 대조이다. 이 입장은 보스에 의하여 소개되었고 그레이다누스와 리델보스, 머레이의 주석에서 주장되었다"고 진술한다.[245] 그는 결론적으로 복음이 하나님의 능력인 까닭은 복

---

243. Douglas Moo, 로마서의 신학적 강해, 59.

244. Ibid., 58-62.

245. Gaffin Jr., 부활과 구속, 132.

음에 하나님의 의가 나타났기 때문인데, 그리스도의 양성교리(인성과 신성)는 "구원을 주시는 하나님의 능력이 될 수 없다"(롬 1:16)고 쐐기를 박는다.[246] 다시 말하면 로마서 1장 3-4절은 그리스도의 부활사건을 깃점으로 구속사의 두 시대(율법과 복음시대)를 양분하는 것으로 그분의 부활사건이야말로 하나님의 능력인 복음사건인 것이다.

둘째, 주 예수의 부활은 구속사의 전환점일 뿐 아니라 새 시대의 백성들의 신앙고백이요 선포가 되었다. "네가 만일 네 입으로 예수를 주로 시인하며 또 하나님께서 그를 죽은 자 가운데서 살리신 것을 네 마음에 믿으면 구원을 얻으리니"(롬 10:9).

바울이 로마서 10장 9절에서 "부활하신 예수가 주님이시다"는 내용을 신앙고백으로 사용한 것은 매우 흥미롭다. 초대 그리스도인들은 예수를 주로 고백하면서 세례를 받았다. 그들이 믿고 고백한 신앙의 내용은 예수의 부활과 주되심이었다. 이는 자신의 믿음을 공적으로 고백하고 신앙생활을 시작하면서부터 부활하신 주님의 주권을 선포한 것이다. 황제숭배를 강요당하던 네로 치하의 시대에 "황제가 주님이 아니라 나사렛에 사셨던 예수가 주님이시다"는 고백은 자신의 생명을 내건 엄청난 고백이자 선포였다. 도드(Dodd)가 말한 것처럼 로마에 사는 그리 스도인들에게 "부활의 선포는 곧 그리스도의 주되심을 선포한

---

246. Ibid., 138.

것이었다".[247] 예수가 주시라는 신앙고백은 고린도교회에서도 발견된다. 거기에서 바울은 "성령으로 아니하고는 누구든지 예수를 주시라 할 수 없느니라."(고전 12:3b)고 말한다. 비슬리-머레이의 말처럼 "그리스도인의 표시, 성령을 소유하고 있다는 표시는 예수는 주시라고 고백하는 것"에서 잘 나타난다.[248] 따라서 부활은 예수 주권의 기초이다. 그분의 주권과 부활은 분리할 수 있는 두개의 요소가 아니라 오히려 하나인 것이다.

셋째, 예수의 부활은 승귀와 함께 하나님의 우편에 앉으심이라는 주제와 긴밀하게 연결되어 있다. 예수의 부활은 그의 높임 받으심(exaltation)에 대한 필요한 전주곡이었다. 높임 받으신 예수가 하나님 보좌 우편에 앉으셨다는 것은 그의 현재적 위엄과 영광스런 통치를 드러낸다. 바울은 로마서 8장 34절에서 "누가 정죄하리요 죽으실 뿐 아니라 다시 살아나신 이는 그리스도 예수시니 그는 하나님 우편에

---

247. Dodd, 설교의 원형과 그 발전, 10. Dunn은 이 구절에서 "예수는 주시라는 아주 오래된 세례 때의 신앙고백을 반영한 대목에서, 고백되는 구원의 믿음은 하나님께서 그를 죽은 자 가운데서 살리셨다(롬 10:9-10)는 것이다"고 주해한다(344). 특별히 바울이 사용하는 기독론적 칭호와 용례에서 그리스도에 관하여 가장 의미있는 내용을 말해 주는 칭호는 퀴리오스(Kyrios, '주')인데 바울의 서신 속에서 예수와 관련하여 퀴리오스(주)가 사용된 용례는 무려 200회가 넘는다고 말한다. 더 자세한 내용은 "James Dunn, 바울신학, 354-364"를 참조하라.

248. Beasley-Murray, 부활, 304.

계신 자요 우리를 위하여 간구하시는 자시니라."(롬 8:34)고 선포한다. 우리 주변에 있는 어떠한 원수들도 이제는 우리 성도들을 괴롭힐 수 없다. 그것은 이 모든 정죄로부터 우리를 구원하시기 위해 죽으시고 부활하시고 높임 받으신 예수 그리스도께서 하나님 보좌 우편에서 우리를 신원해 주시기 때문이다. 모든 시대(현 세상과 오는 세상)를 초월한 온 우주에 대한 그리스도의 주되심(Lordship)에 대한 찬송은 바울이 에베소 교회에게 보낸 진술에서도 확연하게 드러난다. "그의 능력이 그리스도 안에서 역사하사 죽은 자들 가운데서 다시 살리시고 하늘에서 자기 오른편에 앉히사 모든 통치와 권세와 능력과 주권과 이 세상뿐 아니라 오는 세상에 일컫는 모든 이름 위에 뛰어나게 하시고 또 만물을 그의 발아래 복종하게 하시고 그를 만물 위에 교회의 머리로 삼으셨느니라"(엡 2:20-22). 예수의 승귀와 우주적 통치의 주권은 골로새서 3장 1절이나 빌립보서 2장 9-11절에 공히 나타난다. 여기서 "예수가 하나님의 우편에 앉으셔서 다스린다"는 통치(심판) 사상은 메시아 시편 110:1과 긴밀히 결합되어 있다. 이 시편 110편은 신약에서 약 33회 인용된 구절로 가장 자주 적용된 구절이기도 하다.[249] 특별히 신약에서 가장 광범위하게 사용되는 곳은 히브리서로 무려 15번을 인용한다. 바울은 로마서에서 예수의 부활의 최종적인 결과는 예수가 온 우주의 주권자(심판주)이심을 선포한다. "그리스도께서 죽었다가

---

249. Alexander and Rosner, *IVP 성경신학사전*, 624.

다시 살아나셨으니 곧 죽은 자와 산 자의 주가 되려하심이라"(롬 14:9).

도드(Dodd)는 여기서 "그리스도의 죽음과 부활의 목적은 온 우주의 주권을 획득하려는데 있었다"고 말한다.[250] 바울은 또한 고린도교회에 보내는 편지에서 "그가 모든 원수를 그 발아래 둘 때까지 반드시 왕 노릇 하시리니"(고전 15:25)라고 진술한다. 다윗이 시편 110편 1절에서 "내가 네 원수들로 네 발판이 되게 하기까지"나 여기서 바울이 "그가 모든 원수를 그 발아래 둘 때까지"는 아직도 그의 완전한 우주적 통치까지는 어느 정도 시간이 지체될 것이라는 말이다. 이미 메시아의 죽음과 부활을 통해 그의 나라는 도래했지만 아직은 아니다. 그가 심판의 주로 다시 오실 때까지 교회가 거침없이 선포해야할 복음은 부활하신 주께서 온 우주를 다스리시며 마지막 날에 다시 오실 것이라는 심판의 복음이다.

(3) 결론: 부활을 통한 주되심의 확증

초대교회와 사도들은 부활하신 예수는 주님이시라는 주되심의 복음을 선포하였다. 예수 그리스도는 개인적인 주님이실 뿐 아니라 온 만유의 주님이시다. 현 세상뿐 아니라 오는 세상에서도 그분은 주님이시다. 예수의 주권은 예수의 부활을 기초로 하며 서로 떼려야 뗄 수 없는 연결된 개념이다. 따라서 예수의 부활은 그리스도의 주되

---

250. Dodd, 설교의 원형과 그 발전, 11.

심(Lordship)을 확증하는 사건이다.

3. 결론

우리는 지금까지 사도들이 선포한 부활복음의 성경신학적인 의미를
네 가지 측면에서 살펴보았다.

첫째, 예수의 부활은 "구약에 드러난 약속의 성취"(fulfillment)다.
둘째, 예수의 부활은 "그리스도의 죽음을 변호"(vindication)한다.
셋째, 예수의 부활은 "그리스도의 승귀를 선포"(manifestation)한다.
넷째, 예수의 부활은 "그리스도의 주(主) 되심을 확증"(verification)한다.

상기한 네 가지 주제는 초대교회의 사도들이 왜 그토록 생명을 걸고
그리스도의 부활중심의 복음을 선포하였는지 그 중요한 성경신학적
의미를 드러낸다. 1세기 초대교회가 그 시대를 향해 선포했던 십자가
와 부활이라는 성경의 케리그마가 21세기의 혼란스런 다원주의 사회
를 향한 진정한 케리그마가 되길 간절히 염원한다.

제6장

───────

에필로그

───────

예수께서 사망을 이기시고 부활하셔서 만유의 주와 그리스도가 되셨다는 것은 나에게 가장 벅찬 고백이요 선포다. 본서를 집필하면서 좀 더 깊이 신구약 성경에 나타난 십자가와 부활의 본문들을 묵상하고 그 주제들을 다룬 신학서적들을 폭넓게 읽기로 결단하였다. Covid-19의 팬데믹으로 힘들고 어려운 세상을 살아가는 성도들에게 본서가 미력하나마 작은 위로가 되고 도움이 되었으면 한다.

에필로그에서는 본서의 내용을 최종 요약하고 독자들에게 두 가지 제언을 드리고자 한다. 그리고 필자에게 주는 도전과 각오를 나누면서 후기를 마무리하고자 한다.

1. 전체 요약

1장에서는 집필동기와 배경을 서술하고 본서의 전체 개요를 약술하였다.

2장에서는 사도행전에 나타난 사도 베드로의 여덟 편의 복음선포를 분석하였다. 베드로의 다양한 형식의 선포(설교, 강론, 연설, 변호, 변증 등)를 '복음선포'(κήρυγμα)라고 통칭하고 베드로의 여덟 편의 복음선포를 귀납적으로 분석한 후 베드로의 복음선포의 결론으로 그의 선포 속에 드러난 가장 두드러지고 공통적인 두 가지 핵심주제("약속의 성취"와 "부활선포 중심")를 발견하였다.

3장은 사도행전에 나타난 사도 바울의 열 편의 복음선포를 분석하였다. 바울의 다양한 형식의 설교(설교, 연설, 강론, 변호, 변증 등)를 '복음선포'(κήρυγμα)로 통칭한 후, 그의 열 편의 복음선포를 귀납적으로 분석한 후 바울의 복음선포의 두드러진 결론으로 "약속의 성취"와 "예수의 부활선포"가 그 중심에 있음을 발견하였다. 이는 2장 베드로의 복음선포에서나 3장 바울의 복음선포에서 같은 결론을 도출하였다.

4장에서는 베드로와 바울의 복음선포(설교)에 사용된 구약의 본문들을 살펴봄으로써 구약 인용 구절들이 위에서 발견한 두 가지 공통 주제(약속의 성취와 부활선포의 중심)를 강조하고 논증하는 구절임을 살펴보았다. 먼저 베드로의 복음선포에 사용된 구약본문들을 중심으로 여덟 곳의 직접인용(citation), 열한 곳의 암시(allusion)와 반영(echoes), 그리고 그 구약의 본문들이 다른 신약성경에 사용된 열일곱 곳을 간략히 살펴보았다. 이후 바울의 복음선포에 사용된 구약의 본문들을 중심으로 아홉 곳의 직접인용(citation), 스물여섯 곳의 암시(allusion)와 반영(echoes), 그리고 일곱 곳의 다른 신약성경에 사용된 구약의 본문들을 살펴보았다.

5장에서는 초대교회 사도들이 시종일관 강력하게 선포한 그리스도의 부활복음의 근거가 되는 '부활선포의 성경신학적 의미'를 네 가지 측면에서 설명하였다. 예수 그리스도의 부활이 중요한 까닭은 "예수의 부활이 구약의 구원약속을 성취하고, 대속의 십자가를 변호하며, 그리스도의 승귀를 선포하고 동시에 그리스도의 주되심(왕권)을 확증하는 사건"이기 때문이다.

마지막 6장은 본서의 전체(1-5장)를 요약한 후에 한국교회를 향한 두 가지 제언을 한다. '둘이 아닌 하나의 복음'을 온전히 회복하기 위해 깊이있는 신학연구와 성경연구의 필요성을 제안하고 본서를 집필하면서 체험한 새로운 도전과 각오를 네 가지 측면에서 간략히 나누면서 본서의 후기를 마무리하고자 한다.

2. 제언

사도들이 선포한 복음(십자가와 부활)을 올곧게 전하기 위해서는 부단한 노력이 필요하다. 실제 교회 현장에서 말씀을 가르치고 전하는 목회자가 먼저 각성해야 하고, 목회자 자신이 속한 교회가 예수 그리스도의 십자가와 부활의 복음을 믿고 실천하는 깨어있는 공동체여야 하겠다. 나아가 목회후보생들을 양성하는 신학교가 지속적으로 십자가와 부활교리에 대한 균형 잡힌 시각을 가져야 한다고 생각한다. 이를 위해 최소 두 가지 영역에서 성찰과 각성이 필요하다. 그곳은 '신학'과 '성경' 분야다. 먼저 신학교육의 문제점을 간략히 지적하고 균형 잡힌 신학연구를 촉구하려고 한다.

1) 균형잡힌 신학연구

빌(Beale)은 사도행전에서 사도들이 언급한 부활은 무려 30회에 걸쳐 강조되는 중요한 중심 주제라고 말한다. 우리가 사도행전을 강해할 때 부활 복음을 심도있게 강조하지 않는다면 사도행전 저자의 의도를 잘 반영하여 설교할 수 없게 된다. 성경이 명시적으로 부활의 가르침을 강조하고 있는 부분에서마저 설교자들이 왜 부활을 제대로 설명하지 않는지를 필자는 묻지 않을 수 없다. 왜 현대교회가 십자가와 부활이라는 복음의 내용을 하나로 소개하지 못하고 십자가만을 강조하는 것일까? 왜 부활 주제의 본문에서 부활이 아닌 십자가로 설교하고 십자가로 결론을 맺는 것은 무엇 때문일까? 설령 '그리스도가 다시 사셨다!'는 엄청난 부활을 선포하면서도 거기에서 구원의 감격과 뜨거움이 느껴지지 않는다면 무엇이 문제인가? 예수 그리스도의 부활사건은 단순히 부활절에나 회상하고 추억할 신학의 주변적인 주제가 아니지 않는가!

나는 십자가와 부활의 복음을 하나의 완전체로 설교하지 못하는 원인을 무엇보다 '부활 신학의 중요성을 이해하지 못한 것'에 기인한다고 본다. 십자가의 주제에 대한 서적과 설교는 차고 넘치지만 부활에 대한 책이나 자료들은 찾아보기 어렵다는 것을 주변에서 확인할 수 있다. 최근 약 100년간에 걸친 편중된 신학교육의 결과가 현재 목회 현장에 고스란히 나타나 부활에 대한 가르침의 빈곤으로 드러나고 있는 것이다.

내가 몸담고 있는 장로교단의 예를 들어보자. 현재 한국과 미국 곳곳의 장로교단의 신학교에서 가르치고 있는 조직신학 책들은 대부분 개혁주의 신학자들의 교의학 서적들이다. 대표적인 조직신학자는 뻘콥(Berkhof), 핫지(Hodge), 워필드(Warfield), 머레이(Murray), 카이퍼(Kuyper) 등이다.

먼저 뻘콥(Berkhof)의 조직신학에서 속죄의 십자가와 부활의 교리를 다루는 비중에서 잘 나타난다. 그는 속죄를 길게 다루면서 (606-642쪽), 부활(580-584쪽)은 승귀의 초기단계로서 간략히 다루고 넘어간다. 거대한 조직신학 책에서 부활은 겨우 다섯 페이지를 할애 하는데, 그 중에서 부활에 대한 변증의 내용인 네 페이지를 빼고 나면 부활 자체에 대한 언급은 겨우 한 페이지도 채 안 된다. 얼마나 놀라운 사실인가?

핫지(Hodge)는 그의 조직신학 2권에서 약 130페이지 분량에 걸쳐 속죄에 대하여 길게 다루고 있다(464-591쪽). 반하여 그도 부활에 대하여는 겨우 4페이지(626-630쪽)를 할애하고 있다. 신약의 사도들의 증언과 학자들의 조직신학 사이에 거대한 괴리를 볼 수 있는가?

머레이(Murray)는 처음부터 구속의 성취가 전통적인 개혁주의 조직신학을 특징짓는 속죄와 사실상 동등하다는 것을 분명하게 표제적으로 기술한다. 그는 "구속의 성취는 일반적으로 속죄라 불리고 있는 내용과 관계를 갖는다"고 서문의 첫 문장에서 언급한다.[251] 물론 그는 부활이 복음의 핵심이라고 언급하지만 더 이상 부활신학을 개진하지 않는다. 또한 워필드(Warfield)도 속죄로 이해되는 그리스도의 죽으심에만 특별히 집중한다. 카이퍼(Kuyper)나 바뱅크(Bavinck)의 복음에 대한 접근방법도 이와 같은 유형에서 크게 벗어나지 못한다.[252]

웨스트민스터 신약학교수였던 개핀(Gaffin)은 상기한 개혁주의 신학자들에 대해서 "이와 같은 여러 학자들이 주도하는 속죄에 대한 선입견에 주의를 환기시킴에 있어 나의 목적은 이러한 발전의 정당성과 필요성에 도전하려는 것은 결코 아니며 이미 도달한 결론에 의문을 제기하고자함은 더욱 아니다. 단지 나는 그리스도의 죽으심에 대한 이와 같은 지배적인 관심은 상대적으로 부활에 무관심하도록 하였음을 지적하는 것이다. 물론 재차 언급하지만 개혁주의 신학이 마치 부활에 대해 전혀 생각하지 않고 있듯이 기술하려는 의도는 없다"고 분명히 말한다.[253] 예를 들면 뻘콥은 "더욱 중요한 일은 구조상의 한 요소인

---

251. Gaffin Jr., *부활과 구속*, 18. 여기서 개핀은 머레이(John Murray)의 책 Redemption-Accomplished and Applied(p. 13)를 인용한다.

252. Ibid., 18.

253. Gaffin Jr., *부활과 구속*, 18-19.

부활을 구속사역의 핵심, 나아가 복음의 핵심으로 삼는 것이다"고 말하였다. 그러나 문제는 "이러한 뻴콥의 관찰이 더 이상 발전되고 있지 않으며, 부활이 그의 구속교리의 구조에 유효하게 관련되어 있지 않다"는 것을 개핀은 예리하게 지적한다.[254] 슈툴마허(Stuhlmacher)의 경우에도 크게 차이가 없다. 빌(Beale)에 의하면 슈툴마허가 초기 기독교의 부활에 대한 신앙고백은 '결정적인' 핵심 사상이라고 말하지만, 어느 곳에서도 부활을 다루지 않는다고 지적한다. 더욱 큰 아이러니는 "오히려 속죄의 의미를 더욱 깊이 전개한다"고 술회한다.[255]

여기서 필자가 한 가지 언급하고 싶은 것은 탁월한 개혁주의 신학자들이 많은 사람들에게 긍정적인 영향을 미치고 신학계에 지대한 공헌을 해왔다는 것을 부정하려는 생각은 추호도 없다. 다만 과거 약 100년 정도에 걸쳐 우리 한국 신학계에 끼친 부정적인 영향력을 조금이라도 인식하자는 것이다. 문제는 그들이 항상 그리스도의 죽음과 부활을 다루는 데 있어 십자가만을 다루고 부활에 대해서는 침묵하거나 무관심했다는 것이다. 과거 전통적인 조직신학자들이 비록 부활 복음을 부정하지 않았을지라도 지금까지 우리가 성장했던 신학적 토양과 가르침에 있어 부활에 대하여 많은 균형을 잃고 편파적이었다는 사실을 인정하고 이제부터라도 사도들이 선포했던 성경적 복음에 귀를 기울이

---

254. Ibid., 19.
255. Beale, 신약성경신학, 240.

고 각성하자는 것이다.

이제부터라도 신학교에서 배웠던 조직신학이 전부가 아니라는 것을 깨달아야 한다. 각 시대마다 성령의 지속적인 빛 가운데 교회는 하나님의 계시를 바탕으로 성경을 더욱 깊이 연구하여 성경적인 신학을 만들어가야할 책임이 있다. 특별히 우리 시대에는 하나님나라의 복음(나라의 개념이 장소가 아니고 통치의 개념으로)과 부활복음(복음의 개념이 십자가에서 부활중심성의 축으로)에 대한 새로운 지평이 열리기를 바란다. 그래서 그리스도의 십자가와 부활의 복음이 동전의 양면처럼 분리될 수 없는 하나의 완전체로서 통전적으로 이해되길 바란다. 이를 위해 바른 신학연구에 시간과 노력을 기울이기를 제언한다. 특별히 최근의 성경 신학자들이 말하는 가르침에 귀를 기울임으로 종말을 살아가는 교회로서 모든 성도들이 십자가와 부활의 신학에 있어 균형을 회복하고 초대교회의 사도들이 선포했던 온전한 복음을 선포할 수 있기를 바란다.[256]

---

256. 부활에 대한 이해와 각성을 촉구하는 성경신학자들로는 게르할더스 보스, 헤르만 리델보스, 리차드 개핀, 그레고리 빌을 추천한다. 예를 들면, 개핀(Gaffin)은 그의 논문 "구속과 부활"에서 바울이 부활을 칭의, 입양, 성화, 그리고 영화라는 구원의 중심 되는 범주들에 대하여 부활로 인한 연합이라는 주제를 어떻게 그 주제들과 탁월하게 연결시켜 주는지를 보여준다(103). 리델보스(Ridderbos)는 "바울에게 있어 예수의 부활은 구속사의 중심사건이다 따라서 부활은 그의 교훈의 중심이다"고 역설한다(Paul, 55, 537). 또한 보스(Vos)도 "바울은 부활이 기독교의 근본적인 교훈이라는 데 초점을 맞추었다. 그리고 부활을 중심으로 하여 그가 변호하고 전파하였던 신앙에 대한 전체적인 개념을 수립하였다"고 강조한다(Eschatology, 147이하). 최근에 '신약성경신학'을 출간한 빌(Beale)의 책은 단권으로 매우 탁월하다. 또 Wright가 쓴 '하나님의 아들의 부활'과 비슬리-머레이(Beasley-Murray)의 '부활' 그리고 Dunn의 '바울신학'을 추천한다. 또한 한국의 교수들로는 박형용의 '바울신

2) 깊이 있는 성경연구

또한 깊은 성경연구의 필요성을 제언하고 싶다. 목회지도자에게 건강한 신학연구와 함께 성경연구는 필수다. 나는 개인적으로 목회자는 "말씀과 기도로 성도를 섬기는 자"라고 생각한다(행 6:4). 목회자는 무엇보다 하나님의 말씀과 기도하는 일에 전문가가 되어야 한다. 특별히 살아계신 하나님의 말씀을 다루는 일에 능숙한 사람이 되어야 한다. 구약(율법)과 신약(복음)을 자유자재로 넘나들며 하나님나라의 복음을 익숙하게 다루기 위해서는 피나는 노력을 해야 한다. 목회자가 성경연구와 설교를 준비하는 일에 최우선순위를 둘 때, 그는 행복하고 풍성한 목회를 하리라 믿는다. 목회자가 성경을 깊게 연구해야하는 이유는 두 가지이다.

첫째, 성경이 "살아계신 하나님의 말씀"이기 때문이다. 사도 베드로는 자신의 독자들에게 "너희가 거듭난 것은 썩어질 씨로 된 것이 아니요 썩지 아니할 씨로 된 것이니 살아있고 항상 있는 하나님의 말씀으로 되었느니라"(벧전 1:23)고 하나님의 말씀의 중요성을 강조한다. 오순절 이후 베드로는 성령 충만함을 받고 십자가와 부활에 대한 올바른 깨달음을 가진 후부터 그는 전혀 다른 설교를 하였다. 그는 자

학과 권연경의 '갈라디아서주해'와 '로마서 산책'을 추천한다.

신의 재주나 개인적인 능력을 의지하지 않았다. 그는 철저하게 "너희에게 전한 복음이 살아계신 하나님의 말씀"(벧전 1:25)임을 믿고 확신했던 것이다.

사도 바울도 마찬가지였다. 그가 로마교회에게 보내는 편지에서 "복음은 모든 믿는 자에게 구원을 주시는 하나님의 능력이라"(롬 1:16b)고 선포하였다. 복음이 능력인 까닭은 1장 17절에서 "하나님의 의"가 나타났기 때문이다. 하나님은 예수 그리스도의 죽음과 부활을 믿는 자를 의롭게 여겨주시는 자비의 하나님이시다. 그리스도 안에 나타난 칭의의 복음은 누구든지 그것을 믿는 자에게 자신을 구원하는 하나님의 지혜와 능력이 되는 것이다. 우리는 성경 말씀(복음)이 하나님의 능력이고 죄인을 각성시키는 살아있는 생명(씨)이라는 것을 항상 기억해야 한다. 죄인을 변화시키고 회중을 감동시키는 동력은 설교자 자신의 능력이 아니라 선포된 복음 자체가 능력인 것을 명심하자. 로빈슨(Robinson)의 말처럼 "설교 배후의 권위는 설교자가 아니라 성경 본문에 달려 있다"[257]고 말하는 바는 시사하는 바가 크다. "설교자는 다람쥐처럼 닥쳐 올 겨울을 위해 자료를 모으고 간직해야 한다"는 마틴 로이드 존스 목사의 권면을 거울삼아 성경본문을 묵상하고 연구하는 시간을 확보하기 위해 날마다 치열한 싸움을 싸워야

---

257. Robinson, 강해설교, 27.

한다.[258]

둘째, 하나님은 "오늘도 성경을 통해서 말씀하시기 때문"이다. 히브리서 기자는 "(하나님은) 이 모든 날 마지막에 아들을 통하여 우리에게 말씀하셨다"(히 1:2a)고 기술한다. 하나님은 오늘도 아들을 통해서 기록된 말씀을 통해서 우리에게 말씀하신다. 성경은 단순히 고대 문서나 화석처럼 박물관에 전시된 구시대의 유물이 아니다. 오늘도 살아계셔서 우리에게 살아 역사하는 말씀이다. 과거에는 선지자들을 통해서 말씀하셨지만 이제는 자기 아들을 통해서 최종적이고 결정적으로 말씀하셨다. 과거에 선지자들은 하나님이 말씀하시는 통로에 불과했지만 모든 날 마지막의 아들은 '하나님 말씀, 그 자체'이시다. 구약의 메시아에 대한 약속이 갈보리의 희생과 부활을 통해서 온전히 성취되었다. 이제는 우리가 들을 수 있는 방법으로 '성경과 그리스도와 성령'을 통해서 하나님은 오늘도 신실하게 말씀하신다.

히브리서 기자는 "오늘 너희가 그의 음성을 듣거든 광야에서 시험하던 날에 거역하던 것같이 너희 마음을 완고하게 하지 말라"(히 3:7-8)고 경고한다. '그의 음성'은 '성령'의 음성이다. 오늘 '너희'라고 일컫는 독자는 일차적으로 광야에 불순종하던 출애굽의 백성들을 의미하지만, 시편 95편을 통해서 다윗시대의 사람들이 독자가 되었다. 이제 그 말(음성)을 듣는 독자는 히브리서 독자들을 거쳐 오늘 이 말씀을

---

258. Stott, 현대교회와 설교, 221. 여기서 스토트는 로이드 죤즈의 Preaching(182-183)을 인용한다.

듣는 21세기 우리들일 것이다.

　하나님의 말씀은 시간과 공간을 초월하여 어떤 시대건 그 시대를 위한 그 시대의 말씀으로 들려지는 살아계신 말씀임을 잊지 말아야 한다. 다윗과 히브리 독자들의 시대처럼 오늘도 하나님의 말씀을 청종하며 살아계신 주님과 인격적으로 동행하는 교회와 성도가 되어야 한다. 그래서 먼저 주님이 하시는 말씀을 들으면서 자신의 잘못을 뉘우치고 교훈을 받음으로 먼저 의로 교육을 받는 하나님의 사람들이 되어야 한다. 단순한 성경의 정보나 지식을 전하는 설교자가 아니라 죽은 영혼을 깨우고 살리는 능력있는 설교자로 서야 할 것이다. 설교자는 하나님의 메시지를 전하기 전에 스스로가 먼저 삶이 메시지가 되어야 한다.[259] 우리 자신의 무질서한 생활로 말미암아 우리에게 주신 소중한 시간을 낭비하지 않도록 해야 하며 우리가 하나님의 말씀을 대언하기 전에 먼저 하나님의 말씀에 귀 기울이고 그 메시지에 순종해야 한다. 그래서 "말로만 복음을 전하지 않고 능력과 성령과 큰 확신"(살전 1:5b)으로 복음을 전하고 '바른 신학연구'와 '깊은 성경연구'를 통해 예수 그리스도의 십자가와 부활의 증인으로 마지막 순간까지 설 수 있기를 염원한다.

---

259. Robinson, 강해설교, 30.

3. 저자 후기

본서를 집필하면서 필자는 부활의 복음이 왜 내 자신에게 '하나님의 은혜와 능력'(롬 1:16)이 되는지를 더욱 확신하는 계기가 되었다. 예수께서 사망을 이기시고 부활하셔서 만유의 주와 그리스도가 되셨다는 것은 나에게 가장 벅찬 고백이요 선포다. 죽음을 무기로 온통 세상을 휘젓고 겁박하던 사탄을 우리 주 예수 그리스도께서 굴복시켰다는 엄청난 새 생명의 복음을 거침없이 담대하게 전하리라 확신하게 되었다.

또한 본서의 집필은 더욱 튼실한 부활복음에 대한 연구를 시작하게 된 계기가 되었다. 좀 더 깊게 신구약 성경에 나타난 부활의 본문들을 묵상하고, 부활의 주제들을 다룬 신학서적들을 더욱 폭넓게 읽어서 교회와 후학들에게 기여하는 삶을 살기로 결단하게 되었다.

Covid-19의 팬데믹으로 인해 힘들고 두려운 세상을 살아가는 성도들이 본서를 통해 장래 부활의 소망만이 참된 위로와 소망인 것을 깨닫게 되기를 바란다. 이 땅의 어떠한 것도 영원한 것은 없다. 세상의 물질도 명예도 권세도 다 부질없는 것임을 깨닫고 세상의 허탄한 것으로 사람들을 유혹하는 것으로부터 오직 부활의 소망만이 참되고 진정한 것임을 나누고 싶다. 죽음을 이기신 부활의 복된 소식이 힘들고 어려운 세상을 살아가는 한국교회 성도들과 오대양 육대주에 흩어져 살아가는 한인 디아스포라 교회들에게 참된 위로와 소망임을 확신한다.

마지막으로 종말의 선교적 메시지는 부활의 증인으로 이땅을 살아가는 것임을 다시 한 번 깨우쳐 주었다. 필자도 신약의 사도들처럼 그리스도의 십자가와 부활복음을 들고 땅 끝까지 달려가는 신실한 증인으로 살 것을 다짐한다. 이탈리아의 화가 토마소 캄파넬라(Tomaso Campanella)가 당대의 화가들에게 외쳤던 말로 본서를 마무리 한다.[260]

"그리스도를 죽은 것으로 그리지 말고 살아나신 것으로 그리라! 사람들이 그분을 끌어내리려 했던 쪼개진 반석위에 경멸하듯 발을 딛고 서계신 그 모습으로 그리라! 그분을 죽음을 정복하신 분으로 그리라! 그분을 생명의 주로 그리라! 그분을 그분의 모습 그대로, 최대한 시험을 당하고, 구원하는 바로 그 강한 행동 속에서 자신을 입증하신 저항할 수 없는 승리자로 그리라!"

260. Beasley-Murray, *부활*, 359.

📖 참고 문헌

• 곽선희. 교회의 권세(상/하). 서울: 계몽문화사, 1995.

• 권성수. 성경해석학(1). 서울: 총신대학출판부, 1992.

• 권연경. 로마서 산책. 서울: 복있는사람, 2018.

• 김서택. 오순절에 일어난 부흥. 서울: 솔로몬, 2010.

• 김세윤. 바울 복음의 기원. 서울: 도서출판엠마오, 1994.

_____. 예수와 바울. 서울: 두란노, 2003..

_____. 복음이란 무엇인가. 서울: 두란노, 2004.

_____. 바울 신학과 새관점. 서울: 두란노아카데미, 2010.

_____. 하나님나라 복음. 서울: 새물결플러스, 2013.

_____. 칭의와 성화. 서울: 두란노, 2014.

• 김세윤, 김회권, 정현구. 하나님나라 복음. 서울: 새물결플러스, 2013.

• 김홍전. 복음이란 무엇인가. 서울: 성약, 1973

• 박영선. 다시 보는 사도행전. 서울: 도서출판영음사, 2015.

• 박형용. 바울신학. 서울: 합신대학원출판부, 2013.

• 석원태. 사도행전강해(상/하). 서울: 경향출판사, 1989.

• 신국원. 포스트모더니즘. 서울: IVP, 1999.

• 신영각. 1세기 교회, 21세기 교회. 몽골: MTBC, 2016.

• 양용의. 마태복음, 어떻게 읽을 것인가. 서울: 성서유니온, 2005.

- 엄승용. *사도행전 강해설교 1-4권*. 서울: 예찬사, 2011.

- 옥한흠. *교회는 이긴다*. 서울: 국제제자훈련원, 2012.

- 이동원. *예루살렘에서 땅 끝까지*. 서울: 나침반, 2004.

- 정근두. *로이드존즈의 설교론*. 서울: 기독교출판유통, 1999.

- 정장복. *설교학개론*. 서울: 예배와 설교아카데미, 2008.

- 조용기. *조용기목사 설교전집 1-21권*. 서울: 서울말씀사, 1996.

- 최갑종. *칭의란 무엇인가*. 서울: 새물결플러스, 2016.

- 하용조. *사도행전 강해 1-3권*. 서울: 두란노, 2007.

◆

📖 번역 서적

Alexander, T.D. and Rosner, Brian Ed. *IVP 성경신학사전(New Dictionary of Biblical Theology)*. 이철민, 이지영외 2인 역. 서울: IVP, 2004.

Anderson, Bernhard W. *구약신학*. 최종진 역. 서울: 한들출판사, 2002.

Barclay, William. *예수의 십자가와 부활(Crucified and Crowned)*. 이희숙 역. 서울: 종로서적, 1989.

Beale, Gregory K. *신약의 구약 사용 핸드북 (Handbook on the New Testament Use of the Old Testament)*. 이용중 역. 서울: 부흥과개혁사, 2013.

Beale, Gregory K. and Carson, D.A. Ed. *신약의 구약사영 주석시리즈 1-5권*

(Commentary on the New Testament Use of the Old Testament,

Vol. 1-5). 서울: CLC, 2012.

Beasley-Murray, Paul. 부활 (The Message of the Resurrection: Christ is risen!)

서울: IVP, 2004.

Berkhof, Louis. 조직신학 상하 (Systematic Theology).

권수경, 이상원 역. 서울: 크리스천다이제스트, 2004.

Bruce, F. F. 신약의 메시지 (The Message of the New Testament).

김광택 역. 서울: 생명의말씀사, 1983.

_____. 구약의 신약적 성취 (This is That).

권혁봉 역. 서울: 생명의말씀사, 1983.

_____. 바울: 그의 생애와 사역 (Paul: Apostle of the Free Spirit).

박문재 역. 서울: CH북스, 2018.

Brueggemann, Walter. 구약신학 (Theology of the Old Testament).

류호준, 류호영 역. 서울: 기독교문서선교회, 2003.

Carson, D.A. and Moo, Douglas. 신약개론 (An Introduction to the New

Testament, Second Edition). 엄성옥 역. 서울: 은성, 2010.

Childs, Brevard S. 신구약 성서신학 (Biblical Theology of the Old and New

Testament). 유선명 역. 서울: 은성, 2001.

Dodd, C. H. 설교의 원형과 그 발전 (The Apostolic Preaching and its

Development). 채위 역. 서울: 한국기독교문화원, 1974.

Dunn, James D. G. 바울신학 (The Theology of Paul the Apostle).

　　　박문재 역. 서울: 크리스천다이제스트, 2019.

France, R.T. 마태신학 (Matthew: Evangelist and Teacher).

　　　이한수 역. 서울: 도서출판엠마오, 1995.

Gaffin Jr., Richard B. 부활과 구속 (The Centrality of the Resurrection: A Study in

　　　Paul's Soteriology). 손종국 역. 서울: 도서출판엠마오, 1985.

_____. 구원이란 무엇인가 (By Faith, Not By Sight).

　　　유태화 역. 서울: 크리스챤출판사, 2007.

Groningen, Gerard Van. 구약의 메시아 사상 (Messianic Revelation in the Old

　　　Testament). 류호준, 유재원 역. 서울: 기독교문서선교회, 1997.

Green, Michael. 예수의 부활 (Man Alive). 박광철 역. 서울: 생명의말씀사, 1992.

Hagner, Donald. 히브리서의 신학적 강해 (Encountering the Book of Hebrews).

　　　이창국 역. 서울: 크리스챤출판사, 2008.

House, Paul R. 구약신학 (Old Testament Theology).

　　　장세훈 역. 서울: 기독교문서선교회, 2007.

Ladd, G .E. 예수와 하나님나라 (The Presence of the Future).

　　　이태훈 역. 서울: 엠마오, 1985.

_____. 나는 부활을 믿는다 (I Believe in the Resurrection of Jesus).

　　　서울: 생명의말씀사, 1985.

Kaiser, Walter Jr. 신약의 구약사용 (The Uses of the Old Testament in the New

Testament). 서울: 크리스천다이제스트, 1997.

Lawson, Steven. *Main Idea로 푸는 시편 1: 시편 1-75 (Holman Old Testament Commentary. Vol. 1)*. 김진선 역. 서울: 디모데, 2008.

_____. *Main Idea로 푸는 시편 2: 시편 76-150 (Holman Old Testament Commentary. Vol. 2)*. 김진선 역. 서울: 디모데, 2008.

Leman, Chester K. *성경신학1 구약 (Biblical Theology. Vol. I, Old Testament)*. 김인환 역. 경기: 크리스천다이제스트, 2001.

Lioyd-Jones, D.M. *목사와 설교 (Preaching & Preacher)*. 서문강 역. 서울: 기독교문서선교회, 1999.

MacArther Jr. John and the Master's Seminary Faculity. *강해설교의 재발견 (Rediscovering Expository Preaching)*. 김동완 역. 서울: 생명의말씀사, 2000.

Marshall, I. Howard. *누가행전 (Luke: Historian and Theologian)*. 이한수 역. 서울: 도서출판엠마오, 1996.

Marshall, I. Howard editor, *복음의 증거: 사도행전 신학 (Witness to the Gospel: The Theology of Acts)*. 서울: 크리스챤출판사, 2004.

_____. *신약해석학 (New Testament Interpretation)*. 이승호, 박영호 역. 서울: 크리스천다이제스트, 2003.

Martin, Ralph P. *마가신학 (Evangelist and Theologian)*. 이상원 역. 서울: 도서출판엠마오, 2003.

Merrill, Eugene H. & Zuck, Roy B. 구약신학 (A Biblical Theology of the Old
　　　　Testament). 김의원, 류근상 역. 경기: 크리스챤출판사, 2011.

Moo, Douglas J. 로마서의 신학적 강해 (Encountering the Book of Romans: A
　　　　Theological Rxposition). 서울: 크리스챤출판사, 2007.

Morris, Leon. 속죄의 의미와 중요성 (The Atonement).
　　　　서울: 생명의 말씀사, 1994.

Rad, Gerhard Von. 구약성서신학 제1권 (Old Testament Theology I).
　　　　허혁 역. 경북: 분도출판사, 2002.

Robinson, Haddon W. 강해설교 (Biblical Preaching). 서울: CLC, 2008.

Smalley, Stephen S. 요한신학 (John: Evangelist and Interpreter).
　　　　김경신 역. 서울: 생명의샘, 1996.

Stott, John. R. 땅 끝까지 이르러 (The Message of Acts: To the Ends of the Earth).
　　　　정옥배 역. 서울: IVP, 1992.

_____. 현대교회와 설교 (Between Two Worlds: the Art of Preaching in the
　　　　Twentieth Century). 정성구 역. 서울: 풍만출판사, 1985.

Vos, Geerhardus J. 성경신학(Biblical Theology).
　　　　이승구 역. 서울: 기독교문서선교회, 1990.

_____. 바울의 종말론 (The Pauline Eschatology).
　　　　박규태 역. 서울: 좋은씨앗, 2018.

Wright, N.T. 마침내 드러난 하나님나라 (Surprised by Hope).

양혜원 역. 서울; IVP, 2009.

_____. 모든 사람을 위한 사도행전 1(Acts For Everyone(Part 1)).

양혜원 역. 서울: IVP, 2019

_____. 예수와 하나님의 승리(Jesus and the Victory of God).

박문재 역. 서울: 크리스천다이제스트, 2004.

_____. 하나님의 아들의 부활 (The Resurrection of the Son of God).

박문재 역. 서울: 크리스천다이제스트, 2005.

📖 외국 서적

Bayer, H. F. Jesus' Predictions of Vindication and Resurrection.

Tuebingen: Mohr, 1986.

Beasley-Murray, G. R. Christ is Alive. Cambridge: Lutterworth, 1947.

_____. The Resurrection of Jesus Christ. London: Oliphants, 1964.

Bennet, F. S. M. The Resurrection of the Dead.

London: Chapman and Hall, 1929.

Blomberg, C. L. The Historical Reliability of the Gospels.

Downers Grove: IVP, 1987.

Bruce, F. F. *The Book of the Acts*. Grand Rapids: Eerdmans, 1988.

Carnley, P. *The Structure of Resurrection Belief*. Oxford: Clarendon, 1987.

Catchpole, David R. *Resurrection People: Studies in the Resurrection*
　　　　Narratives of the Gospels. London: Longman & Todd, 2000.

Craig, W. L. *The Son Rises: The Historical Evidence for the Resurrection of Jesus*.
　　　　Chicago: Moody, 1981.

_____. *Knowing the Truth about the Resurrection*.
　　　　Ann Arbor: Servant, 1988.

Cullmann, O. *Immortality of the Soul or Resurrection of the Dead?*
　　　　London: Epworth, 1958.

Dodd, C. H. *Historical Tradition in the Fourth Gospel*. Cambridge: CUP, 1963.

Dunn, James D. G. *The Acts of the Apostles*. Peterborough: Epworth Press, 1996.

Evans, C. F. *Resurrection and the New Testament*. London: SCM, 1970.

Farrow, Douglas. *Ascension and Ecclesia: On the Significance of the Doctrine of*
　　　　the Ascension for Ecclesiology and Christian Cosmology. Grand
　　　　Rapids: Eerdmans, 1999.

Fuller, D. P. *Easter Faith and History*. Grand Rapids: Eerdmans, 1965.

Fuller. R. H. *The Formation of the Resurrection Narratives*.
　　　　London: Macmillan, 1971.

Green, Joel B. *"Witnesses of His Resurrection": Resurrection, Salvation,*

Discipleship, and Mission in the Acts of the Apostles.'

Grand Rapids: Eerdmans, 1998.

Green, Michael. *The Day Death Died.* Downers Grove: IVP, 1982.

Hay, D. M. *Glory at the Right Hand: Psalm 110 in Early Christianity.*

New York: Abingdon, 1973.

Harries, H. *Christ is Risen.* Woonsocket: Mowbray, 1987.

Harris, M. J. *Raised Immortal: Resurrection and Immortality in the New*

Testament. Marshall: Morgan & Scott, 1983.

Hooke, H. *The Resurrection of Christ as History and Experience.*

Darton: Longman and Todd, 1967.

Knox, John. *The Integrity of Preaching.* New York: Abingdon Press, 1957.

Ladd, G. E. *I Believe in the Resurrection of Jesus.* Grand Rapids: Eerdmans, 1975.

Lapide, P. *The Resurrection of Jesus: A Jewish Perspective.*

Lincoln: ET SPCK, 1984.

Lenski, R.C.H. *The Interpretation of The Acts of the Apostles.* Minneapolis:

Augsburg Publishing House, 1961.

Lewis, C. S. *Miracles, in Selected Works of C. S. Lewis.*

New York: HarperCollins, 1999.

Longenecker, R. N. *The Christology of Early Jewish Christianity.*

London: SCM, 1970.

McDonald, J. I. H. *The Resurrection: Narrative and Belief.* London: SPCK, 1989.

O'Collins, G. *The Easter Jesus.* Darton: Longman & Todd, 1973.

Ramsey, A. M. *The Resurrection of Christ: A Study of the Event and its Meaning for the Christian Faith.* Reissued Fontana, 1961.

Ridderbos, Herman. *Paul: An Outline of His Theology.*

   Grand Rapids: Eerdmans, 1975.

Robinson, Haddon W. *Biblical Preaching.* Grand Rapids: Baker House, 1980.

Soards, Marrion L. *The Speeches in Acts: Their Content, Context, and Concerns.* Louisville: John Knox Press, 1994.

Tenney, Merrill C. *The Reality of the Resurrection.* Chicago: Moody Press, 1972.

Thorburn, T. J. *The Resurrection Narratives and Modern Criticism.*

   London: Kegan Paul, 1910.

Vos, Geerhardus. *The Pauline Eschatology.* Grand Rapids: Baker Academic, 1979

_____. *Biblical Theology:* Old and New Testament. Grand Rapids: Eerdmans,

   1948.

Williams, Rowan D. *Resurrection: Interpreting the easter Gospel.*

   London: Longman & Todd, 1982.